汉字说核心价值观

顾易 著

SPM 南方出版传媒　广东人民出版社

·广州·

图书在版编目（CIP）数据

汉字说核心价值观 / 顾易著. —广州：广东人民出版社，2014.11
ISBN 978-7-218-09665-0

Ⅰ.①汉⋯　Ⅱ.①顾⋯　Ⅲ.①社会主义建设—价值论—中国—学习参考资料　Ⅳ.①D616

中国版本图书馆CIP数据核字（2014）第233717号

HANZI SHUO HEXIN JIAZHIGUAN
汉字说核心价值观
顾易　著

版权所有　翻印必究

出 版 人：曾　莹

责任编辑：钟　菱　王巧颖　郭军方
封面设计：蔡为州
排版制作：友间文化
插图制作：张小玲
责任技编：周　杰　黎碧霞

出版发行：广东人民出版社
地　　址：广州市大沙头四马路10号（邮政编码：510102）
电　　话：（020）83798714（总编室）
传　　真：（020）83780199
网　　址：http://www.gdpph.com
印　　刷：广州天虹彩色印刷有限公司
开　　本：787毫米×1092毫米　1/16
印　　张：19.25　　　　字数：330千
版　　次：2014年11月第1版　2014年11月第1次印刷
定　　价：33.80元

如发现印装质量问题，影响阅读，请与出版社（020-83795749）联系调换。

序

汉字是中国文化的精粹，体现了中国人的精神追求、价值取向和行为方式。和其他文字相比，汉字难写、难认、难读，是故更难精通。这恰好证明，汉字有别具一格的造字方式、自成一体的文化内涵，经过千百年的传承演变，造就出神入化的文化密码。解读汉字，就是解读一部文化史。

汉字的研究，如今已成为一门显学，硕果累累，但着重从汉字的形、音、义出发，进行通俗性、哲理性、系统性阐释的著作，尚不多见。五年前，我在与汉字研究专家的交流中，萌生了写作哲理汉字的念头。此后，我多方搜集资料，参阅前人成果，边读边思，边写边悟，尽管公务繁忙，但仍见缝插针，坚持下来，至今已写了两百多个汉字，也蔚为可观，部分文章从去年开始陆续结集。

《汉字说核心价值观》是第三本书，如果说前两本是从处世的角度阐释汉字的人生智慧，那么本书则是将传统的文化内涵与主流的核心价值观相结合，试图另辟蹊径，古为今用，贴近社会心理，用炉边谈话的亲切感娓娓而谈，试图酿就一锅淡浓相宜的"心灵鸡汤"。

当今时代，人们的生活节奏越来越快、工作越来越忙，也出现性情愈见急躁、心气更加浮躁等现象，更有人追求创业能一夜暴富，成功最好名利双收。但却少有人停下脚步，扪心自问：人生的价值是什么？生活的目的是什么？快乐的源泉在哪里？对价值意义的追问，是人生必须面对的严肃课题。社会主义核心价值观的提出，正当其时。核心价值观不是道德的说教，也不是虚无的目标，而是切切实实可以学、可以思、可以用、可以行的价值体系。汉字扎根于博大精深的中华文化海洋，用汉字说价值观，其实是追根溯源，回归我们的文化基因，回归我们一尘不染的心灵世界。

本书将核心价值观分为三组，即"国家"、"社会"、"个人"部分，每组中有四个关键词，每个词用五个字进行解读，每个字形成一篇文章。每篇文章皆从引字故事谈起，增加趣味性；然后是解字，注重从形音义的角度广泛联想，注重启迪性、思辨性；最后是组字，延伸本字的意义。本书不是教科书式的解读，也不承担工具书之类的辅助作用，它的特点在于为我所用、信手拈来、无拘无束、自圆其说。

汉字是一座有待开发的文化产业富矿，除了出版汉字研究和普及的图书，还可以推广汉字诗书画、汉字微信，开办"汉字密码"电视专题节目，开发汉字商品，如汉字魔方、汉字拼图、汉字陶瓷产品、汉字工艺品等，进行文化景观设计，做汉字雕塑、汉字建筑、汉字长园、汉字广场等，还可以开发汉字动漫和游戏，进行汉字广告设计。期待更多热爱汉字、研究汉字的有志之士投入到汉字开发中来，共同建设我们的文化家园。

感谢陈志平老师为本书题写了书法，杨克同志为部分汉字配诗，让本书增色不少。感谢林成伟、林莉、冯艳丹、汤凯锋、许逸红、刘春霞，广东人民出版社的钟菱、王巧颖、郭军方、实习生陈欣等同志承担搜集资料、打印文稿等工作。

是为序。

作　者

2014年9月于广州东湖畔

目录

关于国家 富强 民主 文明 和谐

富强　1

- 国　以疆为界，以戈卫国　/2
- 泰　天地人和，三阳开泰　/8
- 富　财产丰盈，人丁兴旺　/13
- 强　武力鼎盛，自强不息　/18
- 梦　林林总总，只争朝夕　/23

民主　28

- 民　民惟邦本，明民定命　/29
- 主　王者风范，顶天立地　/34
- 选　天下为公，选贤与能　/39
- 党　以尚为尊，执政为民　/43
- 本　根深叶茂，以人为本　/48

文明 54

文明礼教化
- 上玄下义，交变成文 / 55
- 日月同辉，明者知命 / 61
- 知书达礼，天下太平 / 67
- 以孝为先，以文化人 / 72
- 人开七窍，教化成人 / 77

和谐 82

和合谐安言
- 声音相应，和合共生 / 83
- 众人一口，天合之道 / 87
- 人皆能言，融洽和谐 / 92
- 家中有女，身心泰安 / 98
- 唇口出言，言之有理 / 103

关于社会　自由　平等　公正　法治

自由 109

己由群纵多
- 约束自己，管理人生 / 110
- 自由田地，向上伸头 / 114
- 群众随君，君率人群 / 119
- 从经成纵，纵不离宗 / 123
- 多占为私，分享为宜 / 128

平等 133

- 一　抱朴守一，天下归仁　/ 134
- 等　竹林寺院，众生平等　/ 139
- 均　分田分地，患在不均　/ 144
- 平　不偏不倚，人平气顺　/ 149
- 同　天下为公，社会大同　/ 154

公正 158

- 公　章法有度，私不害公　/ 159
- 中　立中不偏，布气四方　/ 163
- 正　正道直行，正己正人　/ 168
- 办　用力做事，公道办事　/ 173
- 方　内方外圆，处世之道　/ 176

法治 181

- 法　公平如水，去恶止邪　/ 182
- 治　顺水而治，天下大治　/ 188
- 督　众目睽睽，阳光运行　/ 193
- 权　权杖之威，制衡之秤　/ 198
- 严　苦口婆心，敢于承担　/ 202

关于个人　爱国　敬业　诚信　友善

爱国 207

- **忠** 中正之心，有始有终 /208
- **勇** 力大不慎，有胆有识 /213
- **功** 以劳定国，马到功成 /217
- **志** 心之所向，志存高远 /221
- **士** 人中之杰，处世标杆 /225

敬业 229

- **勤** 吃苦卖力，天道酬勤 /230
- **责** 权责相当，恪守本职 /234
- **敬** 一丝不苟，端肃恭敬 /238
- **廉** 清正廉洁，不贪不妄 /243
- **为** 手牵大象，有为有位 /247

诚信 251

- **真** 就鼎取食，求真务实 /252
- **诚** 真心实意，诚信立身 /256
- **信** 言而有信，一诺千金 /261
- **义** 善美之头，情深义重 /265
- **耻** 扪心自问，知耻后勇 /270

友善 274

孝爱善友与

- 孝　子敬老人，善事父母　/ 275
- 爱　以心换心，相依相爱　/ 280
- 善　与人为善，最乐最美　/ 284
- 友　志同道合，情心相交　/ 288
- 与　舍得给予，人生富有　/ 293

关于国家

富强 民主 文明 和谐

国富民强，是社会主义现代化国家经济建设的应然状态，是中华民族梦寐以求的美好夙愿，也是国家繁荣昌盛、人民幸福安康的物质基础。

富 强

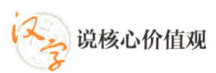

以疆为界，以戈卫国

　　中国，是中华人民共和国的简称。但生于斯、长于斯的中国人，未必人人都知道"中国"的由来。"中国"一词，最早见之的文献是1963年在陕西宝鸡出土的一尊西周初年的青铜器，上面的铭文写着："惟武王既克大邑商，则廷告于天曰：'余其宅兹中国，自之乂民。'"意思是说，武王灭商后则告祭于天，以此地作为天下的中心，统治民众。这是记录"中国"一词最早的文献。"中国"一词，"中"者，象征"旗帜"；"国"者，指周天子的都城。古文"中国"者，指"中央之城"。我们的祖先自认为生活的地方是"中央之邑"，自谓"中土"。自汉代开始，人们常把汉族建立的中原王朝称之为"中国"。但历史上，从夏、商、周开始至清末，从没有一个王朝或政权把"中国"作为正式国名。"中国"作为国名，始于辛亥革命以后，中华民国成立。从此，"中国"才成为具有正式国家概念的名称。1949年10月1日，中华人民共和国成立，标志着"中国"以新的面貌出现，拉开了中华民族伟大复兴的征程。

　　国 会意兼形声字。甲骨文为 ，从"戈"，从"口"，"戈"表示武器，"口"表示人民。金文为 ，左边像一块地域，右边为戈，表示以干戈守卫。两横表示守卫地区的疆界。小篆为 ，加了一个大框，象征着国的边界，表示以戈守卫城池。《说文·口部》："国，邦也。从口，从或。"国的本义为"邦国"。两者的区别是："大曰国，小曰邦。"《释名》说："帝王所都为中，故曰中国。"我们常把国家特色、国家水平的东西与国联系在一起，如称"中国水墨画"为"国画"，中医为"国医"，民族音乐为"国乐"。对国内独一无二的杰出人才，称之为"国士无双"，对于为了国家而不顾家庭的人称之为"国而忘家",对容貌十分美丽的女子称之"国色天香"。"国"字是一个富有创意的造字范例,它告诉我们什么是国、国的基本要素以及使"国"富强起来的途径。

国有疆界。

繁体的"國"由"囗"和"或"组成。"囗"为范围。《玉篇·囗部》:"囗,古围字。""或"为"域"的本字,指一定疆界内的地方。"囗""或"为国,首先强调"国"有一定的疆域。中国近代疆界经历了从"海棠"变"雄鸡"的过程。秋海棠地图是指20世纪上半叶出版的"中华民国"地图,包括外蒙古在内,连江东六十四屯、乌梁海、江心坡、新疆最西边的一段全都算在内的中国地图。它以山东半岛和塔里木盆地中轴为中心线,左右对称,是一片美丽的秋海棠树叶。缺少了外蒙古,就成了雄鸡状。过去,人们常以陆地为边界。其实,海洋也是重要的组成部分。国界也包括海疆和领空。中国大陆的东部和南部濒临渤海、黄海、东海和南海。中国海疆为邻接其陆地领土和内水的一带海域,宽度从领海基线量起为12海里,海域面积约473万平方公里。在辽阔的中国海域上,分布着5400个岛屿。其中最大的是台湾岛,面积约3.6万平方公里;其次是海南岛,面积约3.4万平方公里。

"国"原作"或"。字形像以"戈"(武器)守卫"囗"(城邑),后来在字的周围加方框表示疆域,构成"國"字。

国中有民。

繁体的"國"字,有"一"、"囗"、"戈"。"一"表示统一,"囗"代表人口,"戈"为保卫国土的武器,充分体现了国家的三个基本要素,即领土、人口和主权。从字形上看,"國"字中有"囗",证明国中有民,人口的数量及质量决定了国家是否强盛、强大,甚至决定了国家的命运。只有民富才能国强,凡是为了个人私利劳民伤财、役使无度的,必然会导致亡国。古今中外的历史上,搞形象工程往往损害人民的利益,越是热衷,王朝灭亡得越快。秦始皇修长城,当时投入筑城的部队50万,民夫50万,总人数在百万人以上,占全国人口的10%,持续时间长达5年。"孟姜女哭长城"就是反映这一时期修的长城情况。后来，又修阿房宫、皇陵。平均每年200万人以上在服役，大大超出民力承受的极限，民心尽失。结果，秦王朝仅15年就灭亡。国中有民，要国家富强，就要把提高国民的素质放到重要位置，包括文化素质和身体素质。据统计，到2013年，美国等发达国家高等教育毛入学率均在70%以上，我国高等教育毛入学率在34%左右。在医疗卫生投入方面，英国、加拿大、日本、德国、法国、奥地利等发达国家，医疗卫生投入占GDP比重均超过10%，并实现全民医疗保障体系。我国医疗卫生投入仅占GDP的5%，不及发达国家一半。由于政府投入不足，医院寻求增加收入，公益特性弱化。有的医院甚至以盈利为目的，追求最大经济效益，这是造成医患关系紧张的重要原因。由此看，尽管中国经济高速增长，但在关键性指标上仍是发展中国家，要实现惠及全体人民的更加宽裕的小康生活，我们还有很长的路要走。

国有武装。

"国"的本意就是武装堡垒，外面的方框是城墙，繁体"國"里面的"口"像人的脑袋，一提"一"像人的手，手里拿着戈，非常形象的一个武装堡垒。毛泽东同志有句名言："枪杆子里出政权。"夺取政权要靠军事力量，巩固一个国家政权同样要靠军事力量。清代，率军收复新疆、扬我国威的左宗棠说："夷性贪而无厌，我愈谦而愈允。"这是他终生对外夷南征北战，用无数生命和鲜血换来的锥心的教训。明代大清官海瑞一生抑强扶弱，心忧天下："苟我不弱，天下无强兵；苟我术周，天下无险地。"意思是如果自己不软弱，那么天下就不会有强大的敌军；如果自己办法齐全，那么天下就不会有不可涉足的艰险之地。自中日甲午海战开始，日本军阀一而再、再而三地寻衅，为开战寻找借口，总共从中国攫取了超过10亿两白银的战争红利，饱尝对我国进行侵略战争的甜头。这说明军事落后必然要挨打。新中国成立后，我国国力和军力不断增强，不再惧怕任何国家的威胁，先后经历了抗美援朝战争、印度边境战争、对越自卫反击战等，并曾长期对抗苏联、美国两个超级大国的武力威胁。改革开放以来，我国国防和军队建设加快发展，目前拥有的先进武器装备包括国产歼-10战机、新型核潜艇及现代化的装备超声波反舰导弹的水面舰艇，第一艘航空母舰"辽宁号"已于2012年列装，为我军战斗力的提高，迈出了关键一步。

国中有王。

"王"是帝王、首领。"国"中有"王"，强调国家领导人的重要性。领导

关于国家 富强 民主 文明 和谐

人的人格、智慧、经验,领导人统揽全局的战略眼光,科学决策、组织协调的能力,一心为公、敬业乐群的品格,往往决定着一个国家的兴衰成败。这就要求国家之"王",要高瞻远瞩,总揽全局,执政为民,坚韧不拔,勤奋工作。唐朝的兴衰证明了这一点。唐玄宗当政以后,第一,打击豪门士族,争夺土地劳动力;第二,改革食实封制度,增加政府财政收入,减轻人民负担;第三,发展农业。在外交方面,实行和解的民族政策,改善了民族关系。由于唐玄宗采取了一系列积极的政治经济措施,加上广大人民的辛勤劳动,唐王朝在各方面都达到了极高的水平,国力空前强盛。社会繁荣促进了人口的大幅度增长,在"开元盛世"期间,唐代人口增长到5290余万人。但是到了后期,唐玄宗志得意满,决意放纵享乐,从此不问国事。在纳杨玉环为贵妃后,更加沉溺酒色。唐玄宗任用有"口蜜腹剑"恶名的李林甫为宰相长达18年,使得朝政败坏。李林甫死后又以杨国忠为相,并出现宦官干政的局面,高力士的权势炙手可热。唐玄宗好大喜功,为此边境将领经常挑起对异族的战事,以邀战功。又由于当时兵制由府兵制改为募兵制,使得节度使与军镇上的士兵结合在一起,就出现了边将专军的局面。其中以胡人安禄山最为显著。安禄山掌握重兵,在天宝十四年(755年)十一月趁唐朝政治腐败、军事空虚之机和史思明发动叛乱,史称"安史之乱"。唐朝元气大伤,从此由盛转衰,最终导致改朝换代。

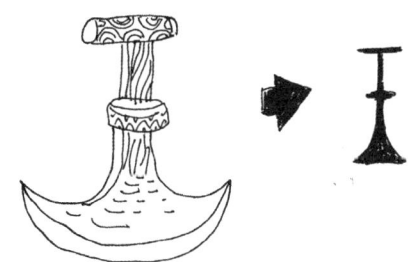

"王"字最早的字形是一把大斧,上面是斧柄,下面是宽刀。意思是实力和权威的象征。

国字,内为"王",外有框,还表示一个意思,这就是对"王"必须作一定的约束,如果王为所欲为,国将危险。有这样一个故事:明朝时,宁王作为皇亲国戚,专横跋扈,鱼肉百姓,甚至有造反当皇帝的野心。有一次,一个书生顶撞了宁王,宁王就把他锁在后花园的铁笼子里。后花园正在修一个大池子。一天,宁王带着一帮随从来到池子边,看看修得怎么样了。他看着池子,对身边的人说:"我出个对子,你们给我对个下联。"他的上联是:地中取土,加三点以成池。那帮随从抓耳挠腮,没有一个人能对出下联。这会儿,关在笼子里的书生说话了:"囚内出人,进一王而得国。"书生的意思是,您要把我给放出来——

"囚内出人"，大王再进来蹲会，准能"得国"——得到大明国，当皇帝！这马屁拍到了宁王的心坎儿上，宁王一高兴，叫人马上把书生放了。后来，他真的造反了。结果，他被朝廷军活捉，押到北京通州砍了头。这个故事，让我们思考"国"字的含义。这就是要把大大小小的"王"，即地方官的权力，关进制度的笼子里，让他们廉洁奉公，才能保持国家的长治久安。

国有四维。

"国"字，从"囗"，是一个方框。这个方框由四笔围成，表示国有四维。国有四维指治国的纲纪准则。《管子·牧民》："国有四维，一维绝则倾，二维绝则危，三维绝则覆，四维绝则灭。倾可正也，危可安也，覆可起也，灭不可复错也。何谓四维。一曰礼，二曰义，三曰廉，四曰耻，礼不愈节，义不自进，廉不蔽恶，耻不从枉。故不逾节则上位安，不自进则民无巧诈，不蔽恶则行自全，不从枉则邪事不生。"春秋时代齐国的管仲把礼义廉耻称为国家的"四维"，一个国家如果没有"礼"就不稳定，一个国家如果没有"义"就危险，一个国家如果没有"廉"就会颠覆，一个国家如果没有"耻"就灭亡。有礼，人们就不会越轨；有义，人们就不会只顾一己私利而损人利己；有廉，人们就会不掩饰过错；

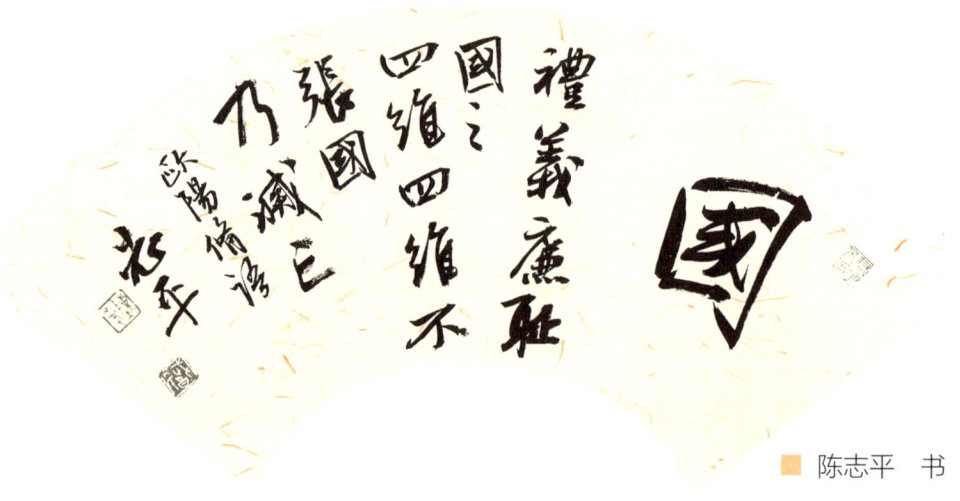

■ 陈志平　书

字谜廊

大方主动称巾帼。

谜底：国

有耻，人们就不会行为不合正道。

国中有玉。

简化字"国"，从"囗"，从"玉"。"玉"为美石，象征着美好和财富。"玉"是一个国家的宝藏，是世上珍宝。"国"字说明要重视一个国家的资源保护。中国幅员辽阔，自然资源非常丰富。中国各类型土地资源都有分布。水能资源居世界第一位，河川多年平均径流量相当于世界径流总量的5.8%。现有草地面积40000万公顷，其中可利用的草地31333万公顷，是世界草地面积最大的国家之一。现有森林面积1.24亿公顷，占世界第8位。拥有野生动物种类众多，仅陆栖脊椎动物就有2000多种，占世界陆栖脊椎动物的9.8%。矿产资源丰富，品种齐全，现已发现171种矿产资源，查明资源储量的有158种。丰富的资源成为国家发展的有力保障，也告诉我们要倍加珍惜现有的美好家园。

"国"谐音为"郭"，古代国都都有城郭。"三里之城，七里之郭。""国"加"巾"为"帼"，表示古代妇女的头巾、头帕，如巾帼不让须眉；"国"加"扌"为"掴"，本义为打耳光，用巴掌打；"国"加"月"为"腘"，指膝部后面，腿弯曲时形成窝儿的地方。

智慧树下

在中国这块土地上，有丰富的资源，辽阔的边疆，强大的武装，保卫着人民安居乐业，生活幸福安康。

祖国拥有美玉，人民珍爱祖国。

国王虽然领导着国家，但英明的国王自觉把权力关进法律的笼子里。

格言集锦

民者国之先，国者君之本。（李世民）

苟利国家生死以，岂因祸福避趋之。（林则徐）

先天下之忧而忧，后天下之乐而乐。（范仲淹）

泰 天地人和，三阳开泰

北宋文学家苏东坡出任杭州知府时，当地有一个自命不凡的读书人叫白文秀，此人文理不通，白字连篇，却喜爱卖弄文才。一天，白文秀东拼西凑，总算写成一篇文章，甚为得意，便送给苏东坡过目。东坡接过文章，只见标题是《读过泰论》，开始不解，一会才悟，便大笑道："当年秦朝发生灾害，大水淹了庄稼，难怪，难怪！"（意为"秦"字下的"禾"被"水"淹掉，成了"泰"字）。苏东坡说毕，把文稿还给他。白文秀心想，好歹也要请他写几句，日后也可以炫耀一番，就央求说："老师，当今天下识才者少，忌才者多，请老师多少美言几句。"于是，苏东坡挥笔在文稿上批了九个字：此文有高山滚鼓之妙！白文秀兴冲冲取了文稿就走。从此他拿了苏东坡的批字到处吹嘘。一个秀才忍不住点穿道："这是什么批字？这是苏东坡在给你出谜呢！""出谜？什么谜？"白文秀呆住了。"你想一想，高山上滚鼓是什么声音？""噗通——噗通，不通——不通！"周围的秀才顿时都笑出声来，"真是高山滚鼓之妙——不通，不通！哈哈哈！"白文秀羞得满脸通红，掩起文稿拔腿就逃。"泰"与"秦"字形相近，因此，也容易混淆，这就是"泰"字的故事。

泰 会意字。大篆为 ，从"大"（正面人形）。身上有水滴，表示人在沐浴。小篆为 ，在古文的基础上，另加义符双手和水，表示用手撩水洗身。隶变楷书写作"泰"。《说文·水部》："泰，滑也。从廾从水，大声。"人洗去身上的灰尘污垢，肌肤光滑，血脉通畅，则全身极为舒泰。故"泰"的本义为通达、通畅、亨通、安逸。如古语说："政教积德，必致安泰之福；举措数失，必致危亡之祸。"带有"泰"字的成语多为吉祥、安宁之意，如"国泰

民安"指国家康泰安乐，百姓安居乐业；"否极泰来"指好事来到是由于坏事已至终极；"泰然自若"形容遇到变故或在严重紧急的情况下，沉着镇定，毫不慌乱；"泰山北斗"常用以比喻众所崇仰的人物；"泰山之安"形容稳固、安定；"泰山鸿毛"比喻轻重相差极大；国泰、家泰、人泰是人们梦寐以求的追求，"泰"字是告诉我们如何达到"泰"的境界。

天地人和为泰。

"泰"，上"三"画，是乾卦，代表三阳下潜，三阳开泰，下为"水"，代表地热解冻，水流涌现；中间是一个"人"字，天地交会，人在中和，万物生成，泰然自若，天下归泰。一个"泰"字，讲述了天、地、人"三才"的辩证关系。大自然有其运行规律，各种物种都是相生相克、相辅相成的，只有保持这种平衡，才能出现"泰"的局面。据史载，普鲁士国王腓特烈喜吃樱桃。1774年，他看到成群的麻雀在果园里啄食樱桃，十分恼怒，立刻下令消灭麻雀。一时举国上下，围剿麻雀。不久，麻雀被捕杀殆尽，国王欣喜不已。但是，时隔不久，很多果园里的害虫却泛滥成灾了。害虫吃光果子和果树叶子，果园面临毁灭。国王宣布不许再打麻雀，并决定从外地引进麻雀，加以保护，才使害虫逐步得到遏制。生物界是这样，人类社会也是如此。一个安泰的社会，必须是人的中和、互助和合作。有一个装扮像魔术师的人来到一个村庄，他对人说："我有一颗汤石，如果将它放入烧开的水中，会立刻变出美味的汤来，我现在就煮给大家喝。"这时，有人就找了一个大锅，也有人提了一桶水，并且架上炉子和木材，就在广场煮了起来。这个陌生人把汤石放入滚烫的锅中，然后用汤匙尝了一口，很兴奋地说："太美味了，如果再加入一点洋葱就更好了。"立刻有人冲回家拿了一堆洋葱。陌生人又尝一口："太棒了，如果再放些肉片就更香了。"又一个妇人快速回家端了一盘肉来。"再有一些蔬菜就完美无缺了。"陌生人又建议道。在陌生人的指挥下，有人拿了盐，有人拿了酱油，也有人捧了其他材料，当大家一人一碗蹲在那里享用时，他们发现这真是天底下最美味好喝的汤。这锅汤始于陌生人在路边随手捡到的一颗石头，后来，由于众人的合作，才煮出一锅美味的汤来。这正好说明，"泰"就是每个人贡献自己的一份力量，众志成城，和合共生。

字谜廊　春雨潇潇寓平安。

谜底：泰

通畅无阻为泰。

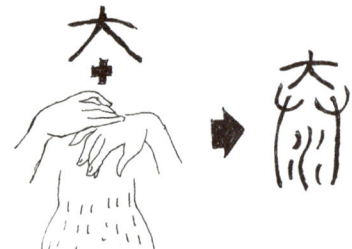

字像一双手在水上洗濯的样子。古人认为净水是圣洁的，因此酷热夏季将水泼在身上，不仅降温，还能去污驱邪，带来吉祥。

"泰"是通过清洗，清除身上的污垢，又通过新陈代谢，血脉通畅，通神舒畅。"泰"又是《易经》中的一卦。"乾下坤上，乾为天，为健，为君子；坤为地，为顺，为小人。"《易经》以阳为大，以阴为小；向上为往，向下为来。从自然界看，是天地相交；从人事看，是上下相交，上下之情通，上下之志同。明朝王鏊在《亲政篇》中说："上之情达于下，下之情达于上，上下一体，所以为泰。""泰"卦用在人事上，乾代表君，坤代表臣，君主和大臣交泰，则天下大治。历史上唐宪宗是一个有作为的君王，成就了唐朝的中兴气象。据《资治通鉴》记载："上常与宰相（李吉甫）论治道于延英殿，日旰，暑甚，汗透御服，宰相恐上体倦，求退。上留之曰：'朕入禁中，所与处者独宫人、宦官耳，故乐与卿等且共谈为理之要，殊不知倦也'。"可以说是与下属推心置腹。宪宗总是喜欢和大臣讨论某种事情的成因，其实结果他未必不知道，只是让大臣说出来，君臣之间好达成共识。宪宗即位初期，面对藩镇的挑战，多次就藩镇问题与大臣讨论，虚心向大臣请教。最后得出了"以法度制裁藩镇"的整体方略。宪宗还常与大臣讨论祖辈成功失败的经验教训。正是通过这样的讨论，让他们的执政意见更加统一。宪宗曾对大臣们说："朕常居深宫，不知宫外的许多事情，以后如果有处理不当的事宜，你们必须论奏，不要缄默不语，促成朕的大错……"宪宗的一番话使众臣深为感动，有的竟泪流满面，事后称宪宗纳谏前无古人。可见，宪宗非常会和群臣交流，以此求同存异，加深对一些问题的共识。

心态平和为泰。

"泰"谐音为"态"，表示用平和的心态去看人、看事。孔子对君子和小人的言行和心态作了比较："君子泰而不骄，小人骄而不泰。"一个人以平和的心态去看问题，就能宠辱不惊，坦然处事。战国时期，齐国大夫晏子外出，他所乘坐的马车正好从他的车夫的家门口经过，车夫的妻子从门缝里看到自己的丈夫替相国驾车，挥鞭赶着高头大马，神气活现，洋洋自得。车夫回到家里，妻子很不

关于国家　富强　民主　文明　和谐

高兴，说："晏子身为齐国宰相，在诸侯各国中很有名望，可我看他坐在车上，仪容是那样端庄深沉，态度是那样谦逊。而你呢，只不过是一个车夫，却趾高气扬，像你这样的人还会有什么出息呢？"车夫仔细琢磨妻子的话，感到非常惭愧，承认了错误。自此以后，车夫变得谦逊起来。车夫的这一变化，让晏子感到奇怪。问车夫原因，车夫把缘由告诉晏子。晏子认为车夫的妻子是一个贤妻，也对车夫勇于改过的态度感到满意，后来推荐他做了官员。在现实生活中，如何用一种平和的心态来看待得失，是人人都必须面对，又不一定能处理得好的问题。有的时候，有的人有了点成绩就沾沾自喜，忘乎所以；有的人碰到一点困难就垂头丧气，心灰意冷；有的人听到一点批评就火冒三丈、大发脾气。这就是缺乏平和心态的表现。人应有进取心，也要有平和的心。平和不等于平庸，平和的心态是修心养性的良药。俗话说，性格决定命运，气度决定人生，而心态则左右着性格和气度。什么样的心态决定一个人走什么路、走多远。只有平和的心态才能走对路、走得稳、走得远。

春水润物为泰。

"泰"字可以视为从"春"、从"水"。春为春天，水滋润万物。"春""水"为泰，"水"是万物之本，生命之源，水给万物带来了生机，又是因为春天来了，春雨滋润万物成长，一派生机勃勃的景象。唐代诗人杜甫在《春夜喜雨》中写道："好雨知时节，当春乃发生。随风潜入夜，润物细无声。野径云俱黑，江船火独明。晓看红湿处，花重锦官城。"这首诗写于唐上元二年（761年）春，此时杜甫因陕西旱灾来到四川，定居成都已两年。他亲自耕作，种菜养花，与农民交往，因而对春雨之情很深，写下了这首诗，描写春夜降雨、润泽万物的美景。"润物细无声"还被引申为对人潜移默化的教育。有这样一个故事：古代有位禅师，一天晚上在禅院里散步时，发现墙角有一把椅子，心想一定是有人不守寺规，越墙出去游玩了。老禅师搬开椅子，蹲在原处等候。没多久，果然有一个小和尚翻墙而入，在黑暗中踩住老禅师的脊背跳进了院子。落地时，他才发觉刚才踩的不是椅子，而是自己的师傅，小和尚顿时惊慌失措，但出乎意料的是，老禅师并没有厉声责备他，只是用平静的语气说："夜深了，快去加件衣服！"小和尚感激涕零，回去后将此事转告其他师兄弟，此后，再也没人翻墙出去闲逛了。这位聪明的禅师没有厉声的训斥，没有唠叨的说教，但是让人的心灵却受到了很深的触动，润物无声，从而使人成长起来。

 智慧树下

泰

杨 克

天招阳旗掣云海，
地展锦绣酬中华。
人人好公天下平，
和畅惠风入万家。
三划乾卦民安乐，
阳春一曲传佳话。
开尽桃花竞好词，
泰来否极遍天涯。

格言集锦

人人好公，则天下太平；人人营私，则天下大乱。（刘鹗）

太平景象最能带来一种危险，就是使人高枕无忧，所以适当的疑虑还是智者的明灯，是防患于未然的良药。（莎士比亚）

关于国家　富强　民主　文明　和谐

财产丰盈，人丁兴旺

有一位青年，老是埋怨自己时运不济，发不了财，终日愁眉不展。这一天，走过来一个须发皆白的老人，问："年轻人，为什么不快乐？""我不明白，为什么我总是这么穷。""穷？你很富有嘛！"老人由衷地说。"这从何说起？"年轻人问。老人反问道："假如现在斩掉你一个手指头，给你1000元，你干不干？""不干。"年轻人回答。"假如斩掉你一只手，给你1万元，你干不干？""不干。""假如使你双眼都瞎掉，给你10万元，你干不干？""不干。""假如让你马上变成80岁的老人，给你100万，你干不干？""不干。""假如让你马上死掉，给你1000万，你干不干？""不干。""这就对了，你已经拥有超过1000万的财富，为什么还哀叹自己贫穷呢？"老人笑吟吟地问道。青年愕然无语，他明白了，金钱是财富，健康、青春、生命是更宝贵的财富。

富 形声兼会意字。篆文为 𩫖，从"宀"（房屋），"畐"声。"畐"表充满之意。隶变后楷书写作"富"。《说文·宀部》："富，备也。一曰厚也。"本义为富有，家里应有尽有。"富"字从"畐"，从甲骨文、金文可知

远古时代粮食匮乏，酒品稀奇，因而在一所房屋里有酒器，说明生活富足；造字本义是家庭宽裕，有余粮酿酒。

"富"为酒器,亦即酒,家里有酒,这意味着家境富裕,有余粮酿酒。在远古时代粮食匮乏,酒品稀有,家中有酒是富有的重要标志。粮食是人的生活必需品,酒却是奢侈品。家里有酒,说明家里吃饭不愁,是富有的。"富"就是家中财产丰盈,人丁兴旺。《玉篇》:"富,丰于财。""富"与"贫"字相对。因而,有成语:"富国强兵",形容国家富有,军力强大。"富国安民"指国家富有,人民安定。"富可敌国"指个人拥有的财富可与国家的资产相匹敌。"富贵荣华"指有钱有地位,兴旺荣显。"富贵利达"指财富、地位、利禄、显达。"富贵逼人"形容不求富贵而富贵自来。"赐福居易"来形容抛弃丰厚待遇,甘于清贫生活。"学富五车"形容读书多,学识丰富。

孔子在《论语》中,多次谈到"富"。《论语·子路》冉有曰:"既庶矣,又何加焉?"曰:"富之。"孔子的学生请教如何治理一个地方,孔子说,"富之。"意思是说使之衣食丰足,然后"教之"。《论语·学而》:子贡曰:"贫而无谄,富而无骄,何如?"子曰:"可也,未若贫而乐,富而好礼者也。"孔子在这里讲要安贫乐道,富有好礼。《论语·述而》:"不义而富且贵,于我如浮云。"孔子在这里强调见利思义,对于不义之财看得像浮云一样。《礼记·大学》:"富润屋,德润身。"强调钱财用于改善住所,用道德修养人性。孟子则强调:"富贵不能淫,贫贱不能移,威武不能屈,此之谓大丈夫。"这些都是儒家的富贵观,阐述了"君子爱财,取之有道"的道理。"富"字也告诉我们"富"的内涵以及致富的方略。

富,首先要靠自然的秉赋和个人的天赋。

富字有一个"一"字。《说文》曰:"惟初太始,道立于一,造分天地,化成万物。"所以说,一即道,道乃天地生。"富"从"一"中来,意为先天提供的条件,又蕴含着富是一点一滴不断地积累的。"富"与"赋"是谐音,意为自然的秉赋和个人的天赋。汉代文学家桓宽说:"酒在术数,不在劳身;利在势居,不在力耕。"俗话说,"死生有命,富贵在天"就是这个意思。世界上有一些富有的国家是凭借得天独厚的自然资源而致富的。如石油产出国沙特拥有全球已勘探石油总量的24%,是全球最大的石油出口国;科威特占世界石油储量的10.8%,其财政收入的90%以上来自石油。

富除了靠自然资源,还靠个人天赋,华人巨富王永庆就是靠自己脑袋聪明,善于把握机会。王永庆生于1917年,小学毕业后因家贫失学,15岁时跟着叔叔到嘉义县城闯荡,找到一家日本人开的米店打工。王永庆边干活边留心,白天看老板如何做生意，晚上关门后看老板如何记账算账，晚上躺上床就回想一天的事，过了短短半年就熟悉米店生意了。1932年春节过后，王永庆带着家里凑的200元钱和两个弟弟到嘉义开米店。由于本钱少，只能在最偏僻的地段租一间最小的房子。结果开业后根本没人来买米。王永庆不断琢磨，想出三招。一是提高质量。当时碾米技术落后，米里面都有很多糠、沙砾和小石头等杂物，米店不管，顾客只能买回家后自己拣，王永庆却是先拣得干干净净再卖。二是送米上门。当时别的米店都不送米，王永庆看到有些年纪大的阿姨背不动，就主动送上门。一路上聊天，问问一家几口人，一次买三斗米大概能吃几天。倒米前他先把米缸擦干净，把新米放在下面，陈米放在上面。估计过多少天能吃完，记在小本子上，到了日子就主动送米上门。三是可以赊账。当时很多人家都很穷，米店都不赊账，往往发了工资才能去买米。王永庆的米店可以赊账，先吃米，记下来发工资的日子，等发了工资一两天后再去要钱。用了这三招，王永庆米店的口碑越来越好，最多一天可卖出一百多斗大米，从此开启了致富之路。

■ 陈志平　书

富,赖于人民有恒产。

"富"字中"宀"是房屋,意为住有其屋;"田"指耕有其田,这就是安居乐业。"口"为进食的器官,表示有饱腹之食。家中每一个人有饭吃,有田种,有屋住,衣食无忧,安居乐业,这就是富的象征。一个社会有恒产才有恒心。尊重个人的财产权,人们才会一心一意地去创造财富,一个家庭、一个国家才会富裕起来。资本主义发展的先决条件是个人拥有财产权和从事经济活动的自由,从19世纪初一直到20世纪中叶,美国人的收入在全球是最高的,也是增长最快的,促使生活水平提高的主要因素,就是美国人的财产权获得了保障。并且,美国可靠的私人财产权制度使美国社会比其他大多数国家都稳定。

我们改革开放30多年来,"三大件"的变化也折射了创富梦的变迁。改革开放前的"老三件"自行车、手表、缝纫机,是人们追求的财富象征;80年代的"新三件"电视机、洗衣机、电冰箱,成为生活的追求;今天的"新新三件"是电脑、汽车、商品房,走进寻常百姓家。改革开放以来,"奋斗、赚钱、创业"成为国人的主旋律,中国进入全民奋斗、全民追富的时代。

富,源自于人口素质的提高。

富字有一"口"字,这既表示一个富裕的家庭有饱腹之食,也表示一个国家的富裕取决于人口的数量和质量。在农耕时代,劳动力是决定富裕的主要因素。今天,富裕则主要取决于人口的质量。以色列可以说是一个典型的例子。以犹太民族为主的以色列位于亚洲西部,现有人口近550万。该国土地贫瘠,全国2/3的土地被沙漠覆盖,水源紧缺,但年人均国民收入超过3万美元。以色列的发展靠什么?以色列人说:"我们没有石油,只有太阳、死海和脑袋。"以色列人引以为豪的是头脑。美国人在形容美籍犹太人的富有时说:"美国的钞票在犹太人的口袋里。"而以色列人则说:"犹太人的财富在脑袋里。"开发头脑资源,被以色列视为立国之本。在新中国成立之初,他们就制定了《义务教育法》,规定5~16岁儿童必须接受义务教育。据统计,大学生占全国总人口已达43.6%,这一比例仅低于美国和加拿

字谜廊

因逼之过,宝玉出走。

谜底:富

大。如今,以色列每一万名居民中就有135名科学家和工程师,大大高于美国、日本、德国和英国。并且,以色列的科研费、工程师比例在世界上处于领先地位,人均风险投资世界第一,有近4000家高科技公司,仅名列美国之后。

"富"音同"福",富裕了才有幸福,让人们都过上富裕的日子,是天下之福。

智慧树下

家中美酒飘香,这是富裕的象征。
家中人丁兴旺,这是富裕的表现。
家中有房有地,这是富裕的标志。
富了口袋,缘于富的脑袋。
富裕是幸福的基础,但不是幸福的全部。
共同富裕,天下之福。

格言集锦

善为国者,必先富民,然后治之。(《管子·治国》)
古之善政者贵于足食,欲求富国者必先利人。(《旧唐书·韦坚传》)
保民之道,莫先于强兵;强兵之道,莫先于富国。(郑观应)
土广而任则国富,民众而制则国治。(尉缭子)
愚蠢的行动,能使人陷于贫困;投合时机的行动,却能令人致富。

(克拉克)

强 武力鼎盛，自强不息

在中国历史上有一个"强项令"的故事。东汉时期，光武帝刘秀派为人正直的董宣任洛阳县令。刘秀的姐姐湖阳公主专横跋扈，她所豢养的一批爪牙肆意霸占土地，欺压良民。一次，她的管家杀了人，董宣带人追捕，凶手却躲进了湖阳公主的府中。董宣带领手下守候在门口，终于等到凶手随公主外出的机会，把凶手捉拿归案。湖阳公主认为一个小小的县令竟敢和她作对，让她当众丢面子，便怒气冲冲地到光武帝那里告状。光武帝命人将董宣抓来，用鞭子狠狠责罚董宣。董宣不依不饶，毫不畏惧。他昂着头对皇帝大喊道："陛下包庇无视国法的人，那么国家的法律岂不是一纸空文？陛下的江山何以永存？陛下如果让我死，我自杀好了！"说完，便一头撞向柱子，顿时血流满面。光武帝没想到董宣这样刚直，但为了顾全皇家的面子，平息姐姐的怒气，只好又命令董宣给湖阳公主磕头赔不是。董宣就是不肯，于是卫士把董宣的头往地上按，董宣却用手死死撑住地，倔强地挺起脖子，死也不低头。光武帝毫无办法，感叹地说："董宣的脖子长得太硬了。"于是，封了董宣一个特殊的封号——"强项令"。后来，"强项令"被用于形容不畏权威、坚持正义、不屈不挠的人。

强 形声字。金文为 ⚎，⚎ 代表武力，⚎ 表示疆界，意为武力鼎盛，疆域广大。小篆为 ⚎。《说文·虫部》："强，蚚也。"蚚，是米中小黑虫。强字，从"弓"，从"弘"，从"虫"。弓，表现的是一种力量，能够挽弓射雕，强壮有力。如"挽弓当挽强，用箭当用长"。弘，指盛大，如"弱国不可敌强"。强又引申为不屈服、不示弱、变强、超过，如"能法之士，必强毅而劲直""强本而节用，则天下不能贫""毛先生以三寸之舌，强于百万之师"。《易经》乾卦卦词："天行健，君子以自强不息"。强字的成语很多，"强本节用"，指加强农业，节约开支；"强干弱枝"，比喻加强中央的力量，削弱地方的势力；"强将手下无弱兵"，比喻能干的人手下没有弱者；"强龙不压地头蛇"，比喻虽为强大者，但也不压抑打击盘踞在当地的恶势力；"强中更有强中手"，比喻技艺谋略无止境；"强词夺理"，指本来无理硬说成有理；"博闻强记"，指见闻广博，记忆力强；"强颜欢笑"，指勉强地、无奈地做出愉快的样子。一个国家实力雄厚、富足昌盛为强国；一个人体魄魁梧为强壮；一个将领英勇善战、足智多谋为强将；但如果不顾他人的意愿而坚持去做事就是"强人所难"；表面强大而无实力则是"外强中干"。强字揭示了强的表现、内涵和途径，给我们以启示。

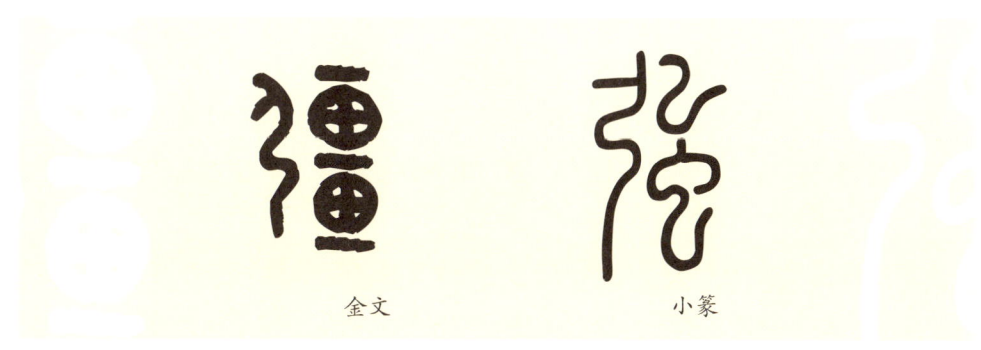

金文　　　　　小篆

强，是武力鼎盛，疆域广大，综合实力的强大。

强字的异体字为"彊"，在古代，"弓"，代表着军事力量，"畺"，是地域的广大。"彊"从"弓"，从"畺"，表示将弓发射到两个"田"界之外，是正常射程的两倍，故"彊"表示强壮、强健。强，从"弘"，从"虫"。弘是声音宏大，实力强，则声音大，具有话语权。强字在这里指出了一个国家富强的基础要素，即军力强大和国域辽阔。在当代，主要是综合实力的增强。衡量一个国家是否富强，主要标准第一是经济实力。目前，在世界上经济实力的排序分别为美国、日本、德国、英国、法国、中国。第二是军事实力，美国是当今的军事强国，其军费相当于其他前十名军事强国军费总和的132%。第三是科技实力，英国《自然》杂志将世界各国按科技实力排名，前五名为：美国、英国、德国、法国、日本。第四是文化实力，美国《福布斯》杂志2012年公布的全球软实力十强分别是：英国、美国、德国、法国、瑞典、日本、丹麦、瑞士、澳大利亚、加拿

大。据权威机构测算，假设美国综合国力年均增长速度为3%，中国综合国力年均增长速度为7%，中国要达到美国同期综合国力水平还需36年。GDP只是衡量国家强弱的一个指标，并不是唯一指标。一个国家的国民素质、教育水平和环境状态，它的世界影响力、科技水平、是否是国际规则和标准的制定者，它在国际事务中的话语权和扮演的角色如何等，都是重要指标。

强，是刚柔相济，软硬兼施，是种高明的处事方式。

"强"字可以看成"刚硬"的"弓背"，绑上"柔软"绳子的"弓弦"。我们都知道，良弓必须有韧性，才具有弹力。刚强很重要，但过于刚则容易折。俗话说，"一山不容二虎"，"两强相争必有一伤"。强要刚中有柔，柔中有刚，一味的刚，其结果往往不是强。"刚"是只要选定一个目标，就要咬牙做下去，坚忍不拔，不达目的誓不罢休。不论遇到什么样的挫折、失败、打击、耻辱，都"打脱牙齿和血吞"，默默忍受，埋头苦干。而"柔"则体现于在"刚"没有效用的时候，不妨采用"柔"的手段，否则会适得其反。有时候，柔也可克刚，可见"柔"是一种比"刚"更为强硬的手段。这就是所谓的"刚柔相济"。

印度民间流传一个故事：从前有一个国王准备袭击另一敌对国家。在王宫中，他的占星家被敌人收买。占星家称：如果军队两个月内出征，肯定要惨遭失败。他造谣的目的，是为了拖延时间，让敌国做好准备。军队的将领都劝国王不要在两个月以内出征，以免白白送死。国王听了占星家的话十分恼火，又有许多大将来劝说，如果硬下命令，让将士出征，势必影响士气。经过一番思考，他想出一个主意。他把占星家和众将领都召到跟前，然后对占星家说："大师啊，我的将领都相信你的话。那么你是否知道你什么时候死呢？""我将在31年以后死去。"占星家很快答道。晚上，国王派亲兵把占星家杀死。随后，国王召集全体将士说："占星家曾预言他31年之后才死，但他昨天晚上死了，所以有理由说，他的预言是错误的。我们不能相信他的话而丧失了取胜的大好机会。现在我命令你们马上做好战斗的准备。"士兵们听了国王的话，个个都愿出征。结果，以闪电般的速度，直捣敌军营垒，取得完胜。

强，胜人者强，胜己者更强。

强有一个弘字，是力量的宏大，正因为力量的宏大，可以战胜别人。在自然界中，"弱肉强食，适者生存"，这种强，体现在战胜对方。其实，战胜自己

关于国家　富强　民主　文明　和谐

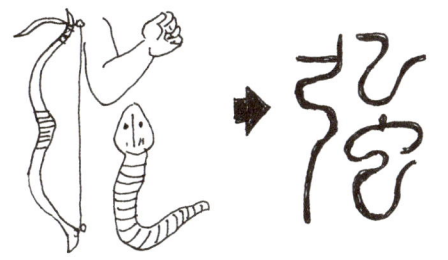

"强"字本义是一种米虫,是一个会意字。其古文字形右下方像一条虫的形状,说明"强"最初与虫有关；左边和右上方组成一个"弘"字,"弘"有大的意思,这里是说这种米虫数量众多。后来,"强"的这一本义渐渐消失不用,借指为健壮有力,还常指内心的坚强。

者更强。曾国藩对此有精辟的看法,他在给他弟弟的一封家书中说,强毅与刚愎不同。古人说自己战胜自己就叫做强,比如强制自己改正缺点,强制自己宽恕别人,强制自己做善事,都是自己战胜自己的意思。如不习惯早起,就强制自己天没亮就起床；不习惯庄敬,就强制自己端坐肃立；不习惯劳苦,就强制自己与士卒同甘共苦,强制自己勤劳不倦。这就是强。不习惯用心专一,就要强制自己持之以恒,守志不移,这就是毅。不这样做而急于以势争人,就只是刚愎自用而已。两者看起来有些相似,但发展下去就会相去甚远,如同天地之间的差别,不可不细察,不可不谨慎。战胜自己,关键是要自省、自警、自律、自制、自我超越。战胜别人容易,战胜自己的弱点以及一些缺点,更需要强大的心理素质,如意志、毅力、理性。有这样的一个故事：春秋末年晋国国君赵无恤继位后,有一个大贵族知伯不把他放在眼里。有一天,赵无恤在宫殿里请知伯喝酒。知伯倨傲无礼,酒席间万般侮辱赵无恤。赵无恤不但不发火,还劝他"别生气"。过了十个月,知伯依仗自己势力强大,向无恤索要领地,无恤不答应。知伯恼羞成怒,重兵将无恤困在晋阳,大有一口吞并之势。但是,赵无恤顽强御敌,以守为攻,坚持了两年,最后打败了知伯。这个故事充分说明了赵无恤的清醒、理性和自制力。当力量悬殊,没有胜算的情况下,要克制自己的情绪,不与强敌正面交锋,待日后条件成熟时再反攻,终能制敌。

凡以"强"取义的字皆与强硬等义有关。"强"加"牛"为"犟",我们说一个人脾气很犟,十头牛也拉不回,就是指这个人很固执。"强"加"钅",为"镪",指坚硬的白银。"强"加"衤",为"襁",襁褓,是指背负婴儿的被、毯和背巾。

字谜廊

残月残烛映残窗。

谜底：强

 **智慧树下**

◎ 强中有畺，地大物博是强大的前提。
强中有弓，武力鼎盛是强大的保证。
强如弓，有张有弛，刚柔相济，
既要以刚克柔，也要以柔胜刚。
胜人者为强，胜己者更强。

 格言集锦

◎ 眼前多少难甘事，自古男儿当自强。（李咸用）
◎ 自强为天下之健，志刚为大君之道。（康有为）
◎ 宝剑锋从磨砺出，梅花香自苦寒来。
◎ 宁在苦中练，莫在福中变。

关于国家　富强　民主　文明　和谐

梦

林林总总，只争朝夕

有一个众人皆知的典故，这就是"庄周梦蝶"。战国时，哲学家庄周在大白天做了一个梦，梦见自己变成一只色彩斑斓的大蝴蝶，翩翩飞舞在开满鲜花的草地上。忽然庄周醒来，不禁大吃一惊：咦，我怎么是庄周呢？刚才还是一只蝴蝶！到底是庄周化蝶还是蝶化庄周呢？这时，一个叫长梧子的人走来，对庄周说："你思考的这个问题很有意思，就连黄帝那样聪明的人听了，也会疑惑不明的。我听说过这样一件事情，艾地有个小官吏，他有一个长相十分漂亮的女儿叫骊姬。晋献公知道后，派人把她接到宫中。离开艾地时，骊姬哭得很伤心。等她到了宫中，看到富丽堂皇的宫殿，吃着山珍海味的佳肴，感到当初离开家乡的哭泣是多余的。骊姬现在后悔当初的行为，又怎么知道今后不后悔现在的行为呢？"庄周听了，哈哈大笑起来，拍着长梧子的肩膀说："看来我们都处在似梦非梦中！"庄子认为生与死、福与祸、物与影、梦与觉等，都是自然变化的现象，圣人任其自然，随之变化。"庄周梦蝶"比喻人生如梦，变化莫测。马致远在《秋思》中写道："百岁光阴一梦蝶，重回首往事堪嗟。"

梦 会意字。甲骨文为 ，右边是一张床，左边是一个人躺在床上，手扶额头在做梦。金文是 ，增加了一个"夕"，表示在夜间做梦。小篆为 ，楷书繁体为"夢"，简化后写作"梦"。《说文·夕部》："梦，不明也。从夕，瞢省声。"梦的本义指做梦，如成语"梦寐以求"，形容愿望的迫切。古人认为，梦是睡眠中出现的幻想，梦引申为虚幻，如成语"梦幻泡影"，比喻空虚而易破灭的幻想；"梦中说梦"指虚无、不存在的事。白居易《读禅经》中说："须知诸相皆非相，若住无余即有余。言下忘言一时了，梦中说梦两重虚。空花

金文　　　　小篆

岂得兼求果，阳焰如何更觅鱼。摄动是禅禅是动，不禅不动即如如。"2012年，因习近平总书记在参观"复兴之路"的展览时，阐述了"中国梦"，使"梦"字成为"年度汉字"，迅速走红。在过去的几年里，载人航天梦、航母梦、高速铁路梦……一个个变成了现实。一个个具体的梦，汇成了中国梦的交响曲。"梦"字告诉我们梦的表现，梦想的力量和圆梦的办法。

梦境林林总总，千奇百怪。

繁体的"夢"，从"卝"，从"网"，从"冥"字头，从"夕"。从"卝"，意为杂乱；"网"代表各种信息交织在一起；"夕"为黄昏。合起来就是讲，梦是睡眠时身体各种刺激或残留在大脑里的外界刺激引起的思维活动。简化的梦字，从"林"，从"夕"。"林"为林林总总，梦境五花八门，各种各样。弗洛伊德写了一本书叫《梦的解析》。他认为，人类做梦的动机常常是寻找欲望的满足。这些欲望平时压抑在潜意识中，很难通过正常渠道进入人的意识中。在人类睡眠的时候，潜意识得以活动手脚，于是人们会"做梦"。人做梦大致有三种。第一种是病梦，因身体某个部位有病，会在梦中表现出来。不同的疾病与不同的梦境有关，而同一疾病的梦境通常比较相似。梦中被追逐，心中恐惧，叫不出来跑不动，惊醒后心有余悸、大汗、心跳加快，这可能是心脏冠状动脉供血不足。梦到水的场景，例如洪水、沼泽、溺水等，预示肝胆系统和肾脏可能有病变。梦境内容的改变，也可提示病情的好转或加重，抑郁症病人梦到欢快的场景，提示病情没有好转。而欢乐梦消失，烦恼梦增加，则是临床症状趋向缓解的先兆。第二种是思梦，因有意的思念或潜意识的思维活动而做梦，这叫"日有所思，夜有所梦。"由于白天在思考写文章，有时梦里会冒出所想的词句来。东汉时期的王符就认为："人有所思，即梦其到；有忧，即梦其事。"又说："昼夜所思，夜梦其事。"他还曾举例说："孔子生于乱世，日思周公之德，夜即梦之。"第

关于国家　富强　民主　文明　和谐

三种是征梦，即象征性的预兆之梦。这种征兆之梦，有形象、会意、谐音三种形式。文学名著《红楼梦》写了许多梦，大约有32个（前80回写了20个梦，后40回写了12个梦）。第一回"甄士隐梦幻识通灵"，就是从写梦开始的，写了一僧一道的对话，写了"太虚幻境"："假作真时真亦假 无为有处有还无"，为全书埋下了伏笔，也预言了人生的虚无。书中写梦最长的首推第五回，作者着力描述主人公贾宝玉梦游太虚幻境，交代大观园12个美人的日后命运；而最短的要数第十三回贾宝玉在梦幻里听见有人叫秦氏死了，和第八十九回林黛玉睡眠之中经常听到丫头们喊薛宝钗"宝二奶奶"。《红楼梦》从故事情节的发展脉络上看，起步于梦，止步于梦，梦一个接着一个。实际上，曹雪芹是想用梦来隐晦地折射他要表达的意思。从某种意义上说，《红楼梦》就是由这些奇特而美丽的梦组成。

一个人躺在床上做梦（甲骨文有不少字把原型的物体竖起来写），他似乎睁眼"看到"了梦境中的事物。

梦想是人生的目标。

繁体的梦字，上面的"屮屮"，就像眉目，下来是一个目字，象征着闭目做梦。这个"目"也象征着人们的目标。弗洛伊德认为，梦是欲望的满足。一个人有梦想，就会听从由心而发的召唤，就会有动力。因此，梦总是成功的动力。《小红伞》的故事告诉我们梦想就是力量：从前，有一个小镇久旱不雨，牧师把村民们集合起来，在教堂开了一个祈雨祷告会，一个小女孩也来了。突然，牧师注意到小女孩所带来的东西，激动地在会上说："这位女孩让我感动！我们今天来祷告祈求上天降雨，可是只有她一个人带着雨伞！"村民们顺着他手指的方向望过去，果然，她的座位旁挂了一把小红伞。这时大家沉静了一下，紧接而来的，是一阵雷鸣般的掌声。随着岁月的增长，我们的梦想越来越小，失望越来越多。于是，我们对越来越多的事情都持怀疑的态度。而事实上，正如女孩的小红伞一般，拥有梦想才会使我们充满力量。

导演李安能举起奥斯卡金像奖，正因他是一个有梦想的人。李安回忆起自己走过的人生路，深有感触。1978年，当他准备报考美国伊利诺大学的戏剧电影

系时,父亲坚决反对,但他决意登上了去美国的班机。几年后,他从电影学院毕业时,明白父亲的苦心所在。在美国电影界,一个没有任何背景的华人要想混出名堂来,谈何容易。从1983年起,他经过了六年漫长而无望的等待,大多数时候都是帮剧组看看器材、做点剪辑助理、剧务之类的杂事。那时候,他已经将近30岁了。他甚至想:也许这辈子电影梦离我太远了,还是面对现实吧。后来,他去社区大学,报了一门电脑课。那几天他一直萎靡不振,妻子发现了他包里的课程表。第二天,去上班之前,她快上车了,突然,她转过身对他说:"安,要记得你心里的梦想!"那一刻,他心里像突然起了一阵风,那些快要淹没在庸碌生活里的梦想,像那个早上的阳光,一直射进心底。妻子上车走了,他拿出包里的课程表,把它撕成碎片。后来,剧本得到基金会的赞助,他开始拿起摄像机,再后来,一些电影开始在国际上获奖。这个时候,妻子重提旧事,她才告诉他:"我一直就相信,人只要有一项长处就足够了,你的长处就是拍电影。你要想拿到奥斯卡的小金人,就一定要保证心里有梦想。"

圆梦必须只争朝夕。

繁体和简体的"梦",都有一个夕字,这既是做梦的时间,也是实现梦想的要求,这就是要只争朝夕,付诸行动。有一个猎人打猎前带着他的袋子、弹药、猎枪,同伴劝他把弹药装在枪膛里,但他还是拿着空枪出发了。"废话!"他嚷道:"我到达目的地起码要一个钟头,哪怕装100颗子弹,有的是时间。"话音刚落,他还没有走过开垦地,就发现一群野鸭密密地浮在水面上,同伴一枪打死一只。等他匆匆忙忙装子弹时,水鸭全部飞得无踪无影。他徒然穿过小径,在树林中搜索,连一只麻雀也没见到。真糟糕,忽然霹雳一声,大雨倾盆,浑身都是雨水,袋子空空如也,最终他一无所获。

在我们的一生中,总有种种的梦想,而要实现梦想,都应付诸行动,不能坐视梦想的幻灭。凡是应该做的事拖延而不立刻去做,有这种不良习惯的人都是空想者。心动不如行动,目标再伟大,梦想再宏伟,如果不能只争朝夕,不去落实,永远只能是空想。成功者的口号是:行动、行动、再行动!

字谜廊

二度重阳连夜归。

谜底:梦

关于国家 富强 民主 文明 和谐

 智慧树下

梦如草，梦如林。林林总总，无奇不有。
梦如冥，梦在夕。冥冥之中，给予暗示。
梦想是人生的目标，圆梦须只争朝夕。
拥有梦想只是一种心力，实现梦想才是一种能力。

 格言集锦

灵魂没有确定的目标，它就会丧失自己，因为俗语说得好，无所不在等于无所在。
预见是一种梦境，事件把我们从梦境中唤醒。
梦想，是对美好未来的憧憬；
梦想，是人生前行的明灯；
梦想，是拼搏成功后的满足。

民　主

民主是人类社会的美好诉求。我们追求的民主是人民民主，其实质和核心是人民当家作主。它是社会主义的生命，也是创造人民美好幸福生活的政治保障。

关于国家　富强　民主　文明　和谐

民惟邦本，明民定命

有一个典故，出自《尚书》，讲的是"民惟邦本"：夏朝的国君太康，本是禹的孙子，他在继任国君后荒淫无度，老百姓心有怨恨。有一次，太康到洛水的南面去打猎，一连一百天不回京城，有穷国的君主羿趁机篡夺了夏国的政权。太康有五个弟弟，当羿起兵反叛时，他们用车载着母亲从京城逃了出来。后来，五个弟弟作了一首歌，追述大禹的功绩，谴责太康的荒淫，写道："宝祖有训，民可近而不可下。民惟邦本，本固邦宁。予临兆民，懔乎若朽索之驭六马。为人上者，奈何不敬？"意思是说："祖先告诫我们，人民不可卑视而只能亲近，国家有了人民，好比大树稳固了根。一个人统帅着万民，就好比用腐朽的绳索驾驭着快马奔驰，随时要战战兢兢。"太康死后，弟弟中康被立为国君。后来，羿也荒淫无道，老百姓起而反抗，中康和弟弟们趁机起兵，恢复了夏国。

民 象形字，甲骨文 ，在眼睛 下面加 ， 是 的变形，表示抓握。造字本义：手持利器刺瞎战俘眼睛，使其无力逃跑，成为顺从的奴隶。金文 基本承续甲骨文字形，将甲骨文的 淡化成 ，同时省去了甲骨文 中的瞳孔，写成 ，强调"民"是无瞳的瞎子。篆文 误将金文的 写成 ，"目"形难辨。隶书 进一步变形。《说文·民部》："民，众萌也。从古文之象。凡民之属皆从民。"民是指被统治的百姓，如"古者有四民：有士民，有商民，有农民，有工民"。民还指人类，如"食者，民之本也"，"上古之世，人民少而禽兽众。"人民成为今天使用频率较高的一个词。近些年，"民"又流行一种新用法，指具有某种共同特征或从事相同行业的人群，如抽烟的称为烟民，炒股的称为股民，买彩票的称为彩民，经常上网的称为网民等。有"民"字

29

的成语有:"小国寡民",指人民很少的小国家,大家都过着淳朴和谐的生活;"吊民伐罪",指慰问受苦的人民,讨伐有罪的统治者;"民贵君轻",意为从天下国家的立场来看,民是基础,是根本,民比君更加重要;"民胞物与",泛指爱人和一切物类;"民生凋敝",指社会穷困,经济衰败,人民生活极端困苦;"防民之口,甚于防川",指阻止人民进行批评的危害,比堵塞河川引起的水患还要严重;"民安物阜",形容社会兴旺气象;"民扰不安",形容老百姓不能安宁地生活;"民不聊生",形容人民生活极端困苦;"民淳俗厚",指民风质朴敦厚;"民富国强",指百姓富裕,国家强盛;"民和年丰",指百姓和顺,年成丰收。民与官、与君相对,"民"字揭示了民在历史中的作用,民与官、君的辩证关系。正确地处理好两者的关系,关系到国家的长治久安。

民是人类历史的创造者。

"民"字,从"尸",从"戈","尸"为人低头的样子,"戈"为双手持劳动工具,靠双手的勤奋劳作为生,并把果实奉献给社会。"民"是数量最多的社会群体,既是人类社会的创造者,又体现着人类社会的发展状况和水平。科学研究,正有赖于一代代人不断推陈出新。东汉科学家张衡,专心研究天文历算。当时,有种天文学说叫浑天说,认为天是浑圆的,像一枚禽卵,天像卵壳,地像卵黄,在天的中间,日月星辰在"卵壳"上不停转动。张衡认为这样的结论不完善,于是他认真观测天象,积累了大量恒星运动的资料并对其规律进行分析研究,制成了浑天仪,继承和发展了前人的浑天说。弗兰明是英国细菌学家,1922年,他发现溶菌酶。1928年,他在观察培养葡萄球细菌的毓盘时,发现盘里长了青绿色的霉,这种青绿色霉的周围没有葡萄球菌。经过反复观察和研究,证实这种绿色霉是杀菌的物质。后来,经过进一步研究,制成了青霉素这种高效抗菌素。以后,英国病理学家弗洛里和德国生物化学家钱恩肯定了它的治疗价值。青霉素的出现,挽救了无数人的生命。

民决定了一个国家和民族的前途命运。

"民"字由"门""氏"组成,意为民有千万,不同的姓氏一旦形成一个整体,就具有巨大的力量,明民定命,明民可以决定一个国家的命运。谁代表人民群众的根本利益,就会得民心,顺民意。没得到人民群众的拥护,相反就会失去人民的信任,政权就不稳固,这就是水能载舟,亦能覆舟的道理。汉刘向《说苑·政理》:"善为国者,爱民如父母之爱子。"《汉书·郦食其传》:"王者以民为天，而民以食为天。""人心者，国家之命脉。得民心者，可以为官；失民心者，何足道哉。"民心是构成政权大厦的基石，中国自古就有重视民心的传统，从周代的"敬德保民"、"民之所欲，天必从之"，到唐代魏征在《谏太宗十思疏》中说："怨不在大，可畏惟人；载舟覆舟，所宜深慎"。有一次，李世民与魏征讨论治国之道。李世民问：隋朝灭亡的原因是什么？魏征回答说：失去民心。李世民又问：人民和皇帝应当是什么关系？魏征说：皇帝就像一只漂亮的大船，人民就是汪洋大水，大船只有在水中才能乘风前进；但是，水能载舟，同样也能将船弄翻。太上皇（李渊）举义旗推翻隋朝统治就说明了这一点。所以，作为君王要时刻记住水能载舟，亦能覆舟。

几千年来，在儒道文化的交错影响下，"得民心者得天下"、"拥道德者拥天下"的"民心"标准，已经成为中国传统政治的标准，更渗透内敛为我们博大精深的政治智慧。我国历来重视政府与群众的"鱼水情"，认为民心对政治衡量的尺度在人民群众的心里，能够得到天下最广大人民群众衷心拥护的政治，就是最合法、最稳定、最强大、最永恒的政治。

民有一双监督的眼睛。

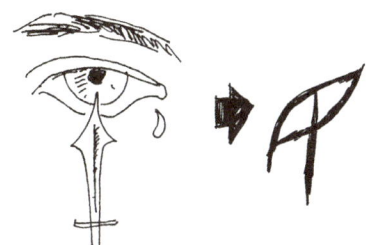

"民"的本义是奴隶主用尖器刺盲俘虏的左眼之后强迫他们为奴，所以"民"字甲骨文和金文字形中都有一只眼睛，在当今社会，这只眼睛可以监督官员，官员"惧怕"这只"法眼"。

甲骨文和金文的民字，都有一只眼睛，表示民众有一双眼睛，对官员的一举一动都看在眼里。民言通明，意为民众的心是明亮的，谁为老百姓做了好事，老百姓心里就会记住他。谁要是做了坏事，老百姓在心里一样记清楚。如清官包拯为民众所称道、所颂扬，是因为他为老百姓办了许多好事。

包拯时刻怀有一颗为民之心，留心民生疾苦，他曾说："民者，国之本也，

字谜廊　一意为百姓，不达目的不成眠。

谜底：民

财用所出，安危所系。"只有一心为民、减轻百姓负担，才能长治久安，利国利民。宋仁宗庆历二年（公元1042年），包拯奉旨调任端州（即今广东肇庆）知府。任职三年里，包拯大办实事，造福百姓。当时的端州，每年都会暴发洪水，导致传染病流行。包拯到任后，发动群众在城区开挖状如七星的七眼水井，水质清冽、甘甜可口。百姓的饮水问题解决了，传染病也控制住了。人民饮水思源，将这七口水井称为"包公井"。包拯大公无私，不谋私利，一生俭朴。即使是当了官，有了地位，衣食住行及生活习惯，也和普通老百姓差不多。他曾经写过一则家训，刻在家中墙壁上：后世子孙仕宦，有犯赃滥者，不得放归本家，亡殁之后不得葬于大茔之中，不从吾志非吾子孙。也就是说，如果有贪赃枉法的，就不准回家，死了之后也不得葬在包家祖坟，不遵从家训的就不是包家的子孙。

民

民，持戈而作，
是社会财富的创造者，
人类文明进步的推动者。
民，门门总总，
汇会各种姓氏。
民为贵，社稷次之，君为轻，
得民心如鱼得水，
失民心如树断根。
人民、只有人民，
才是创造世界历史的动力。
最快的马追不上春风，
最伟大的领袖也离不开人民。

关于国家　富强　民主　文明　和谐

民众的眼睛不但能看到官员的功过是非，在当代社会，也是对官员的监督。由于权力具有极易扩张的特性，且人性都有共同的弱点，权力离开监督就必然产生腐败。当权者既不是圣人，也不是完人，而是七情六欲的凡人。要避免犯错误，必须自觉接受民众的监督，时时处处保持不自在的状态，这样，才能慎用权，用好权。从这个意义上看，民众的监督，是对官员的一种保护。"监督是福"应该是每个官员的座右铭。

格言集锦

英雄者，国之干，庶民者，国之本。（《三略》）

民为贵，社稷次之，君为轻。（《孟子》）

天之生民，非为君也；天之立君，以为民也。（《荀子》）

天下之治乱，不在一姓之兴亡，而在万民之忧乐。（黄宗羲）

夫与民共其乐者，人必忧其忧；与民共有其忧者，人必拯其危。

（《三国志》）

天下何以治？得民心而已！天下何以乱？失民心而已！（王韬）

王者所以得天下者，以得民也。得民者，以得其心也。（汪藻）

失天下者，失其民也；失其民者，失其心也。（《孟子》）

为政之道，以顺民心为本。（程颐）

政之所兴在顺民心，政之所废在逆民心。（《管子》）

得百姓之力者富，得百姓之死者强，得把姓之誉者荣。（《荀子》）

尊重人民，也就会受到人们的尊重。（培根）

王者风范，顶天立地

有一个典故叫"先入为主"：汉哀帝时，董贤、孙宠、息夫躬三人都是皇帝的宠臣，获封为侯。丞相王嘉劝哀帝说："董贤权势太盛，孙宠和息夫躬二人是奸佞之人，恐日后扰乱朝廷，生出祸患，不可重用。"哀帝不以为然。后来，息夫躬看到董贤权势日益扩大，想取代他，于是哄骗哀帝说："陛下，匈奴的单于今年没有朝见天子，恐怕要引兵侵扰边境，陛下应当赶紧想退兵之计……"其实，息夫躬早已派人通知单于，不让他入塞朝见天子。大臣们都不信息夫躬的话，丞相王嘉说："息夫躬分明是一派胡言，陛下万不能信以为真，恐生后患，陛下决不能因为先听到了息夫躬的话，作出错误的决定啊！"但哀帝还是相信了息夫躬的话，打算派兵出征，但又遭到董贤的反对，最终没能实现。不久，息夫躬的计谋露了馅，被关进了大牢，死在狱中。哀帝先入为主，轻信佞臣的话，国家遭受了损失，教训十分沉重。

主 象形字。古文为𡉉，小篆为𡉉，上从"丶"，像灯的火焰，下像灯碗灯座。火焰是灯的中心主体部位。《说文·丶部》："主，灯中火主也。"本义为灯头火焰，延伸的语义有最主要的、最基本的、起主导作用的，如主流、主导、主角、主力、主心骨，还有指君主、首领、主人，如东道主等。与"主"字相关的成语很多，如"当家作主"指主管家政，有权对家事作出决定，比喻在单位或国家中居主人翁地位；"卖主求荣"指出卖主人的利益以换取个人的荣华富贵；"打狗看主"指狗有主人，打不打它，要看给其主人留不留情面，比喻处理坏人要顾全其后台的情面；"地主之谊"指住在本地的人对外地客人的招待义务；"反客为主"指客人反过来成为主人，比喻变被动为主动；"狗吠非主"比喻臣子各忠于自己的君主；"功高震主"指功劳太大，使君主受到震动而心有疑虑；"六神无主"形容惊慌着急，没了主意，不知如何才好；"入铁主簿"比喻有才能有经验的官员；"先入为主"指先听进去的话或先获得的印象往往在头脑中占有主导地位，以后再遇到不同的意见时，就不容易接受；"喧宾夺主"比喻外来的或次要的事物占据了原有的或主要的事物的位置；"挟主行令"指挟持君主，发布命令；"圣主垂衣"形容天下太平，无为而治；"尊主泽民"指尊崇君主，泽惠生民；"盗怨主人"比喻奸恶的人怨恨正直的人；"监主自盗"指窃取公务上自己看管的财物。"主"字告诉我们做一个贤明的主应具有的风范和精神品格。

"主"要有王者风范。

"主"字有一个"王"字，"王"为君王、大王，为首领。"主"即王者带头做主。王者要有威望、有号召力，就要拥有自己的闪光点，这就是主见。做

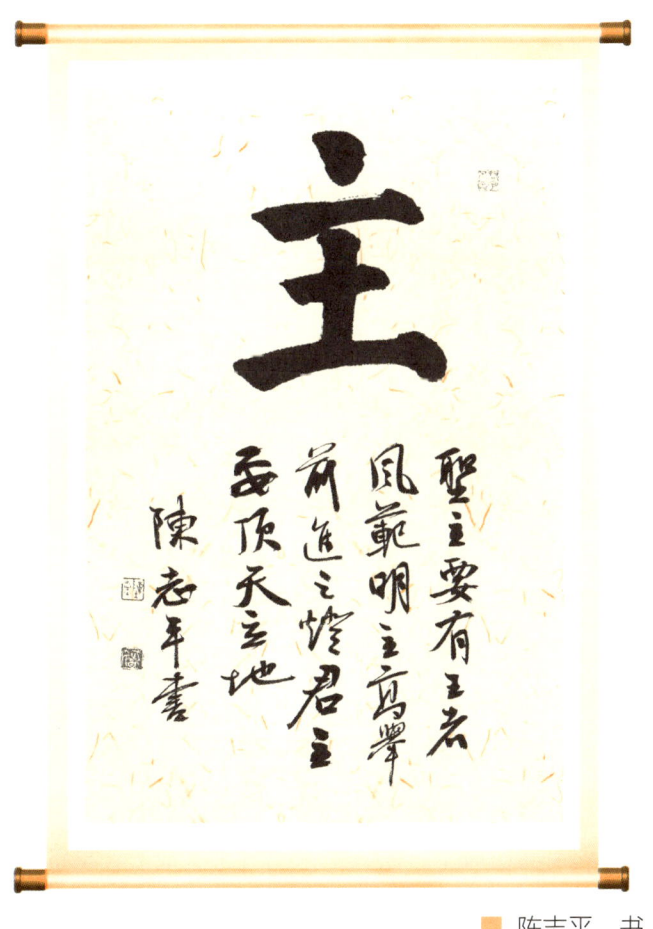

■ 陈志平 书

主之人必须有王者风范，高瞻远瞩，富有远见，拥有主见，虚怀若谷，善于用人，严于督促。这就是今天我们常说的，"领导要出主意，用好人，抓落实"。在中国历史上，具有王者风范的帝王不少，其中，唐太宗李世民可以说是一个佼佼者。唐太宗问宰相魏征："我作为一国之君，怎样才能明辨是非，不受蒙蔽呢？"魏征回答说："作为国君，只听一面之辞就会糊里糊涂，常常会作出错误的判断。只有广泛听取意见，采纳正确的主张，您才能不受欺骗，下边的情况您也就了解得一清二楚了。"从此，唐太宗很注意听取下面说的谏言，鼓励大臣直言进谏。他在《论政体》一文中说："君，舟也；人，水也；水能载舟，亦能覆舟。"魏征去世后，唐太宗悲痛地说："用铜做镜子，可以看出衣帽穿着是否整齐，用历史做镜子，可以明白各个朝代为什么兴起和没落；用人做镜子，可以清楚自己与别人的差距和得失。今天魏征不在了，我真是失掉了一面'好镜子'啊！"

"主"要高举前进之灯。

"主"为"炷"本字。意思是"灯芯"。上古时火种非常宝贵，往往由一族之长保管，因此也用"主"指领袖人物。

"主"字，王上面的一点是火焰，其实，这就是前进的火焰，照亮了前进的道路。"主"是一个领路人，这一"丶"，既是火焰，也可视为关键点，也寓意为理想、信念，指想要成就王者风范，就必须有理想和信念。理想、信念好比航标灯射出的光芒，在浩淼的人生海洋中，指引着人走向辉煌。高举信念之灯的人，对一切困难都无所畏惧，故往往能够成就大业。如黑人领袖马丁·路德金所言："这个世界上没有人使你倒下，如果你的信念还站立的话。"历史学家司马迁，年轻时遵从父亲遗嘱，立志要写成一部能够"藏之名山，传之后人"的史书。就在他着手写这部史书的第七年，发生了李陵案，被捕入狱，遭受残酷的"宫刑"。受刑之后，曾因屈辱痛苦打算自杀，可想到写史书的理想尚未完成，他于是忍辱奋起，前后共历时十八年，终于写成《史记》。鲁迅曾高度评价《史记》："史家之绝唱，无韵之离骚。"正是司马迁高举理想的旗帜，才书写了灿烂的人生。达尔文从小对自然感兴趣，他九岁时对父亲说："我想世界上肯定还有许多未被人们发现的奥秘，我将来要周游世界，进行实地考察。"为此，他一直在积极准备，在希鲁兹伯里学校，校长斥责他是个想入非非的"不务正业"的学生。长大后的达尔文搭上海军勘察船"贝格尔号"作历时五年的环球旅行，经过综合探讨，形成了生物进化的概念。达尔文终于成了英国著名生物学家，进化论的先驱。

"主"是顶天立地。

主字可以视作从"亠"，从"土"。"亠"为"高"字头，代表高到极点；"土"为土地。这就意味着主是头顶云天，脚立大地，光明正大，形象高大，气概豪迈。天在上，地在下，人在天地中间，故有人顶天立地之说。只有顶天立地，才能独立自主，成为天下敬仰的名人。爱国名将文天祥可以说是一个顶天立地的人。南宋祥兴元年（1278），文天祥在广东南海被俘。次年正月，元军出珠江口，准备进攻宋最后的据点崖山。文天祥被拘押舟中，写下《过零丁洋》一诗，最后两句千古流传：人生自古谁无死，留取丹心照汗青。文天祥在狱中曾收到女儿柳娘的来信，得知妻子和两个女儿都在宫中为奴，过着囚徒般的生活。文天祥明白：只要投降，家人即可团聚，但他不愿丧失气节。他在写给自己妹妹的信中说："收柳女信，痛割肠胃。人谁无妻儿骨肉之情？但今日事到这里，于义当死，乃是命也。奈何？奈何！……可令柳女、环女做好人，爹爹管不得。泪下哽咽哽咽。"文天祥被押解到柴市口刑场的那天，监斩官问他："丞相还有什么话要说？回奏还能免死。"文天祥喝道："死就死，还有什么可说的！"他又问监斩官："哪边是南方？"有人给他指了方向，文天祥向南方跪拜，说："我的事情完结了，心中无愧了！"

用主组合的字很多，大多为中心、主题、停止的意义。"主"加"木"为"柱"，这是顶梁柱，是支撑屋架的核心房柱。"主"加"火"为"炷"，这是指灯头火焰，和烛相同。"主"加"扌"为"拄"，这是用于代替手的拄杖。"主"加"人"旁为"住"，加"马"为"驻"，表示停止，如站住、进驻。

字谜廊

王老虎头上躲苍蝇。

谜底：主

智慧树下

做事有主心骨犹如夜晚点燃了火把,照亮前进的方向。

圣主要有王者风范,高举前进之灯,顶天立地。

讲话要有主题,演戏要有主角,文章要有主线,关键时刻要有主见。

格言集锦

论成败者,固以为人事为主。(刘知几)

将兴之主,惟恐人之无言;将亡之主,惟恐人之有言。

(方孝儒)

国家之主人为谁?即一国之民是也。(梁启超)

关于国家　富强　民主　文明　和谐

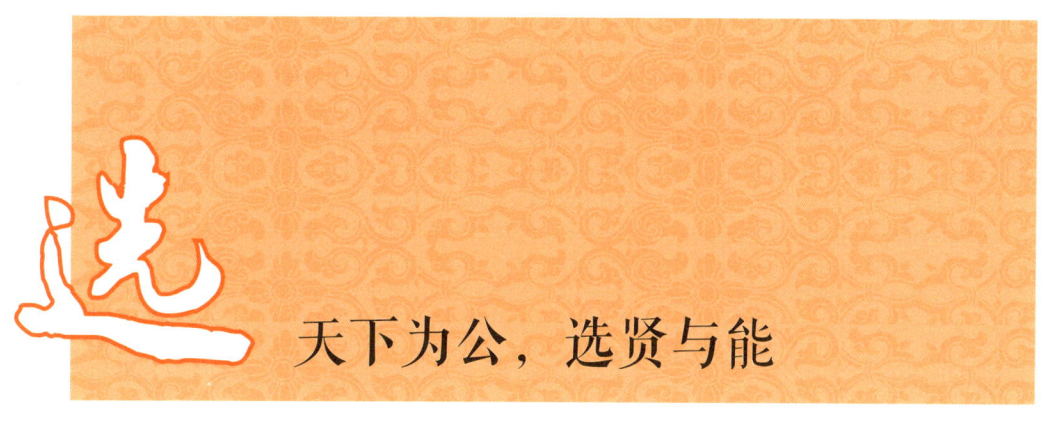

天下为公，选贤与能

孔子在《礼记·礼运》中说："大道之行也，天下为公，选贤与能，讲信修睦。故人不独亲其亲，不独子其子，使老有所终，壮有所用，幼有所长，鳏、寡、孤、独、废、疾者皆有所养。男有分，女有归。货恶其弃于地也，不必藏于己；力恶其不出于身也，不必为己。是故谋闭而不兴，盗窃乱贼而不作，故外户而不闭。是谓大同。"孔子在这里描写了大同世界的美好情景，这个情景的前提条件是"选贤与能，讲信修睦"。这说明选人、用人关系到一个国家的兴衰成败。

选 会意字。金文为 ，辵表示行进， 为两个并行，字为挑人派遣，从两个预备者中挑出一个人出使，小篆为 ，繁体为選。選，从"辵"，表示与前行、行进等行为有关；"巽"为八卦之一，代表风，意为像风一样前行，行走。《说文·辵部》："選，遣也。"本义为遣送、放逐，后延伸为挑拣、选举、选出等义，如杰出人物：汤、文、武、成王、国士，由此其选也。含"选"字的成语有："一时之选"，指某一时期的优秀人才；"选贤举能"，指选拔任用贤能的人；"选兵秣马"，指选好兵器喂饱战马；"金屋之选"，指被贵人选为妻室。人，生活在这个社会，面临的选择林林总总，如选择学校，选择对象，选择职业，选择朋友，等等。选，体现了一个人的生活目标、价值取向、兴趣爱好，也体现了一个人的人生智慧。选字告诉我们在人生的道路上，要学会下面"三个选"。

一是选人要选"先"。

繁体的"選"，由"辵"、二"巳""共"组成，其意思是要在众人中选择可以带领大家共同前行的人。简体的"选"字，更加明确，突出了一个"先"

字,"先"就是走在前面的人,思想先进,品德先进,同时又是身先士卒,走在众人的前面。在中国古代尧舜禹传位,都是用选贤任能去实现的。当年,尧在世的时候,物色接班人考虑传位给舜,对他的人品、能力、才识进行了长达三年的考察。经过考察,确认舜性格坚毅,忍辱负重,不受蛊惑,才让舜接任。舜后来发现禹用疏的办法治水,很有才能,又传位于禹。选贤任能,给老百姓带来了福祉。反之,则可能酿成灾难。拿破仑的失败,与他用人不当有关。19世纪初,拿破仑指挥他的军队横行欧洲大陆,打击了欧洲的封建势力,其成功的因素之一是善用人才。他选人用人破除门阀观念,宣称"每个士兵的行囊里都可能有一根元帅的指挥杖",他善于发挥各种人才的作用,保持了部属高昂的士气。但是,在滑铁卢与普军浴血奋战相持不下时,他错误地用了优柔寡断的格鲁西元帅,结果一败涂地。在当代社会,能否选择先进的人才担当国家的重任,对国家的发展更是起着举足轻重的作用。新加坡从自治、独立到今天,之所以在短短的时间里能够很快崛起,是因为他们重视人才,实行贤能功绩制度。新加坡内阁资政李光耀深知:"为政之要,在于得人","人存政举,人亡政息"。他认为"为政在

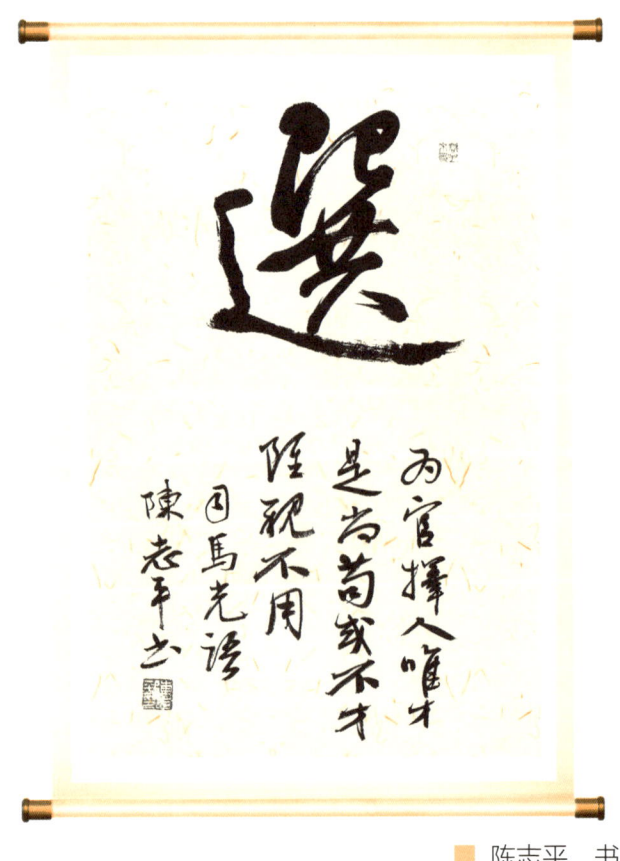

■ 陈志平 书

关于国家　富强　民主　文明　和谐

人"，治国必须是最优秀的人才，新加坡的前途和命运取决于少数精英人物，政府必须由国家中杰出的人才来领导。李光耀说，一个领导团队应该是由有钢铁意志，能承受危机考验，并具备高尚品德，勇于牺牲个人利益并能团结一致的人组成。新加坡的执政党——人民行动党是一个精英式的领导政党，政府是延揽社会精英建立的廉洁高效的政府。由于有一批高素质人才组成的新加坡政府和党的领导班子，从而带领新加坡走进了发达国家的行列。

"先"本义是"走在他人前面"。字的上部是一只脚，下部是一个人。跑到人家的前头去，就是"先"。

二是选妻要选贤。

选择对象组成家庭是人生的必然阶段。选字有一个"先"字，"先"音通"贤"。俗话说："美妻悦目，贤妻悦心。"有些人往往把美貌放在第一位，其实假如美貌与邪恶相结合，会让人更感到可憎。贤妻，重要的是人品、才华、性格，这些都比美貌更为重要。诸葛亮可以说是一个聪明的人，也是一个会选择的人。他充满智慧，慎行稳重，战无不胜，远扬盛名，但他却娶了一个丑媳妇——黄硕。这个媳妇虽然不美，却成为他在生活和事业上强有力的支柱，不但使他一生出师必捷，无后顾之忧，更重要的是他一生一世得到黄硕温柔的照顾。诸葛亮把黄硕娶回家门，他的邻居以貌取人，讥讽道："莫学孔明娶个丑媳妇。"他们哪里知道，诸葛亮看到黄家闺女的才干，已经心心相印，他正庆幸自己娶到一位贤德的媳妇呢。后来，诸葛亮六出祁山，七擒孟获，威震中原，发明一种新的运输工具，叫"木牛流马"，解决了几十万大军的粮草运输问题；发明新式武器"连弩"，克敌制胜，打败了魏国大将张郃；为避瘴气而发明"诸葛行军散""卧龙舟"等，这些都有他媳妇在幕后出谋划策。要说诸葛亮对蜀国的贡献大，其实也有黄硕的一份功劳。

字谜廊

伴儿撑舟了一生。

谜底：选

三是选心要选闲。

"选"中的"先",谐音为"仙"、"闲"。"仙"就是神仙,要如神仙般活得潇洒、达观、自在,"闲"就是要有安闲的心态。在当今喧嚣的尘世,车水马龙,熙熙攘攘的大道上,人们的脚步是如此匆忙,心态也越来越浮躁,脾气也越来越暴躁。虽然我们的工作、生活很忙碌,但要人忙心闲,从容对待。有一个故事叫《渔夫的哲学》:有一个渔夫,每天总是打了足够吃的鱼以后,就去晒太阳、唱歌,过着舒适的生活。有一个财主不理解,说你应该打更多的鱼,然后卖出去赚更多的钱。渔夫反问,赚了更多的钱然后去干什么?在他看来,赚更多的钱最终还是为了悠闲的生活,那么,何必去劳碌呢?正是渔夫知足的心态,才能享受悠闲的生活。在现实生活中,许多人往往不知工作为了什么,忙碌为了什么。有的人牺牲健康去换取金钱,然后又花费金钱来恢复健康。有的人花费很多精力去追求一样东西,最后发现对自己一点用处都没有。一个人要放怀于天地之间,活得潇洒,先得有一颗自由飘逸的心,安闲自在,任意舒卷,随心而安。

智慧树下

- 人生是不断选择的链条,正确的选择比努力重要。
  选对了,走得慢一点并不紧要。
  选对一个好领导,不但有了前进方向,也会增长才干,有了依靠。
  选对一个好对象,就会幸福和快乐,妻贤夫祸少。
  选择一个好心态,凡事便会豁达坦然。

格言集锦

- 为官择人,唯才是与。苟或不才,虽亲不用。(司马光)
  选择你所喜欢的,爱你所选择的。(列夫·托尔斯泰)
  选择机会,就是节约时间。

关于国家　富强　民主　文明　和谐

以尚为尊，执政为民

"风声、雨声、读书声，声声入耳；家事、国事、天下事，事事关心。"这是明代东林党首领顾宪成撰写的一副对联，镌刻在东林书院的大门口。1604年，顾宪成等修复宋代杨时讲学的东林书院，与高攀龙等讲学其中，"讲习之余，往往讽议朝政，裁量人物"，其言论被称为清议。这种政治性讲学活动，形成了广泛的社会影响。"三吴士绅"及在朝在野的各种政治代表人物、东南城市势力、某些地方实力派等，一时都聚集在以东林书院为中心的东林派周围。由于东林党人指责朝政"奸臣"，触动当时的专权阉党魏忠贤，魏忠贤借"梃击、红丸、移宫"三案为由，唆使其党羽伪造《东林党点将录》上报朝廷。天启五年（1625年），明熹宗下诏，烧毁全国书院。次年，东林书院被拆毁。东林党人也遭到打击，杨涟、左光斗等许多著名的东林党人都遭到杀害。天启七年（1627年），崇祯帝（思宗）即位，魏忠贤被流放南直隶凤阳府，余下东林党人才免遭魏忠贤的打击。崇祯二年（1629年），崇祯皇帝下令为东林党人恢复名誉，并下诏修复东林书院。东林党与阉党之间的斗争一直延续到清朝初年，史称东林党争。

党 形声字。篆文从"黑"，表示刺在人身上同族的共同标志，表示亲族。"尚"，表示尊崇之意，隶变后楷书写作黨，如今，简化为党，从"儿"，"尚"声。《说文·黑部》："黨，不鲜也。"意思是晦暗不明。本义为亲族，如父党、母党、妻党。今天指有共同政治信仰和利益的社会集团。党字经历了从贬义到褒义的过程。"党"在古代是一个贬义词，指由私人利害关系结成的集团，如朋党、党羽、妻党、结党营私、朋党之争、党锢之祸，由于"朋党"是为争权夺利、排除异己的组织，所以，党字有一个"黑"字。后

43

来,"党"演变为褒义词,这始于辛亥革命。孙中山最早的革命组织叫做"同盟会""兴中会"等,没有自称为"党"。日本明治维新后,一切向西洋学习,翻译了大量西方著作。最让翻译头痛的是洋书中的固有名词,比如"citizen""parliament""party",只好创制新词。于是,日本人把"party"翻译成了"党",出现了"自由党""立宪党"等政治团体。当时,清政府的驻日使馆参赞黄遵宪,还曾经撰文嘲笑日本竟然出现了自称为"党"的组织。不过,黄遵宪笑声未落,中国也出现自称为"党"的政治组织。辛亥革命的革命家大多留洋日本,日本人用什么词,他们就用什么词。革命家不仅把"总统""总理""书记""干部"等官名照搬进中国,还把"党"也带进了中国。"党"字揭示了作为一个政党的宗旨、目标,告诉我们建设一个什么样的党和怎样建设党。

党以高尚为尊。

党字从"尚",从"人"。党,首先是要有高尚的目标。目标就是党的旗帜。孙中山建立同盟会,提出的宗旨是"驱除鞑虏,恢复中华,创立民国,平均地权"。共产党提出的宗旨是"一切为了人民的利益,建立一个自由平等的社会"。新加坡之所以能够获得成功,在于国内第一大党——人民行动党始终以"促进国家福利和人民幸福"为宗旨,坚持忧患意识,将立足实际的务实理念、一心一意的发展理念、人民为大的服务理念、王在法下的法治理念、清正廉洁的德治理念、共存共生的和谐理念等贯彻于政策实践中,不懈地致力于为民办实事、造福人民,用实际行动赢得了选民的真心支持。其次,党是由高尚的人组成的。中国共产党是由工人阶级的先锋队组成,党员都是社会的中坚力量,是社会的先进分子。只有这样才能起到核心作用。再次,党员应该是受到社会所敬仰的人。雷锋同志就是优秀的代表,从1961年开始,雷锋经常应邀去外地作报告,他出差的机会多了,为人民服务的机会也就多了。人们流传着这样一句话:"雷锋出差一千里,好事做了一火车。"有一次,雷锋外出,在沈阳车站换车,出检票口的时候,他发现一群人围着一个背着小孩儿的中年妇女。原来这名妇女从辽宁去吉林看丈夫,一不小心把车票和钱都丢了,雷锋连忙用自己的津贴费买了火车票塞到大嫂手里,大嫂眼含热泪地问:"小兄弟,你叫什么名字?住哪的?是哪个单位的?"雷锋回答道:"我叫解放军,家就住在中国。"1962年,年仅22岁的雷锋在指挥乔安山倒车时,不幸被电线杆砸到头部,经抢救无效牺牲,几万人涌来,送别雷锋。还有为人们所熟知的石油工人代表王进喜,1960年,王进喜率队从玉门到大庆参加石油大会战,组织全队职工用"人拉肩扛"的方法搬运和安装钻机,用"盆端桶提"的办法运水保开钻。

当年4月29日，钻井队准备往第二口井搬家时，王进喜右腿被砸伤，他在井场坚持工作。由于地层压力太大，第二口井打到700米时发生了井喷。危急关头，王进喜不顾腿伤，扔掉拐杖，带头跳进泥浆池，用身体搅拌泥浆，最终制服了井喷。王进喜因此被称为"铁人"，留下令全国人敬仰的财富——"铁人精神"。

党以人为本。

"党"字从"尚"，从"儿"，"儿"通常指人。俗话说："得民心者，得天下。"天地之间，莫贵于民。一个政党尤其是执政党，要想长期执政，必须把人民的利益放在第一位，这是生命之源，长青之本。以人为本的"人"，不是抽象的人，而是现实的，是指广大人民群众。在当代中国，就是以工人、农民、知识分子等劳动者为主体，包括社会各阶层人民在内的中国最广大人民。以人为本的"本"，就是出发点、落脚点，就是广大人民的根本利益。以人为本就是要把实现好、维护好、发展好广大人民群众的根本利益作为我们工作的出发点和着眼点。以人为本的"人"，须依靠人民，充分发挥人民群众的主体性、能动性、创造性。

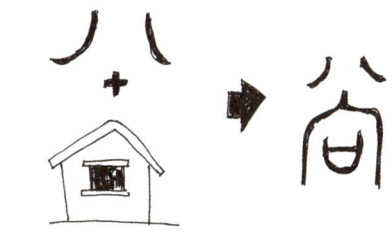

金文"尚"为"八""向"，表示开天窗。本义为在屋顶装天窗，确保室内的采光效果。

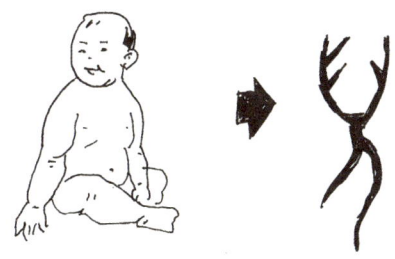

"儿"字形像一个婴儿的形状：上部是婴儿的头，囟门尚未闭合。这是初生儿的特点。

党以和谐相处为方。

"党"字的下面有一个"兄"字，表示兄弟。执政党和其他政党要亲如兄弟。在中国，执政党是共产党，也让民主党派参政议政，形成了中国共产党领导、执政，各民主党派与中共合作、参政的政治分工和政治格局。这种政党关系

与西方国家不同政党间在政治市场竞争基础上,执政与在野或者联合执政的政党关系形成了鲜明的对比。在这种非竞争型政党制度框架下,中国共产党享有公认的领导地位和执政地位,八个民主党派自觉接受共产党的领导,它们在根本利益一致与具体利益差异这一利益格局的基础上,形成了领导与合作、执政与参政、互相监督共同进步的关系,其团结合作是全面而持久的,具有强大的生命力。

党以纯洁为重。

繁体字的党,从"黑",凡是光亮之下都隐藏着黑暗,这是自然规律。在光明显赫的旗帜下,也会钻进一些投机分子,在一定的条件下,以权谋私,搞黑金交易,变成黑色分子,给党抹黑。这就要及时清理黑色分子,保持党的纯洁性和战斗力。早在新民主主义革命时期,为保证党的纯洁性,毛泽东同志就提出共产党员不仅要在组织上入党,而且要在思想上入党,要用马克思主义理论教育党员,纠正和克服党内各种非无产阶级思想。党执政后,保持党的纯洁性的任务更为艰巨。邓小平同志指出,党胜利后,会有一些动机不纯的人,这要求党"对于党员提出更高的标准",将腐败分子清除出党。

党要以担当为任。

"党"字音通"当",这就是说党担负着历史的重担,要勇于担当,善于担当,经受历史的考验,成为中流砥柱。在新形势下,中国共产党不仅担负着团结带领全国人民全面建成小康社会、推进社会主义现代化、实现中华民族伟大复兴的历史重任,而且面临着执政考验、改革开放考验、市场经济考验和外部环境考验四大考验,存在着精神懈怠的危险、能力不足的危险、脱离群众的危险和消极腐败的危险四大危险,需要解决好提高党的领导水平和执政水平、提高拒腐防变和抵御风险能力两个重大课题。十八大对全面提高党的建设科学化水平做出了全面部署,就是要围绕加强党的执政能力建设、先进性和纯洁性建设这条主线,坚持解放思想、改革创新,坚持党要管党、从严治党的方针,全面加强党的思想建

小桥之下约哥来。

谜底:党

设、组织建设、作风建设、反腐倡廉建设和制度建设。所有这些说明，中国共产党是一个有担当、有作为的政党。

 智慧树下

党

党字从尚，从人。
党，首先要有高尚的目标。
目标就是党的旗帜所向。
党字也可分拆为尚兄，
就是一群高尚的兄弟也。
党以高尚为尊，
以人民为本，
以和谐为方，
以纯洁为重。
党是一群高尚的人，
为了一个高尚的目标，
聚集在共同的旗帜下，
奋斗高尚的事业。

 格言集锦

廉者，政之本也，民之惠也；贪者，政之腐也，民之贼也。
（《晏子春秋》）

一个政党是否真正有力量，就看它能否接近民众。（柯立芝）

犯错误对一个先进阶级的战斗的党并不可怕，可怕的是坚持错误，虚伪地不好意思地承认错误和纠正错误。（列宁）

一个好的政党比世界上最优秀的人更有用。（里德）

根深叶茂，以人为本

有一个典故叫"七步之才"：三国时，魏文帝曹丕的弟弟曹植，很有文才，十多岁的时候，就能吟诗作赋，且有"急才"，曹丕对他很妒忌。做了皇帝以后，记恨弟弟与自己争帝的旧事，想借故把他除掉。有一次，曹丕对曹植说："听说你才思敏捷，我却没有面试过你，现在限你在七步之内，成诗一首，否则，我就要治你欺诳之罪！"曹植只得一边走，一边作诗，七步未满，已成诗一首：煮豆燃豆萁，豆在釜中泣。本是同根生，相煎何太急！《七步诗》千古绝唱，声声泣血，最终感动了冷酷的皇兄，曹植也保全了性命。

指事字。金文为ᛘ，上部是"木"（树）的枝干，下面是根部，三个小圆圈是指事符号，表示这里是树木的根部所在。小篆为ᛘ，把根部的三个小点连成一条线。《说文·本部》："本，木下曰本。从木，一在其下。"意思是说，本，树木下部叫本。从木，记号"一"标志在树木的下部。一是"本"的本义指草木的根或靠根的茎干。《国语·晋语》："伐木不自其本，必复生。"本的引申义就很多了，一是指事物的根源或根茎。《礼记·大学》："物有本末，事有始终。"《论语·学而》："君子务本，本立而道生。"二是指本来、原来。诸葛亮《出师表》："臣本布衣，躬耕于南阳。"三是指中心的、主要的。如本部、本题。四是指本钱，如小本生意、还本付息等。"本"字的用途极为广泛，动植物有"标本"，读书有"课本"，哲学有"本体论"，执政有"民本"，经商要有"资本"。在日常生活中，我们常说要有"本事""本心""本色"等。有"本"字的成语也非常多，如："本本分分"指安于本分不越轨；"本本源源"指事物的本身面目；"本末倒置"比喻颠倒了事物的主次轻

重;"本支百世"指本宗子孙久传不绝;"舍本逐末"比喻不抓根本环节,而只在枝节问题上下工夫;"正本清源"比喻从根本上加以整顿清理;"照本宣科"指照着本子念条文;"变本加厉"指情况变得比本来更加严重;"推本溯源"指探索根源,寻找原因;"本来面目"比喻事物原来的模样;"敦本务实"指崇尚根本,注重实际;"张本继末"指把事情的本末说明白;"本同末异"比喻事物同一本原,而派生出来的末流则有所不同。"本"对应的字是"末","末"是树梢,我们处事不能"本末倒置""舍本逐末"。"本"是中国传统的价值观,中国人自古以来讲究本源、根源、追根溯本,不忘根本,都源于"本"的一种意识。"本"字告诉我们治国处世和做人的道理。

治国要以人为本。

"本"字暗藏一个"人"字,寓意人是社会的根本。中国古代就有"民本"的意识。战国时代,齐国为了和赵国加强外交关系,就派使臣访问赵威后。赵威后接过使臣的献礼,还没打开信,就先问使臣说:"贵国的情形怎么样了?庄稼好吗?人民好吗?还有你们的君王也好吗?"使臣听了,心里很不高兴,就回答说:"我是奉君王之命来问候你的,你不问我们君王的情形,却先问庄稼和人民,这样未免先贱后贵了吧!"赵威后笑着说:"你的观念错了,想想看,没有庄稼,哪会有人民呢?没有人民,又哪来的国君呢?难道要先舍根本去问末节的事吗?"邦以民为本,没有人民的基础,就像无源之水,国家就会动摇根基,君贵民轻,显然是舍本逐末的态度。民本思想是中国传统政治文化的优良传统,古代哲人特别重视天命与民心的关系,认识到民心即天心,民意即天命,民情即天意。《尚书·皋陶谟》说:"天聪明,自我民聪明;天明畏,自我民明威。"《尚书·泰誓》说:"天视自我民视,天听自我民听。""民之所欲,天必从之。"这就是说,统治者只要对民负责就是对天负责,顺乎民心就是顺从天意。"以民为本"在民众与国家的关系上体现为民为邦本,即民众是国家的根本。《尚书·五子之歌》中说:"民可近,不可下;民惟邦本,本固邦宁。"孟子说:土地、人民、政事是国之三宝。东汉王符在《潜夫论·边议》中说:"国以民为基。""以民为本"在民与君的关系上体现为民贵君轻,民本君末。孟子在《孟子·尽心下》中阐述了"民贵君轻"的思想,他说:"民为贵,社稷次之,君为轻。"荀子则在《荀子·王制》中提出了"民水君舟"之说。他说:"君者,舟也;庶人者,水也。水则载舟,水则覆舟。"近代梁启超也在《新民说·叙论》中说:"国也者,积民而成,国之有民,犹身之有四肢五脏筋脉血轮也。"这些论述都旨在说明,得民心者得天下,失民心者失天下,人民是国家之根本和基础,只有安众养民,培根固本,才能治国宁邦,长治久安。民本思想揭示了深刻的执政规律,并发挥了客观的历史作用。其一,顺应了民意,约束了专制权力。其二,维护了社会秩序,保持了国家稳定。其三,加强了文化认同、巩固了民族团结,促进了国家统一。

在当代,民本思想已经深入人心,国家治理中尤其突出以人为本。人是自然和社会发展的主体,以人为本是我国科学发展观的核心,主要是以人民为本,但又不能仅理解为就是以人民为本,"人"比"人民"的外延更宽泛,内涵更丰富,更具包容性。"本"字,一般是指人在社会中的主体地位和主导作用,人是目的,而不是手段。"以人为本"不是一个存在论和认识论的命题,而是一个价值观命题。它赋予了中国现阶段社会发展明确的价值内涵,一方面强调作为市场主体的人的价值;另一方面针对市场经济存在"物化"现象,提出要尊重人、理解人、关心人,把不断满足人的多种需求,促进人的全面发展作为经济社会发展的根本出发点。总而言之,"以人为本"就是发展为了人民,发展依靠人民,发展成果由人民共享。"以人为本"的提出,主要是针对处于转型期的社会,依然存在一些违背以人为本的情况,如有些地区仍然片面地认为,发展就是经济的快速运行,就是GDP的高速增长,以致忽视甚至损害人民群众的需要和利益;有些地方一味强调发展,而忽视了环境保护的重要性,最后,经济是搞上去了,但人民群众的生活环境、生命健康却受到很大影响。因此,对于执政者来说,坚持"以人为本"的价值取向,就是要坚持广大人民群众在建设中国特色社会主义事业中的主体地位,不断实现好、维护好、发展好最广大人民群众的根本利益;就是要正确反映和兼顾不同地区、不同部门、不同方面群众的利益,妥善协调各方面的利益关系;就是要坚持在最广大人民群众根本利益一致的基础上关心每个人的利益要求,体现社会主义的人道主义和人文关怀;就是要满足人们的各种发展愿望和多样性需求,尊重和保障人权,关注人的价值、权益和自由,关注人的生活质量、发展潜能和幸福指数,最终实现人的全面发展。具体来说,就是要在

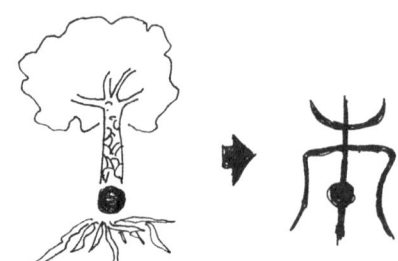

本义是"树木的根"。甲骨文未见。金文的字形是一棵树的根部有一个点儿,指明这是根部所在。后来引申为"草木的茎干"和"事物的基础或主体"等义。

科学发展的基础上，更加注重社会建设，着力改善民生，努力使全体人民学有所教、劳有所得、病有所医、老有所养、住有所居，推动建设和谐社会。

做人要勿忘本分。

"本"字，有一个"一"字，这是指专一、守一，保持自己的本色，恪守本分。中国历史上的典故"东施效颦""邯郸学步"都是丢掉了自己的本色和本分。恪守本分，就是始终不忘记自己应尽的责任和义务，就是不投机取巧，就是安于所处的环境和地位。鲁迅的儿子周海婴，作为名人之后，一生淡泊名利，他多次在公开场合提到不愿在鲁迅的光环下生活。他从不向外人炫耀自己是谁的后代，他反对靠父母的余荫生活，虚度人生。鲁迅在遗嘱中"希望后代万不可做空头文学家"的教诲贯穿于周海婴的一生。他作为一个无线电专家长期默默无闻地从事广播规划工作，同时一生致力于鲁迅精神的传播和作品的整理。他和蔼可亲、为人敦厚，虽贵为名人后代，又是政协委员，但待人处事平易近人。这是一个很"本分"的可敬的老人。本分是一种可贵的品格。它正像泥土一样，以丰厚的养分和坚实的基础支撑起人格的参天大树。

做事要笨鸟先飞。

"本"音通"笨"，笨与巧相反，动作不灵活，笨手笨脚，但只要勤奋，扎扎实实地去工作，苦练基本功，也可以做出一番事业来。许多著名的艺术家之所以获得成功，当然离不开天赋，但勤学苦练也是一个重要的因素。达·芬奇在很小的时候就非常喜欢画画，于是父亲就把他送到欧洲的艺术中心佛罗伦萨，拜著名的画家和雕塑家费罗基俄为师。费罗基俄是个非常严格的老师，学习的第一天，他让达·芬奇画蛋，横着画，竖着画，正面画，反面画。达·芬奇画了一天就厌倦了，但是老师却一直让他画蛋，画了一天又一天。达·芬奇想：画蛋有什么技巧呢？于是向老师提出了疑问。费罗基俄回答说："要做一个伟大的画家，就要有扎实的基本功。画蛋就是锻炼你的基本功啊。你看，1000个蛋中没有两个蛋是完全一样的。同一个蛋，从不同的角度看，它的形态也不一样。通过画蛋，你就能提高观察能力，就能发现每个蛋之间的微小的差别，就能锻炼你的手眼的协调，做到得心应手。"达·芬奇听后觉得很有道理，从此他更加认真地学习画蛋，天天对着蛋画，努力将各种绘画技巧融于其中。三年以后，达·芬奇的手仿佛有了感觉，想画什么就画什么，画什么就像什么。俗话说"磨刀不误砍柴工""学海无涯苦作舟"，无不包含着在基础上下工夫的思想。齐白石开始学习刻印

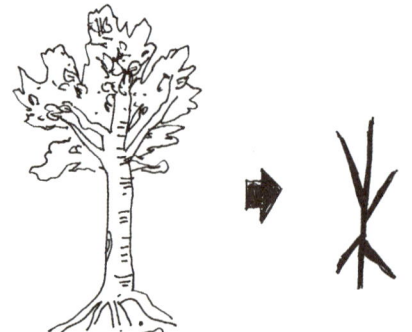

"木"是一个象形字。字形像一棵树的样子。向上的斜画是树枝,向下的斜画是树根。本义是"树",也是木本植物的通称。

的时候曾问他的老师铁安:"我怎么老是刻不好呢?"铁安师傅笑着说:"山上有的是楚石,你挑一担回去,随刻随磨,等到他们都成了石浆,那时你就刻得好了。"齐白石按照师傅的话刻苦地学习,终于取得艺术上的成功。晋朝的王献之对他的父亲王羲之说:怎样才能把字写好?王羲之指着18只水缸对他说:"写字的秘密就在这缸里边,把这18只水缸的水用完了,你就知道了。"隋朝的书法家智永,30年中写坏了的毛笔就装了五个竹笼子,一个竹笼就装100多斤。所有这些都和达·芬奇画蛋的故事一样,告诉人们要苦练基本功,才能取得技艺上的成功。

以"本"组成的字大多有根基的意思。"体",由"人"、"本"组成,一个健康的身体,要亲身经历,身体力行。实践才能出真知。纸上得来终觉浅,绝知此事要躬行。"沐",是水从地下涌出来的样子。"笨",上"竹",竹本心空,一方面可以说是谦虚,但也可以看成心空无物,草包一个,笨的人往往是内在心空,脑子没有一点墨水,所以笨是缺乏弹性的,反应慢的,不灵活的。"钵",僧人化缘用的器皿,中国禅宗师徒间道法的授受,常付衣钵为信证,称为衣钵相传。《旧唐书·方伎传·神秀》:"昔后魏末,有僧达摩者,本天竺王子,以护国出家,入南海,得禅宗妙法,云自释迦相传,有衣钵为记,世相付授。""衣钵"是一种证物,也是一种流派的标记。

字谜廊

一靠枕头就看书。

谜底:本

关于国家 富强 民主 文明 和谐

 智慧树下

本

杨 克

本是同根生，相煎何太急。
曹植的七步之才
道出了本之义。
物有本末，宗有弟兄。
君子务本，本立而道生。

"本"字暗藏：
一个"人"字，
寓意人是社会的根本。
所以，治国要以人为本。
做人，也要讲本份。
就像一棵参天大树，
深深地扎根在大地上。

 格言集锦

- 人格的完善是本，财富的确立是末。
- 唯大英雄能本色，是真名士自风流。
- 立身苦被浮名累，处世无如本色难。
- 传家有道唯存厚，处世无奇但率真。
- 何其自性，本自清净；何其自性，本不生灭；何其自性，本自具足；何其自性，本无动摇；何其自性，能生万法。（《六祖坛经》）

文　明

文明是社会主义现代化国家文化建设的应有状态，是对面向现代化、面向世界、面向未来的，民族的科学的大众的社会主义文化的概括。

关于国家　富强　民主　文明　和谐

上玄下乂，交变成文

有一个典故叫"文质彬彬"，出自《论语》。

一天，孔子在家，对儿子孔鲤说："君子与人会面不可以不修饰，不修饰仪容就会不整洁，不整洁就对人不尊重，对人不尊重等于失礼，失礼就不能自立于世。那些站在远处就显得光彩照人的，是仪容整洁的人；与人接近而让人心中洞明的，是拥有渊博学问的人。"孔鲤听完以后，问道："那么父亲的意思是说君子一定要善于修饰自己，可是您不是经常教导我说君子只要保持本质就可以了，不需要讲究文采吗？"孔子说："鲤啊，你还没有理解我的意思。文采如同本质一样重要，文质彬彬才能成为一个君子。如果一个人过于质朴，他就会显得粗野，流于粗俗；如果一个人太富于文采，他就会流于虚伪、浮夸。只有质朴和文采配合恰当，才是君子啊。"

君子是儒家思想的人格模式和典范。"文质彬彬，然后君子"，只有文与质恰当的调和，才能达到君子的境界，这就是中庸之道。

文　象形字。甲骨文为 ，像一个正立的人形，最上端是头，向左右伸展的是两臂，下部是两腿，胸前刻有美观的花纹。金文为 、 ，形体基本上同于甲骨文。小篆为 ，把胸前的花纹省略了。隶变楷书后写作"文"。《说文·文部》："文，错画也。像交文，凡文之属皆从文。"意思是说，文，交错刻画成花纹，像交错的花纹的样子。大凡文的部属都从文。"文"的本义为文身。《礼记·王制》："东方曰夷，被发文身，有不火食者矣。"由花纹引申为文字，因为文字最初是照事物的形象画出来的，是线条交错组合的图。由文字引申为文章、文献。司马迁《报任安书》："恨私心有所不尽，鄙陋没世，而文采

55

不表于后也。"随着物质生活水平的提高，逐渐人们也讲究仪容、礼仪。"文"称为侧重于表达精神层面的字，如文化、文字、文明等。由于"文"与"武"相对立，"文"是治世的，是宽柔的，由此引申为柔和、不猛烈的，如"文火""文雅""文秀"等。我们把有一定条理、逻辑的文字称为"文章"，"文章"语言优美，生动感人就称为有"文采"，而擅长写文章的人就是"文人"了。以"文"组合的成语，数不胜数，这里列举一些："百代文宗"，指在久远的年代里堪为文人楷模的人物；"博文约礼"，指广求学问，恪守礼法；"道德文章"，指思想品德和学识学问；"典章文物"，指法令、礼乐、制度以及历代遗留下来的有价值的东西；"斯文扫地"，比喻名誉、信用、地位等完全丧失；"文武之道，一张一弛"，意思是宽严相结合，是文王武王治理国家的方法，现用来比喻生活的松紧和工作的劳逸要合理安排；"文过饰非"，指用漂亮的言词掩饰自己的过失和错误；"文不加点"，形容文思敏捷，写作技巧纯熟；"温文尔雅"，形容人态度温和，举止斯文。"文"字揭示了文化的本质和发展路径，对于今天我们建设文化强国有启迪意义。

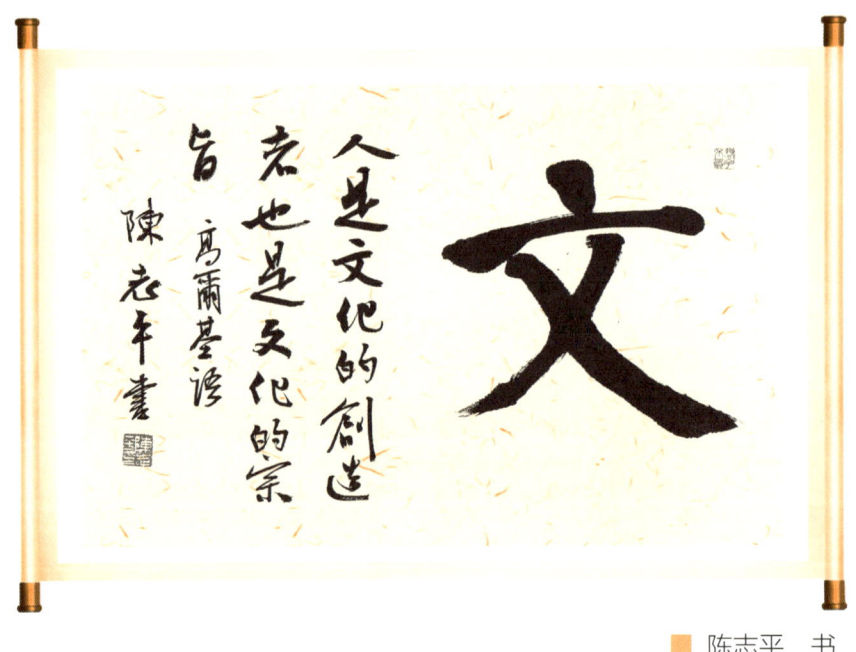

■ 陈志平　书

文是生活不可缺失之美。

"文"最初的意义是纹理、花纹。在自然界中，有许多东西，天生就是很美丽的。刘勰在《文心雕龙》中指出自然界的"文"之美：龙凤以鳞羽呈现瑞祥，虎豹以毛色显现雄姿；云霞雕饰出的色彩，超过画工下笔之精妙；草木开花，不经织女的巧手也神奇异常。这是一种自然之美，未加雕饰之美。而一些质朴的东西，经过"文"，才能显现它的美，如一块质朴的玉石，经过雕刻，就能彰其形色之美。人也一样，只有经过梳妆打扮，才能体现其气质美、形象美。现藏于台北故宫博物院的翠玉白菜，是由产自缅甸的翠玉琢磨而成，洁白的菜身与翠绿的叶子相映成趣，几乎可以假乱真，是该馆的"镇院之宝"。缅甸翠玉经过玉雕大师的"量材就质"、精雕细琢，自然色泽、人为形制、象征意念"三位一体"，遂成就一件不可多得的珍品。

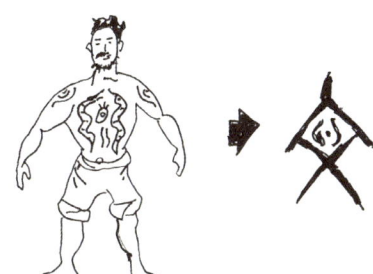

"文"本义是"文身"，就是在人身上刺上花纹图案。古文的字形是一个人的胸前或背后刺上了花纹的样子。

"文"蕴含着无穷无尽的玄机。

"文"之上为"玄"之头，意为包含着无穷无尽的玄机，体现着宇宙运行的规律和人类社会发展的规律。这里，我们仅从文字就可以看到文的玄妙。汉字中所包含的信息，可以超越神学、哲学，给予我们新的思维模式和发展道路。如"武"由"止""戈"两字组成，表示士兵背着武器（戈）行走准备去打仗，表示有武力的意思。同时，又表示"武"的最高境界是"不战而屈人之兵"。不动一枪一炮，就能征服人家，即"止戈"，就是最高境界的"武"。"信"由"人"、"言"组成，这就是说诚信是人说话、言而有信。侣，是两口人，夫妻俩，一日为夫妻，终身为伴侣。"进"字的繁体是"進"，"進"即"走佳"，是往佳境走，越往前走越好，不断向前发展。简体的"进"字是"走井"，是往井里走，走在井中。人类的进步、前进，进入了当今各种危机的陷阱，走在人类之间矛盾的"井"里，走在经济、生态环境和精神困境的"井"中，进字的信息向人类提出了特别的提醒。有一个故事叫"谢石拆字"，说明了文字有预测功能，令人惊叹。南宋高宗在位时，谢石是京城有名的拆字先生。一天，高宗微服出游，偶遇谢石。高宗用手杖在地面上先写了一个"一"字，又写了一个"问"字，因为地面不平，"问"字的"门"框分别向两侧倾斜。谢石见状，连忙跪下，说："前一个字，'土'上安'一'，是'王'；后一个字，'问'飞两旁。左看右看都是'君'，您必是当今皇上了。"高宗心里暗暗吃惊。次日，高宗在偏殿召见谢石，写了一个"春"字，谢石看后说："秦头太重，压日无光。"高宗听了，大惊失色，叫他马上离去。可惜，谢石会测字，但测不了自己的命运。后来，秦桧知道了，把他流放到了岭南，最后客死他乡。

"文"是交融、明达、变化。

"文"字下为"乂"，"乂"为"爻"的一半，"爻"的篆书与文相近，写成✕，是八卦的一个符号，表示觋筹相交，这种相交可以产生出许多变化，是智慧明达的一个表现。"乂"又是一个平衡之形，象征天地呼应，阴阳融合，刚柔相济，男女交合，生态繁衍，物质与精神的统一等。一种文化的发展，其生命力正在于交融，取长补短，融会贯通，这就是我们所说的"杂交"优势，植物界的"杂交"水稻已为人们所共知，"杂交"不但质量好，而且产量高。一个新的学科，通常都是交叉学科，两种或者更多的学科交融而产生新的学科。近代科学发展特别是科学上的重大发现和国计民生中的重大社会问题的解决，常常涉及不同学科的相互交织和相互渗透。慧能创立的"禅宗"，也是一个范例，他吸收了儒家文化的元素，把佛教中国化、通俗化、平民化，从而为普罗大众所理解、接受。近代以来，严复在中国传播进化论，孙中山所创的三民主义，马克思主义中国化，因为都注意到了跨文化交流的结合点，所以没有离开各文化主体的文化价值观和文化取向及其在确定结合点中的判断和选择功能。今日中国现代化，将是在更广泛更高层次上的中外文化交流与融通，也是一种全方位的跨文化交流，其中特别包括西方的政治文明如何与中国国情和固有的文化传统会通融合从而中国化这一跨世纪性的重大难题。

文需要用心去发现、发展和传承。

金文的一种写法"✿"，里面是一个心。这种写法包含着两个方面的意思：一是文化是直指人心的，是解决人们精神世界里的东西；另一方面则指出了文化要靠人们用心去发现、发展和传承。一个学科的创立，一门学问的形成无不如

字谜廊

失之交臂。

谜底：文

此。古希腊有"金苹果的传说"、中国有"女娲补天"记载。无论中外，神话传说中都有关于美学思考的记载。西方最早关于美的思考是公元前6世纪古希腊数学家毕达哥拉斯的论述："美是数的和谐。"中国古代最早关于美学思考的是《国语》中的"伍举论美"的记载。美学的产生和发展，经历了一个漫长的历史过程。先有审美意识，后产生美学思想，到了近代美学才作为一门学科得以建立。美学的形成就是人们用心去发现，历代发展和传承的结果。

文的发展还需要一点一滴的培育。

金文的另一种写法"⽂"中间是一个点。点表示加大和强调的意思。"文"中的一点表示"孕育"，"文"字是文化的根基。有了文字，才能记录知识。因此，才有了文学、文化。文字就好像是母腹中孕育的那个点一样，虽然微小，却承载了整个中华文明。文化的积累更是如此，开始微小，不为人知，精心培育，慢慢地就长大，有的还成为一个地方的文化产业。许多非物质文化遗产项目就经历了这样的发展过程。

凡由"文"组成的字大都与花纹等义有关。如"彦"，表示文武双全，才德出众；"纹"，指在丝上秀出的图案；"斌"，指文武双全；"斑斓"，指色彩丰富。

智慧树下

大自然鬼斧神工，一道道天然之纹，留下美的种子。
质朴、天然，是自然之美。
知书达礼，修心养性，是人文之美。
文以玄为头，玄之又玄，深奥无限，暗藏玄机，给人以启迪。
文以乂为下，阴阳交融，左右平衡，融合中外，融汇古今。
文中有心，文是人类心灵的营养，又靠人类用心去呵护。
文中有一点，正是一点一滴的积累，汇成滚滚向前的长江。
观乎人文，以化成天下。

格言集锦

文化不能从上向下压,因为它应该是从下面高涨起来的。(里德)

文化的视野超越机械,文化仇恨着仇恨;文化有一个伟大的激情,追求和美与光明的激情。(马大·安诺德)

文化开启了对美的感知。(爱默生)

文化是,或者说应该是,对完美的研究和追求;而文化所追求的完美以美与智为主要品质。(阿诺德)

有如语言之于批评家,望远镜之于天文学家,文化就是指一切给精神以力量的东西。(爱默生)

在这富有历史背景、富有高度私人秘密性的社会,人类的文化应是多彩多姿的。(黑塞)

智慧是知识凝结的宝石,文化是智慧放出的异彩。(印度)

任何一个文化的轮廓,在不同的人的眼里看来都可能是一幅不同的图景。(雅各布·布克哈特)

人是文化的创造者,也是文化的宗旨。(高尔基)

关于国家 富强 民主 文明 和谐

日月同辉，明者知命

谈到"明"字，我们都熟知一个典故叫"明察秋毫"：战国时的齐宣王想称霸，并向孟子请教。齐宣王问道："像我这样的人能不能统一天下呢？"孟子回答说："能，我听说，有一次新钟铸成，准备杀牛祭钟，您看见好好的一头牛被宰杀，于心不忍，是不是有这回事？"齐宣王说："是有这么回事。"孟子说："凭您有一副好心肠，就可以行王道，施仁政，统一天下。问题不在于您能不能，而在于您干不干罢了！比方有人说，我的力气能举起3000斤的东西，但举不起一根羽毛，眼光能看清秋天鸟兽的毫毛那样细微的东西，而看不见满车的木柴。您相信这种话吗？"齐宣王说："当然不相信！"孟子说："看来，一根羽毛之所以举不起，是不肯举的缘故，一车木柴之所以看不见，是没有看的缘故。您能不能行王道、统一天下，问题也是如此，是不为也，非不能也！"这就是"明察秋毫"的由来，秋毫指秋天鸟兽身上新长的细毛，形容观察准确，任何隐情细节，都能看得清楚。

明 会意字。甲骨文为 ![]，金文为 ![]，会月照窗棂，从日月朗照，皆会光明、明亮之意。小篆为 ![]，从囧（jiǒng），从"月"，取月之光，从"囧"，取日月之光从窗户照进来，使得黑暗的屋子明亮起来。《说文·朙部》："朙，照也。"朙的本义为明亮，光明。如《荀子·天论》："在天者莫明于日月。"后来延伸为明白、明智、英明、点亮、懂得、视力等意。如成语"闭明塞聪"，指蒙住眼睛不看，堵塞耳朵不听，对外界事物不闻不问；"弃暗投明"，指背离黑暗，投向光明，比喻背离昏主，投向明君；"爱憎分明"，谓爱和恨的立场和态度十分鲜明；"明火执仗"，形容公开抢劫或肆无忌惮地干坏事;"冰炭不言,冷热自明",比喻内心的诚意不用表白,必然表现在行动上;"冰雪聪明",比喻人聪明非凡;"春和景明",指春光和煦,风景鲜明艳丽;"淡泊明志,宁静致远",指不追求名利,生活简朴以表现自己高尚的情趣;"兼听则明,偏听则暗",指要同时听取各方面的意见,才能正确认识事物,只相信单方面的话,必然会犯片面性的错误;"柳暗花明",形容柳树成荫,繁花似锦的春天景象,也比喻在困难中遇到转机;"明德惟馨",指真正能够发出香气的是美德。太阳的光为明,月亮的光为朗。明与暗相对立。

■ 陈志平　书

大智慧为明。

明是日月之光,外表如阳光照亮天地,端直勇武,内心如月光温和柔顺,充满智慧。佛教提倡用慧心破除"无明",慧能要用"明心见性"的方法修炼。大智慧是高瞻远瞩,着眼全局,远见卓识,顺势而为,是圆融处世,通达做人。诸葛亮就是一个有大智慧的人,未出山前已定下三分天下之大计。他躬耕于南阳,身高八尺、一表人才,每每把自己比作管仲、乐毅,虽当时并没有人赞同,但徐庶慧眼识才向刘备举荐。刘备"枉屈大驾",三顾茅庐。诸葛亮审时度势,分析曹操与袁绍优劣、江东孙权之励精图治,建议刘备聚合招揽英雄,占据荆州和益州,天下三分有其一。诸葛亮高瞻远瞩,提出三分天下谋略,帮助刘备建立根据地,最终形成三足鼎立之势,可谓一代名相,流芳千古。

关于国家　富强　民主　文明　和谐

私为暗，公生明。

阳光和月亮对人类和万物都是公正无私的，他们不偏袒任何一个人，普照大地。正由于公，故能明。一个人看事处事，如果有了私心，必然会产生好恶的偏见，这就是我们常常说的"屁股指挥脑袋"。一个人一旦有了私心，眼睛就蒙上了灰尘，不但看事情不清不楚，而且处事必然有偏向。明孝宗弘治十四年（1501年），泰安知州顾景祥曾刻了一个"官箴碑"，全文仅有36个字："吏不畏吾严，而畏吾廉；民不服吾能，而服吾公。公则民不敢慢，廉则吏不敢欺。公生明，廉生威。"这36字，言约意深。它告诉我们明从公中来。一个人出于公心，办事就自然公道，一个人没有私心，处事必然光明磊落。民国著名教育家梅贻琦，刚正不阿，视个人诚信为立身之本。1938年，西南联合大学在昆明组建，梅贻琦担任联大常委，当时的云南省政府主席龙云给予联大极大支持。有一天，龙云特地来拜访梅贻琦，说孩子没有考取联大附中请求破例录取。梅贻琦请联大教务长潘光旦派老师晚上辅导龙云的孩子，让他明年再考。对别人坚守规矩，对自己的子侄更不例外。当年，梅贻琦的侄子梅祖武、小女儿梅祖芬都报考过清华大学，因为成绩不合格未被录取。梅贻琦做了那么多年的清华大学校长，没有凭个人关系录取过一个"自己人"，他曾嘱咐秘书和有关招生的老师，凡要求破例录取的信件，不必转给他本人，一律按规定办事。

兼听则明，偏听则暗。

明字有日月之光，一个是白天，一个是夜晚；一个是刚强之光，一个是柔和之光。两种光相互交替，这意味着兼收并蓄，博采众长。每一个人往往从自己的立场去看问题、提建议，对一个事物会有不同的评价，要明理则要听取多方面的意见，如果先入为主，只听一方面的意见，必然会作出错误的决策。兼听则明，偏听则暗，是唐朝的魏征说的。当时，唐太宗问魏征："君主怎样是明君，怎样是昏君？"魏征答："兼听则明，偏听则暗。从前帝尧明细地向下面民众了解情况，所以三苗作恶之事能及时掌握。帝舜耳听四面，眼观八方，故共、鲧、驩

从地球上看去，天空中最明亮的星体就是日、月，"明"本义是"明亮"。

兜不能蒙蔽他。秦二世偏信赵高，在望夷宫被赵高所杀；梁武帝偏信朱异，在台城被软禁饿死；隋炀帝偏信虞世基，死于扬州的彭城阁兵变。所以人君广泛听取意见，则贵族大臣不敢蒙蔽，下情得到上达。"唐太宗说："好啊！"唐太宗继位以后，虚心听取大臣的意见，避免了许多失误，开创了"贞观之治"。其实，听取多方面的意见，有些甚至是反对的意见，也有利于完善和规划工作方案。所以，一个开明的人，要有宽广的胸怀，要能接纳不同的意见甚至是反对自己的意见，这样才能少犯错误。

敢于公开，阳光下运作为明。

明，也即公开，在阳光下运作，这就是让权力置之于众目睽睽之下，接受监督。有了这种监督，腐败就无法藏身。因此，政府要廉明，必须在阳光下运作。公开审批项目，公开审批流程，公开审批结果，有了公众监督，就能有效地防止腐败行为。韩国前总统金泳三在这方面作过努力。在他就任总统两天后的1993年2月27日，金泳三公开了本人、配偶及子女的财产情况。随后政府和执政党的高管逐一公开家庭财产。1993年5月，韩国第161届临时国会修订了《公职人员伦理法》，该法律将财产申报范围扩大至四级以上的公职人员，并公开一级以上公职人员包括其配偶、子女的财产状况。1993年9月，韩国政府、国会和司法机关的1167名高级公职人员的财产状况被公开。由于涉嫌以不正当手段致富，在政府里，五位官级高官（副部长级）被解除职务，十位次官级高官受警告处分。在国会里，20多位议员被迫辞职或受警告处分。韩国官员财产公开制度已经实施了二十年，成为反腐的重要手段，产生了一定的效果。尽管官员财产公开是反腐的有力措施，但最根本的还是约束权力，规范权力的运作，让权力在阳光下运行，腐败现象才能从根本上消除。

乐观向上为明。

明，从"日"，意为人应有乐观向上的阳光心态。在干旱的沙漠里有半瓶水，悲观的人说只剩下一半了，乐观的人却说还有一半。美国总统罗斯福有一次

字谜廊

断肠何必更残阳。

谜底：明

家里遭窃，朋友纷纷向他表示慰问，但他却把这件事看得很小，他说："这实在是一件值得祝贺的事。第一，他只偷了我的财产，没有要我的性命；第二，他偷的只是部分财物，不是全部财物；第三，做贼的是他，而不是我。"一个人有乐观的心态，就是不埋怨自己的命运，不抱怨自己的处境，善于换一个角度想问题，找到自己心里的平衡点，这也是明白人的快乐之道。

彰显人性的光辉为明。

明，为日月之光，实际上也是人性之光。这是对一个社会而言的。衡量一个社会是否文明，其根本的标志是国民的素养。对他人人格的尊重是文明的标志，如排队遵守一米黄线，公开场所不大声喧哗，公开场所不吸烟等。文明内在的是一个人的精神素养，表现出来的是言谈举止。我们要建设一个文明的社会，首先应当从人性出发构建我们的精神家园，让和谐共生等精神融入我们的血脉之中，才能有文明的举止和健康的生活。

由"明"组成的字很多，如"明"加"艹"为"萌"，指草木的芽，常用于描述植物发芽的过程，或者用于描述事物开始发生的状态。事物如同草木发芽一样给人生机勃勃的感受，可以谓之以萌。"明"加"皿"为"盟"。甲骨文为 ⚇，Ⴟ 即"皿"⚇ 的省略，☀ 为明，表示公开，强调互喝血酒，公开发誓缔结生死之交。古人认为血是生命的象征，将各自的鲜血滴入同一个盛器的水或酒中，对天地发誓后喝下融合彼此鲜血的水或酒，表示生命相连，命运与共。

智慧树下

为人要光明磊落，做事要明辨是非，
当官要清正廉明，处事要正大光明，
识人要明察秋毫，断案要公正严明，
方能建成朗朗乾坤！

 格言集锦

- 知人者智,自知者明。(《老子》)
- 不审不聪则缪,不察不明则过。(《管子·宙合》)
- 水不明则腐,镜不明则锢,人不明则堕于云雾人。(冯梦龙)
- 公道自在人心,是非必有正论。(郁达夫)
- 我们要的是明察的鉴赏,不是盲目的崇拜。(闻一多)

关于国家　富强　民主　文明　和谐

礼
知书达礼　天下太平

"曾子避席"是一个非常著名的故事：曾子是孔子的弟子，有一次他在孔子身边侍坐，孔子就问他："以前的圣贤之王有至高无上的德行，精要奥妙的理论，用来教导天下之人，人们就能和睦相处，君王和臣下之间也没有不满，你知道它们是什么吗？"曾子听了，明白老师是要指点他最深刻的道理，于是立刻从坐着的席子上站起来，走到席子外面，恭恭敬敬地回答道："我不够聪明，哪里能知道，还请老师把这些道理教给我。"在这里，"避席"是一种非常礼貌的行为，当曾子听到老师要向他传授时，他站起身来，走到席子外向老师请教，是为了表示对老师的尊重。曾子懂礼貌的故事被后人传诵，很多人都向他学习。

礼 会意字，是祭台的象形。甲骨文为" "，金文为 ，小篆为 ，繁体为禮，从"示"，从"豊"，亦声。"礼"从"示"，表示与祭祀有关，甲骨文像礼器"豆"中盛满了祭品玉形，表示致祭之意。篆文分为二体：以"示"表示致祭，以"豊"表示丰满。《说文·示部》中解释："礼，履也。所以事神致福也。"即祭神灵以求福。《说文解字》中："豊，行礼之器也。从豆，象形。"本义为古代祭祀用的礼器，后引申为礼貌、礼仪、礼让，泛指社会生活中的规范和礼节。如用"礼轻情义重"表示礼物虽轻，但心意很深重，用"礼让为国"表示以礼所倡导的谦让精神治国，用"礼尚往来"表示在礼节上注重相互往来，用"礼贤下士"表示尊重有才德的人。

礼、义、廉、耻被称为国之四维，孔子把"礼"作为为人处世的基本规范。他非常重视礼的教育，以《诗》《书》《礼》《易》为教材，以文、行、忠、信

67

为课目，开设了礼节、音乐、射箭、驾车、书法和算法，也称为"六艺"。有一次，弟子颜渊请教孔子问道，请问践行"仁"的具体做法是什么？孔子回答他，不合于礼的不看，不合于礼的不听，不合于礼的不说，不合于礼的不做。孔子把"礼"作为德与仁的体现，他认为一个内心不仁的人，是没办法做到礼的。荀子说："人无礼则不生，事无礼则不成，国无礼则不宁。"

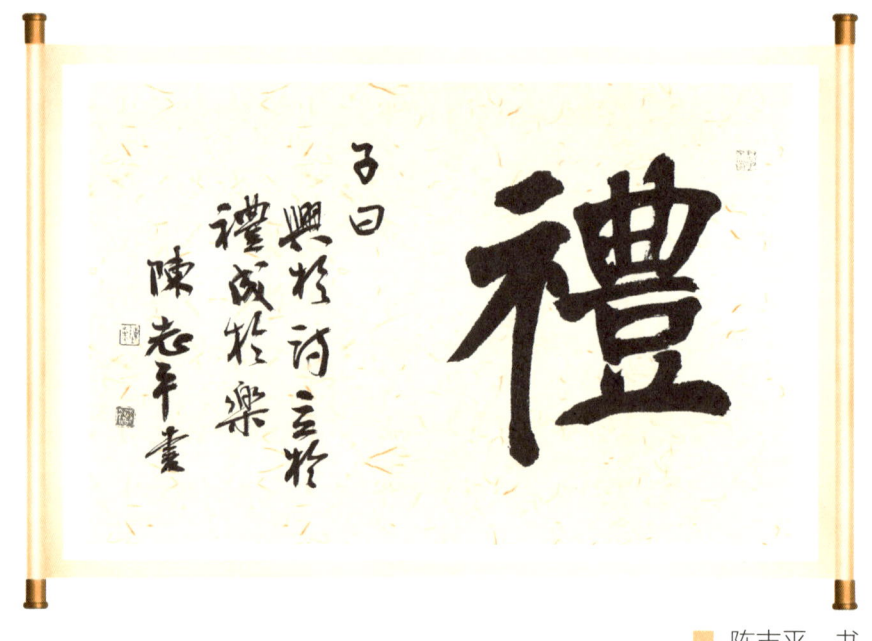

■ 陈志平　书

"礼"是规矩。

正如邓拓所说："在我们看来，所谓'礼'就是规矩、准则、法度的意思。"在待人接物时，与人相处中，必须讲礼，遵循一定的规矩。孔子在《论语》中提出"礼"的规范要做到"九思"，即视思明、听思聪、色思温、貌思恭、言思忠、事思敬、疑思问、忿思难、见得思义。中华民族是一个礼仪之邦，彬彬有礼是一个人有教养的标志。丰子恺先生给我们树立了一个典范。丰子恺是我国著名的画家、文学家，他不仅注意个人的修养，还善于教育子女待人处世的修养。每逢家里有客人来的时候，丰子恺总是对孩子强调：为客人端茶、添饭时，一定要双手捧上。他还风趣地打比方说："如果用一只手端茶送饭，就好像皇上对臣子的赏赐，或者像对乞丐布施，这是非常不恭敬的。"丰子恺还常常教育子女："客人送你们什么东西，你们要躬身弯腰用双手去接。躬身弯腰表示谢意，双手表示敬意。"丰子恺的这些话深深印在子女的心上，体现在行动上，长大后他们都成为彬彬有礼的人。

关于国家　富强　民主　文明　和谐

"礼"是礼仪。

《礼记·冠义》说："礼义之始，在于正容体、齐颜色、顺辞令。"明"礼"一定要遵循既定的礼仪，既可以显示其庄重、庄严感，也富有纪念意义。潮汕地区给满15岁的小孩举办一个叫"出花园"的仪式，很有教育意义。在15岁的生日，父母给小孩吃"七样菜"，如：葱，寓意聪明；芹菜，寓意勤劳；韭菜，寓意长久；生菜，寓意生财；大红鸡蛋，寓意圆满；柑，寓意生活甘甜。有些学校在学生开学的第一天举办"开笔礼"，内容包括写一个字、诵一段经典、唱一首歌等，这是很有纪念意义的。最近几年，我们在18岁的学生中，举行"成人节"，也是一个以"礼"为载体的活动。其实，我们在公务员的晋升、就职等方面，也应该举办就职典礼。我国的传统节日，过去都有一套过节的仪式，近些年这些传统慢慢地消失了，以过年为例，大家都感到"年味"越来越淡了。为此，我们对传统节日进行了节日设计。在广州过年，腊月二十八到除夕，举办迎春花市，家家摆年橘、插鲜花；正月十五，举行"广府庙会"，城隍爷出巡，与民同乐。礼俗的恢复，既活跃了文化生活，也撬动了商贸新机，还有助于和谐社会的建设。

"礼"源于崇敬之心。

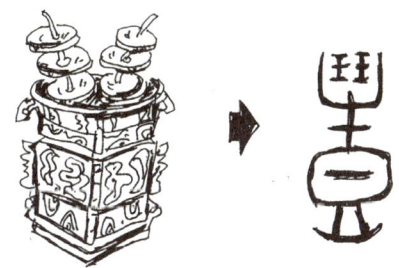

"礼"字原作"豊"。字形像一个礼器里放着两串贵重的玉，用以祭神。后来因与"豊"（丰）字形体相似，常被混用，于是加"示"（祭桌）旁作"禮"。本义是敬神，如"礼神"。

简体的礼，从"示"，从"乚"，籀文"𥛆"形似一个跪着或弯曲的人形。"礼"最早是礼神，是以虔诚之心，恭敬之心，去顶礼膜拜。古代祭祀的对象主要有天神、地祇、人鬼三类，祭品主要是牲畜和醴酒，其要素包括礼法、礼器、礼仪等。我们去西藏经常看到信徒在朝圣的路上五体投地、几步一拜的场景，这就体现了虔诚和敬仰之心。宋代理学家杨时拜大儒程颐为师，有一次去拜见程颐时，见老师在厅堂上睡觉，他不忍惊动，便静静地站在门廊下等候。时值隆冬，瑞雪霏霏，杨时冻得发抖，但依旧恭敬地立在门外。良久程颐醒来，发现杨时脚下的积雪已经一尺多厚了。这就是"程门立雪"的故事，杨时执弟子之礼甚恭，源于对老师的崇敬。他潜心研究和传播程氏理学，被当时学界推为"程学正宗"，也为后世树立了尊师重道的典范。

"礼"，要送出恰当的"礼品"。古人说："礼尚往来，往而不来，非礼也；来而不往，亦非礼也。"因此，受他人之礼，一定要回礼。但礼品不是越贵重越多越好，如果以钱物为标准，则有交换的味道，甚至有行贿之嫌。礼品关键在于合适和受主人喜爱，俗话说："礼轻情义重。"唐太宗笑纳鹅毛礼的故事，就是重情义轻价值的佳话。唐贞观年间，西域回纥国派使者缅伯高带一批珍奇异宝来朝见，其中最珍贵的要数一只罕见的白天鹅。一路上，缅伯高亲自喂水喂食，一刻也不敢怠慢。这天，来到沔阳河边，缅伯高打开笼子让白天鹅喝水，谁知天鹅趁机飞走，缅伯高只抓住了几根鹅毛。怎么办呢？缅伯高决定继续东行，他用绸子小心翼翼地包好鹅毛，并题诗一首："天鹅贡唐朝，山重路更遥。沔阳河失宝，回纥情难抛。上奉唐天子，请罪缅伯高。物轻人意重，千里送鹅毛。"来到长安后，唐太宗接见了他，缅伯高献上鹅毛。唐太宗听了缅伯高的诉说，非但没有怪罪他，反而觉得他诚实，重重赏赐了他。从此，"千里送鹅毛，礼轻情义重"的故事流传开来。

"礼"谐音通"理"，寓意为循理。

《礼记》说："忠信，礼之本也；义理，礼之文也。"就是说忠诚守信是礼的根本，经义明理是礼的形式。礼的形式必须符合义理。宋朝郭雍的《郭氏传家易说》中说："礼者，中也，过则为伪，不可谓之礼。"这就是讲要适度，同时，也要符合道理，符合礼俗。礼有五种类型，即吉礼、凶礼、宾礼、军礼、嘉礼。吉礼是祭祀的礼仪，意在祈求吉祥，这种礼一定以隆重、热烈、喜庆为基调，其环境的布置、礼节、礼仪、音乐等都要体现这个理，这样才合乎礼的要求。行师生之礼，其理是尊师重道。行朋友之礼，其理是仁义忠信。在当代的礼仪中，一定要体现仁爱、和谐、秩序、优美的原则，构建礼仪规范。

老父偏瘫靠儿背。

谜底：礼

关于国家　富强　民主　文明　和谐

 智慧树下

礼，源于崇敬之心，鞠躬行礼；现于礼仪礼节，彬彬有礼。
重于情义，讲求礼品；合于道理，顺应俗礼。
礼轻情义重，礼多人不怪，让礼一寸，得礼一尺。

 格言集锦

子曰："兴于诗，立于礼，成于乐。"
《左传》："礼，经国家，定社稷，序民人，利后嗣者也。"
有礼走遍天下，无礼寸步难行。
仁义礼智于人，多有者富，少有者贫，至无有者穷。
恭而无礼则劳，慎而无礼则葸，勇而无礼则乱，直而无礼则绞。
礼让一寸，得礼一尺。
在家不会迎宾客，出外方知少主人。
《荀子·修身》："人无礼则不生，事无礼则不成，国家无礼则不宁。"

71

以孝为先，以文化人

　　一个人要成才，离不开良好的家教，胡适可以说是一个典型的例子。胡适四岁时父亲胡传不幸病逝，从此，母亲冯顺弟便担负起教育的重任。每天临睡前，胡母即坐在床沿边上，叫儿子站在床前"三省吾身"——今日做错了什么事，说错了什么话，该背的书背熟没有，该写的帖是否写完。次日晨光熹微之时，胡母就把儿子叫醒，催儿子快点上学。胡适每逢做了错事，胡母从不在人前责备他。到了夜深人静的时候，胡母才关起房门教训儿子，责罚无论怎样严厉，也不许儿子哭出声来。胡适天资聪颖，加上母亲管教有方，不到11岁已能用朱笔点读《资治通鉴》，而且独出心裁，创编了一部《历代帝王年号歌诀》，由此得了"小神童"的称号，方圆数百里赫赫有名。胡适12岁时，为接受更好的教育，胡母毅然让儿子去上海读书。临前行，胡母专门做一个枕头套子，绣了两行字"男儿立志出乡关，读不成名死不还"。多年后，胡适还念念不忘此事，可见影响之深。

　　会意字。甲骨文为 ，左边是一个"子"（小孩），"子"上的两个叉是孩子在学算数，右边是一只手拿了一条教鞭，其意思是师长手执教鞭训导孩子作算术。金文 ，小篆为 ，体形与甲骨文相似，到东晋时候，左边部分演变成"孝"，一方面出于字形的简化需要，另一方面也可以看出古代儒家"孝"道的观念渗透到文字之中。《说文·教部》："教，上所施下所效也。从攴，从孝。凡教之属皆从教。"意思说，教，在上位的施教，在下位的仿效其行为。教的本义是教育、指导。《礼记·学记》："教也者，长善而救其失者也。"意思是说，教育就是增长人的优点和长处而纠正和弥补人的过失。孔子说过"有教无类"，就是说对学生的教育不问贫富贵贱。"三人行，必有我师焉"，因此，"教无常师"，意为凡有长处者，皆可为师。教与学相辅相成，互相促进，故有"教学相长"的说法。教字揭示了教育的本质、内涵以及方法，有助于我们理解教育之道。

身教胜于言教。

教的本义为"上所施下所效"，"教"谐音"效"。强调教是一种上行与下效的关系，即居上者的表率作用会带动居下者的学习和效仿。俗话说："唤破嗓子，不如做出样子""上梁不正下梁歪"，作为社会的示范阶层，如政坛名流、文化名流、企业家的行为，对社会都具有示范效应。历史上"楚王好细腰，宫女犹饿死"。孔子说："君子之德风，小人之德草。"上面的人吹什么风，下面的人随风而伏。可见，身教对一个社会的作用有多大。每一个家庭都是如此，家长是孩子的第一任老师和启蒙老师，孩子是父母的一面镜子，家长有所好，孩子必有所学，家长的一言一行，对孩子都有示范作用。从孩子的身上可以看到父母的身影。居里夫人在这方面树立了一个榜样，她以身立教，注重培养孩子的社会责任感，勤恳认真的态度，淡泊名利的个性，并以自身高尚的人格影响孩子。第一次世界大战爆发时，她与大女儿商量把家里积存的一点金子和金奖章捐出去，为国家做点贡献。随后居里夫人把巨额诺贝尔奖金，纯金的科学奖章全部捐给了法兰西银行。正是居里夫人对荣誉、金钱、国家的态度，使女儿终身受益。居里夫人的女儿艾英说："母亲的教育，我们永志难忘。母亲教给我们热爱工作，不热衷钱财以及喜欢独立的本能，使我们独立自强。"居里夫人正是以身立教，培养了孩子高尚的品格。其实，这是一种成功的教育，留给孩子的精神财富远远胜过金银财宝。假如子女不争气、不成才，纵然留给黄金万两，终会很快散尽。

教要"以孝为先，以孝为本"。

教，从"孝"，"孝"为孝心、孝行、孝道，这里指出了教育的首要内容——行孝道。"百善孝为先"，孝是中华民族的传统美德，是评估一个人道德品质的最基本的标准。孔子认为孝顺出于人性，是一个人立身处世最基本的品德。孝只满足父母衣食住行的要求还不够，还要有尊敬之心。子游问孝，子曰："今之孝者，是谓能养。至于犬马，皆能有养。不敬，仅以别乎？"（《论语·为政》）这里讲的是子游请教孔子什么是孝，孔子说："如今所谓的孝，是指能够奉养父母便足够了。然而，就是狗和马都能得到饲养。如果不心存尊敬，那这又有什么区别呢？"子夏有一次也问孝。孔子说："色难。"（《论语·为政》）其意思是说，子女保持和悦的脸色是最难的。孝是出于子女对父母表现出来的爱心，这种爱心表现为和悦的神情与脸色。朱熹说："盖孝子之有深爱者必有和气，有和气者必有愉色，有愉色者必有婉容，故事亲之际，惟色为难耳。"朱熹在这里解释了孔子所说的"色难"的缘故。这确实比"敬"的要求也更高一些。父母年纪大了，啰嗦了，有的年迈多病，要子女伺候，要保持和颜悦色确实很难。道家也提倡讲孝道。庄子讲了孝的六种境界。他说："以敬孝易，以爱孝难。以爱孝易，而忘亲难。忘亲易，使亲忘我难。使亲忘我易，兼忘天下难。兼忘天下易，使天下兼忘我难。"（《庄子·天运》）庄子把孝分为六个层次：第一个层次是用恭敬来孝顺。心里把双亲当作长辈，怀着恭敬之心行孝。第二个层次是用爱心来行孝顺。一个人只有心里装着善爱，才会对父母和颜悦色。第三个层次是行孝时忘记了双亲。这就是既是长辈，又是朋友。一个真正孝顺的人把父母看成朋友，经常聊天，父母和子女之间没有隔阂，怡然自得，共处愉悦。第四个层次是让父母忘记我是子女。这是说不但子女把父母当作朋友，父母也把子女当成朋友，彼此之间无话不谈，父母接受子女的孝顺，一切觉得自然而然。第五个层次是我要同时忘记天下人的存在。这就是说真正的孝顺是不在乎别人怎么说怎么看，父母和子女开心快乐最重要。第六个层次是使天下人根本忘记"我在孝顺"这回事。孝顺的最高境界是"道法自然"，行孝很自然，没有一点勉强，是出于人的天性。我省的许多地方每年都举办孝德文化节，倡导孝道文化，这是人格教育的重要方面。教以孝为先，其实是人性的教育，今天仍然很有必要。当今由于孝的教育的缺失，许多孩子不懂感恩，把父母所付出的劳动都认为是天经地义的，对父母的关心、体贴太少。苏联著名的教育家苏霍姆林斯基每年迎接新生入学时，在他创办的巴雷什学校大门迎面的墙壁上总挂着一幅大标语："要爱你的妈妈！"他说："如果一个孩子连他自己的妈妈都不爱，他还会爱别人、爱家乡、爱祖国吗？"

教要严教为要。

教字从"攴"，"攴"为手执杖或教鞭敲打、督促，其意思是教要严格要求、严厉鞭策。教育的方法有多种，但最主要的是严教。"宽以待人易成事，严格教子易成才。"俗话说："慈母出败儿"，"严师出高徒"。今天，我们虽然

老师的手拿着教鞭，正在督促着一个小孩学习知识。字上方的"爻"字是声符。

不主张体罚制度，但严格要求是有利于孩子的成长的。傅雷在这方面为我们树立了一个榜样。傅雷对儿子傅聪学钢琴要求严格。刚开始，出于新鲜感，傅聪每天放学回家，立刻扑到钢琴上练习，但新鲜感一过，傅聪就松懈了，琴声不知不觉地走了音。傅雷发现后，上去就是顿狠揍。傅聪后来出国深造，父子俩更多地靠书信交流，傅雷封建家长式的暴风骤雨不见了。与儿子更多的是朋友间的亲切交流。傅雷感到很欣慰："我高兴的是，我又多了一个朋友，儿子变成了朋友，世界上有什么事可以和这种幸福相比啊！"

教是以文教人，以文化人。

简化的"教"字，从"孝"，从"文"，此谓以文教人，以文化人，教育从来离不开文化，"观乎人文，以化成天下"，教育要通过"文"把人的素质"化"高。当然，这种教育不是空洞的说教，不是公式化、概念化地教化，而是通过艺术方式去养眼悦耳怡情，锻造一种非功利的心忧天下，融小我于大我的审美人格。董仲舒毕生坚持以文教化，不但弘扬了中华传统文化，也使自己立言、立功。汉惠帝四年（公元前191年），汉王朝废除了秦朝私藏诗书灭门的法令。董仲舒家有大批藏书，因此他从小就潜心于钻研儒家学说。他阅读了大量的经传著作，而且对《公羊春秋》下了很大工夫。到他30岁时，已成为对《春秋》深有研究的大学者。但他并没有走上仕途为官的道路，而是开始了他的教书生涯。有些人认为他是"汉代孔子"。于是董仲舒招收大批学生，宣扬儒家经典，开始传播他的思想。董仲舒教出了大批学生，他的思想也成为当时流行的学说。在当时新兴起来的一批学者中，董仲舒已成为最著名的一个。他是当之无愧的"众儒之首"。公元前140年，汉武帝刘彻即位。董仲舒的"罢黜百家，独尊儒术"的观点，得到了汉武帝的认同，汉武帝由此施行了一系列措施，对当时社会和历史的发展起了重大的作用。这一切都源于董仲舒所提供的思想基础。董仲舒从一位杰出的学者到皇帝的智囊，从当相国到著书立说，他主要是作为一名思想家度过一生的。他的廉洁正直和刻苦钻研的精神，得到了后人的赞美和推崇。董仲舒主张大一统、罢黜百家，对当时的社会产生了深远的影响；他首倡独尊儒术，"三纲五常"，对后来的历史发展产生了巨大的作用。

字谜廊

敬父母篇。

谜底：教

 智慧树下

教

杨 克

教,从文,从孝。
以文为先,以孝为本。
孝顺出于人性,
是一个人立身处世
最基本的品德。

教就要以文育人,
一个合格的教师,
需捧着一颗心来,
不带半根草去,
教育是天空,
能翱翔孩子放飞的心愿,
教师是石级,
能承受孩子,
一步步踏实地向上攀登。

 格言集锦

善之本在教,教之本在师。(李觏)
最有力的论证莫如实际行动,最有效的教育莫如以身作则。(傅雷)
孔子教人,各因其材。
教之治性,犹药之治病。(孙绰)
欲明人者先自明。(王夫之)
富而不教,则近于禽兽。(朱熹)

关于国家　富强　民主　文明　和谐

人开七窍，教化成人

唐朝有一位著名的剑舞艺术家，名叫公孙大娘。诗人杜甫曾形象地描写了公孙大娘精湛的舞蹈艺术：公孙大娘手持一柄青光耀目的太阿剑，悄然上场；此时全场寂静，骤然，乐起，她腾身飞跃，剑尖撩起；乐疾，急管繁弦，鼓声点点，如雨打浮萍，公孙大娘身姿旋转，矫若游龙，只见银光熠熠，剑影闪过，不见人影，稍倾，云卷雨息；她箭步跃起，将剑连续刺击青天；她双腿飞腾，又像神仙驾着蟠龙翱翔云端；舞至高潮，天地倾斜，雷霆万钧滚滚而来，山河为之变色；倏然之间，舞毕，风平雷息，如同波涛汹涌的江海渐渐恢复了平静。

据说当时著名书法家张旭，在一次观赏了公孙大娘的舞姿剑影后，从中窥察到了放纵飘逸、若疾乍徐、缓急轻重的节奏和倏聚倏散、景断意连、跌宕欹侧的结构，并将其运用在书法创作上，从此"挥毫落纸如云烟"。

公孙大娘出神入化的剑舞不仅影响了张旭的书法，对另一位书法家怀素和尚的创作也产生了影响，怀素的书法作品，藏锋内转；笔势狂怪怒张，神采飞舞，似骤雨旋风，声势满堂，又如剑气凌云、神惊鬼泣。《续书断》列其书为妙品，称"如壮士拔剑，神采动人"，与公孙大娘的舞姿有异曲同工之妙。

化 会意字。甲骨文为 ，一个是头朝上站立的"人"，一个是头朝下入土的"人"，人由昂首挺胸到向下入土，是人出生、成长、老死的变化过程，也表示颠倒变化。金文为 ，把甲骨文头朝下的"人"写成"匕"。篆文为 ，承续金文的字形。《说文·匕部》："化，教化也。从匕，从人。"意思是，化是教化言行。化的本义为变化。如《庄子·逍遥游》："化而为鸟，其名为鹏。"就是说，鲲变化成鸟，它的名字叫大鹏。王充《论衡·佚文》："无益于国，无补于化。"化还延伸造化，达到高超的境界、风俗、求人布施等义。如"流池自化造，山关固神营""此乃出神入化之美""化缘"等。"化"是一种过程，中医把固体食物从进胃到变成流质的过程称之为"消"，把流质在肠里被吸收，合成养分的过程称之为"化"。"化"的内容是很多的，有"化人"，也有"化物"，但用得最多的还是"文化"。有"化"字的成语、典故也大多与变化、转化有关。如"化干戈为玉帛"，比喻使战争变为和平；"化整为零"，指把零散的集中起来称为整体；"化为泡影"，形容事物和希望全部落空；"化为乌有"，指变得什么都没有；"化险为夷"，指转危为安；"巧同造化"，形容人的能力很大，可与宇宙的造物能力相比；"穷神知化"，指穷究事物之变化，了解事物之变化；"宣化承流"，指宣布恩德，承受风教。此外，还有"潜移默化""食古不化""化腐朽为神奇""变化莫测""出神入化""光天化日""春风化雨"等。化，揭示了"化"的功能、意义及途径。

金文　　　　　篆书

化的功能是使人开窍、开化、开明。

化字从"人"，从"七"。从"人"，指人的开化，从"七"，指人有七窍。七窍是指人的两眼、两耳、两鼻孔、一张嘴。开窍，就是从愚蠢、愚昧、愚钝变得聪明、文明、灵敏。我们常说一个人长着木头疙瘩的脑袋，就是不开化。不开化自然会做出许多蠢事来，如"守株待兔""刻舟求剑"等，都是典型的愚昧的行为。

孔子不但自己是一个智者，也是一个善于教化人的智者。有一年春天到了，孔子听说泗水正涨春潮，便带着弟子们到泗水边游玩。泗水从大山中滚滚而来，又不知疲倦地奔腾而去，孔子动情地望着泗水河，陷入了沉思。弟子们不知老师在看什么，都围拢过来。子路问道："老师在看什么呢？"孔子说："我在看水呀。""看水？"弟子们都用疑惑的眼光望着老师。颜回说："老师遇水必观，其中一定有道理，能不能讲给我们听听？"孔子凝望着泗水的绿波，意味深长地说："水奔流不息，是哺育一切生灵的乳汁，它好像有德行。水没有一定的形

关于国家 富强 民主 文明 和谐

状，或方或长，流必向下，和顺温柔，它好像有情义。水穿山岩，凿石壁，从无惧色，它好像有志向。万物入水，必能荡涤污垢，它好像善施教化……由此看来，水是真君子啊！"弟子们听了老师的一番宏论，无不惊讶，谁能料想，从司空见惯的流水中，老师竟能看出如此深奥的道理！孔子正是通过自己对水的领悟来启发弟子如何做人，将自己的人生感悟通过游玩中的交谈，潜移默化地传授给学生，孔子无愧是一位"善施教化"的老师。

化的核心是人文的教化。

"化"字从"人"，意思是教化的对象是人，教化的核心内容是人文的教化。《易经》讲"观乎人文，以化成天下"。在这里可以看到文化以化"人"为宗旨，把"人"的素质"化"高。"人"有自然属性，也有社会属性，一半是魔鬼，一半是天使。只有进行人文精神的教化，才能使人摆脱动物的本能、本性，使人性、人格得到提升。"化"从个人的"开化"延伸到社会范畴，"化"的内容是人文的、人性的、人本的教化，从而形成独特的文化。儒家的仁爱道德、佛教的慈悲情怀、道家的返璞归真，这些主张都是对人的教化。人先天有纯朴的东西，但也有劣根性和弱点，这些都需要教化和提升。

有一个故事就是讲要从小、从细处对人进行教化。古时候，一个寺院收留了一个流浪儿，这个孩子脑袋灵活，脚手勤快，悟性较高，方丈对他很喜欢。但他也有缺点，骄傲自满，喜欢炫耀。有一天，方丈把一盆含苞待放的夜来香送给他，让他在值更的时候仔细观察花的变化。第二天，这个孩子对方丈说："方丈您送给我的这盆花太奇妙了！它晚上开放，清香四溢，美不胜收。可是，一到早晨，它又收敛了它的香花芳蕊。"方丈问他："它晚上开花的时候，说话了吗？"孩子回答："它的开放和闭合都是静悄悄的。"方丈意味深长地说："哦，我还以为它开花时会炫耀一番呢！"孩子"唰"地脸红了，他明白方丈是借夜来香来教育自己。谦虚、诚实、勇敢、宽容、智慧、敬业和勤劳等，都是可贵的人文精神。只有加强这一教化，才能培养出健全人格的人。台湾学者龙应台说："文化其实体现在一个人如何对待他人、对待自己，如何对待自己所处的自然环境。在一个文化厚实深沉的社会里，人懂得尊重自己——他不苟且，因为不苟且所以有品位；人懂得尊重别人——他不霸道，因为不霸道所以有道德；人

字谜廊　听其话语，疑是竹林之贤。

谜底：化

懂得尊重自然——他不掠夺，因为不掠夺所以有永续的智能。"品位、道德、智能，是文化积累的总和。"文化不过是代代累积沉淀的习惯和信念，渗透在生活的实践中。"这就是以文化人的内容。

化的过程是正反相成，共存一体，不断演变、转化。

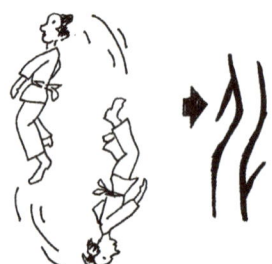

两个人形，其中一个正立，一个倒立，像耍杂技或变魔术那样，表示"变化"的意思。

"化"字是一正立、一倒立的两个背靠背的人形，就像太极图，阴阳相抱，阴盛则阳衰，阳盛则阴衰，相互依存，又相互转化。"化"通"货"，无中生有，有会变无。从目前的科学成果看，宇宙由阴和阳两种物质构成是符合实际的。不仅仅是因为有太阳就有月亮、有男就有女、有雄就有雌、有生就有死这种传统的阴阳观；更有目前所印证的，有明物质，就有暗物质；有正物质，就有反物质；有光亮，就有黑洞；有活星，就有死星。阴阳相对，是宇宙的基本逻辑。成语"胜败若化"，意思是世事难料，变化无常，胜败乃兵家常事。在一定条件下，阴向阳、阳向阴转变。阴阳鱼中间那条完美的曲线，是阴阳互变的很好演示。也就是，阴极生阳，阳极生阴。战争打到一定程度走向和平，和平达到一定程度就发生战争。如水冷到零度以下就会结成冰，热到100度以上就会化为蒸汽。凡事都不能走向极端，物极必反。因此，我们处事要防止走极端，要明白祸福相依，相互转化。"祸兮，福之所依；福兮，祸之所伏"是老子最有名的句子。意思是祸的旁边依靠着福，福的里面埋藏着祸，形象说明了矛盾的双方相互转化的关系。中国古代有许多福祸相生的故事，其中以"塞翁失马"最为有名，福祸、安危、哀乐，总是在不断地更替变换。

"化"的工具是语言和文字。

"化"音通"话"，人的开化是靠语言的交流来引导的。人心里有疙瘩，有人用"话"去开导，化解了矛盾，问题想通了，就被教化了。所以，对人的心理疾患的治疗叫"话疗"，效果是很好的。有时候，一番话甚至一句话就可以"点化"他人。

有这样一个故事：有一天，佛印正坐在船上与东坡品茶论禅，突然听到："有人跳河了！"佛印马上跳入河中，把一少妇救上岸来。佛印问："你年纪轻轻，为什么寻短见呢？"少妇回答说："我刚结婚三年，丈夫抛弃了我，孩子病死了，你说我活着还有什么意思？"佛印又问："三年前你是怎么过的？"少妇眼睛一亮："那时我无忧无虑，自由自在。""那时你有丈夫和孩子吗？""当然没有。""那你只不过是被命运送回到三年前。现在又无忧无虑，自由自在。"少妇恍如做梦，幡然醒悟。缘起缘灭，得失随缘。一番话点化了少妇，少妇从此再不寻短见。

以"化"组成的字大多有变化之义。如"讹"，加了一个"言"，语言经过一个变化的过程，一传十，十传百，有增有减，就产生了变化。以讹传讹，所谓"三人成虎"，这就是讹言，也有文字记载的讹误。"化"字加"贝"为"货"，这是因为变化交易之物，以货易货，互通有无，是货主的易位。"化"加"十"字为"华"，加"草"字头为"花"，花和华丽都是会变化的。俗话说"花无十日红"，花终归是要凋谢的。

智慧树下

◎ 化，其形一正一反，像人翻跟斗，由正到反，由反到正，反复无常。

化，又像一个正立和倒立的人，正立为生，倒立为死，生命就是生生不息的转化。

化是阴阳太极，阴阳相依，相互转换。

化是人文的教化，以文化人，春风化雨。

格言集锦

◎ 治定之化，以礼为首。

◎ 礼定其象，乐平其心，礼治其外，乐化其内。（阮籍《乐论》）

◎ 凡教化不立，而万民不正也。（《前汉书·董仲舒传》

◎ 宣文教以章其化，立武备以秉其威。（荀悦《申鉴·政体》）

◎ 关乎天文，以察时变；关乎人文，以化成天下。（《周易·贲卦》）

◎ 教化可以美风俗。（王安石）

和　谐

和谐是中国传统文化的基本理念，集中体现了学有所教、劳有所得、病有所医、老有所养、住有所居的生动局面。

关于国家　富强　民主　文明　和谐

声音相应，和合共生

"国际和平年"的徽标是用稻穗围绕着双手放飞一只鸽子的图案，它象征着和平、友谊和五谷丰登。把鸽子作为世界和平的象征，并被世界公认，始于毕加索。1940年，希特勒法西斯攻占了法国首都巴黎，当时毕加索心情沉闷地坐在画室里，这时有人敲门，来者是邻居米什老人。老人手捧一只鲜血淋漓的鸽子，向毕加索讲述了一个悲惨的故事。原来老人的孙子养了一群鸽子，平时他经常用竹竿拴上白布条来招引鸽子。当他得知父亲在保卫巴黎的战斗中牺牲时，幼小的心灵里燃起了仇恨的怒火。他想如果用白布条就表示向敌人投降，于是他改用红布条来招引鸽子。显眼的红布条被德寇发现了，惨无人道的法西斯匪徒把他扔到楼下，他惨死在街头，匪徒们还把鸽笼里的鸽子全部刺死。老人讲到这里，对毕加索说道："先生，我请求您给我画一只鸽子，让我纪念那惨遭法西斯杀害的孙子。"听完老人的讲述，毕加索怀着悲愤的心情，挥笔画了一只鸽子——这就是"和平鸽"的雏形。1950年11月，为纪念在华沙召开的世界和平大会，毕加索又欣然挥笔画了一只衔着橄榄枝的飞鸽。当时智利的著名诗人聂鲁达把它叫做"和平鸽"。由此，鸽子被公认为和平的象征。

形声字。金文为🌾，小篆为龢，从"口"，从"禾"声。《说文·龠部》中解释："龢，调也。读与禾同。"指音乐和谐。又《说文·口部》："和，相应也。"本义为声音相应，和谐地跟着唱或伴奏。悦耳的音乐，必然是有多种乐器，音调高低缓急，长短刚柔，清浊大小，相互配合，这就叫"和"。如今，"和"字延伸指和谐、协调、掺和、和顺、平和、太平等。"和"字经常被人用于赞赏、赞美，如"和蔼可亲"，谓态度谦温和气，容易接近。"和"是一种珍贵的东西,如"和璧隋珠",比喻极为名贵的珍宝。"和"是一种处事方式,如"和风细雨",比喻做事和缓的方式,不粗暴;"和光同尘",是一种处事态度,不露锋芒,与世无争。"和而不同",是君子之风,既保持独立的个性,又和谐共处,取长补短。"和"是处理人际关系的润滑剂,如"和气致祥",指和蔼之气可以使人吉祥;"和衷共济",表示同心协力,克服困难。

中华传统文化把"和"作为最高价值、优良品德和追求的目标,提出了和睦夫妻、和合家族、顺和邻里、和谐社会、天人合一等价值观念。孔子在《论语》中说:"礼用之,和为贵",认为为政应"宽以济猛,猛以济宽",和以治国。传统文化还把"中"与"和"相提并论,《礼记·中庸》说:"中也者,天下之大本也;和也者,天下之达道也。致中和,天地位焉,万物育焉。""中和"是儒家文化的重要内容,强调"允执其中"。道家也讲"和",老子的《道德经》说:"有无相生,难易相成,长短相形,高下相倾,音声相和,前后相随。""和"是天地的法则,也是做人的准则。墨家也讲"和",墨子说:"兼相爱,交相利""离散不能相和合"。"和合"是一种最高境界。"和"字揭示了"和"的基础、内涵,也包含着丰富的人生哲学。

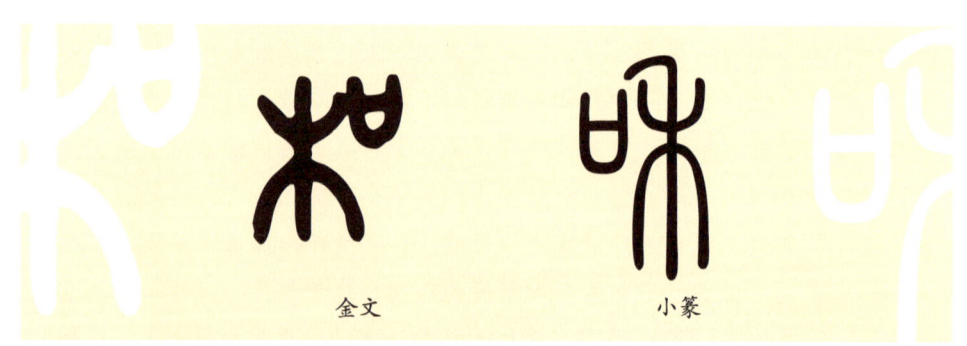

金文　　　　　小篆

五谷丰登,丰衣足食是和谐之基。

"和"字由"禾""口"组成。"禾"为麻、黍、稷、麦、豆等五谷的总称;"口"为进食的器官和发声的主要器官。五谷为生存之本,只有五谷丰登,丰衣足食,人人有饭吃,天下才能和谐。中外古今的历史表明,凡是贫穷落后,粮食歉收,老百姓食不果腹,必然出现掠夺和战争。电影《一九四二》讲述了河南大饥荒时,人们只能吃树皮甚至出现人吃人的现象,人们连生存都难以保障,自然谈不上和谐。因此,和谐是建立在一定的物质基础之上的,只有发展生产力,让老百姓过上富足的生活,才能谈得上社会的和谐。

关于国家 富强 民主 文明 和谐

共生共荣是人与自然的和谐之道。

"禾"代表自然界,"口"代表着人。《周易·中孚》:"鸣鹤在阴,其子和之;我有好爵,吾与尔靡之。"这是说,一只鹤鸟在树荫下鸣叫,它的好伙伴声声应和:我有好酒,想与你一起享用。在声音上,这是鸟类之间的相互唱和;在画面上,这是一幅生态和谐的美好图景,让人陶醉于大自然的美妙之中。长期以来,我们漠视自然规律,以"人类中心主义"作为处世准则,掠夺自然资源,破坏自然环境,最后又遭受了自然的惩罚。如在开发食物中,反季节蔬菜、无土栽培、转基因食品,不但食之无味,而且食之有害,危及人们的生命健康。在发展生产中,不顺应自然,而是去改造自然,围海造田,开山造田,挖草造田,结果导致了生态的大破坏,沙尘暴越来越严重。在和自然生物的相处中,滥杀滥伐,导致物种的大幅度减少,有些还灭绝。安全的食品、清洁的水源、清新的空气,成为当代人稀缺的资源,可以说是一种悲哀。人与自然万物只有共生共荣,才能达到和谐的境界。

共赢、圆融、包容是人与人之间的和谐之法。

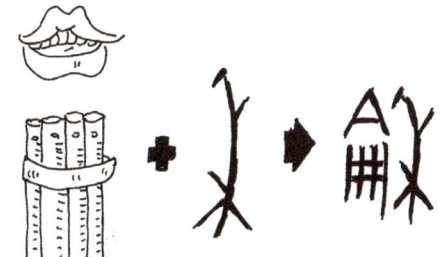

"和",原作"龢",是一种古乐器。"和"本义为吹奏用禾管编成的"排笛",发出谐调共振的乐音。

孟子说:"天时不如地利,地利不如人和。"一个人要获得成功,时也,命也,人也。"和"字可视为由"千""人""口"组成,千人一口,同声相应,同气相求。"龢"是一种管乐器,"龠"中有三"口","三"为众,意为多个出气发声之口,众口齐鸣,莺歌燕舞。"龢"指多人一同吹奏乐器,节奏一致,旋律和谐。把它延伸到人和事,则是和睦、和顺、祥和,中国人有"窝里斗"的毛病,有"老乡见老乡,背后开一枪"之说,也有"一个中国人是一条龙,两个中国人是头猪,三个中国人是一条虫"之说,人与人之间不是很和谐。要实现人

字谜廊

秋叶半落,渔歌互答;闻有声霍起,此何声也?似鹤鸣,又若狐音。

谜底:和

与人的和谐，首先要有共赢意识，形成利益共同体，由于目标同向、利益共享，自然就和平相处了。相反，假如利益的获得，是建立在对他人掠夺的基础之上，必然出现争夺、反抗、斗争，矛盾就会越演越烈。只有你好我好大家才能好。其次是圆融，这就是中道，"同中存异，异中求同""和而不同"。每一件事情，由于每个人的立场、利益、视角不同，看法、意见也有差别，这就要博采众长，寻求共识、共生之道，这才能化解矛盾和对抗。再次是宽容。大家熟知的"将相和"的故事说明了这个道理。每一个人都有自己的个性、优点和缺点，用包容、忍让取代"针尖对麦芒"，就能和谐相处。

平和、均衡是人体和谐之策。

一个人要延年益寿必须气血调和，阴阳平和。"和"是人体健康的标准。传统医学把健康的人称为"平人"。"平人"是指气血调和的健康人。中医理论认为，阴阳平衡、五脏调和是人体健康的标志。在诊断方法上，以平静的呼吸、平稳的脉搏和脉象作为判别病症的依据。在治疗上，以调和为主要手段，虚则补之，实则泻之，以使人体获得平衡，恢复健康。

"和"音通"合"，同声同气，共同的信仰、目标、志向，必然情投意合。在当代社会，和谐之道，既有竞争，也有合作。

智慧树下

○ 人人有饭吃，是和谐之基。人人同声同气，是和谐之象。

政以廉为本，家以和为先。共处谦是宝，相交和为贵。人与自然，共生共荣；人与人之间，和合包容。

格言集锦

○ 一笑解千愁，一和解百怨。

○ 家和万事兴，泥土变成金。

○ 家中不和邻里欺，邻里不和谈是非。

关于国家　富强　民主　文明　和谐

众人一口，天合之道

有一个谜语这样说："有皿能把物存，有口笑出声音，有手把物取走，有鸟象征和平。"其谜底是一个"合"字。因为"合"字下加"皿"是一个"盒"，盒可以存放东西；加"口"是"哈"，哈哈大笑；加"扌"则为"拾"，拾起东西；加"鸟"是"鸽"，即"和平鸽"。

合　会意字。甲骨文为 ，金文为 ，小篆为 ，上面是一个尖顶的盖子，下面是一个圆形的容器，两者刚好相合。《说文·亼部》："合，合口也。"即两口相合。"合"的本义是合拢、闭合，又引申为合并、结合、聚会、融合、符合之义。世间万事万物都有其自身运行的规律，合则成功，逆则失败。如"文章合为时而著，歌诗合为事而作"，写诗要"合辙押韵"，按照韵辙去创作；造房要"斗榫合缝"，严丝合缝，坚固结实。做人要合群，做事要合理。人们把东西南北上下称为"六合"，也有把阴阳合、天地合、男女合、时空合、上下合、东西合等称为"六合"。有"合"字的成语数不胜数。如用"珠联璧合"比喻众美毕集，相得益彰；用"劳逸结合"，指工作与休息相合；用"不谋而合"，比喻事先没有商量过，意见或行动却完全一致；用"情投意合"，形容双方思想感情融洽，合得来；用"天作之合"，比喻好像是上天给予安排，很完美地配合到一起；用"百年好合"，喻夫妻永远和好。"合"的反义词是"分"。俗话说，"天下分久必合，合久必分"，人或事物变化无常，分合无定。我们生活在一个分工合作的社会，人与人之间要合作，地区与地区之间乃至国家之间也要合作。合则强，分则弱，古往今来，都是这样。合是中华文化重要的精神，在今天仍然有特殊的意义。下面，谈谈"合"字给我们的启示。

众人同心是"合"的核心。

"合"字由"一""口""人"组成,其意思是人人发出同一个声音,众人同口同声。众人要同声同气,说到底必须是一条心,也就是必须有共同的信仰,共同的价值观,共同的追求,这就是凝聚力和向心力。如果没有这几个共同,一个国家必然是一盘散沙,必然合不起来,即使合起来,也不会长久。我们可以看看以色列、新加坡和当今的乌克兰,他们的分合可以证明这一点。新加坡在20世纪60年代初建国时贫穷落后、腐败丛生,族群众多,矛盾突出,发生过多起严重社会暴乱,一度到了崩溃边缘。然而,却在短短几十年内,到本世纪初就跨入发达国家行列,以其卓越的经济成就、稳定的政治环境和良好的社会秩序而蜚声世界,成为东方文明的典范和第三世界的楷模。为什么会出现这样的奇迹?一个重要原因就是共同价值观的整合作用。新加坡是个多元种族、文化、宗教和多种语言的国家,其历史短,社会结构复杂,人们的价值观念差异性很大。如何在体现文化间的差异,尊重各少数民族文化、各社会阶层思想的同时,将主流思想与少数族群的思想统一、整合、凝聚起来,成为新加坡所面临的一个实际问题。为此,1991年,新加坡政府公布了"共同价值观白皮书",提出了五大价值观:国家至上,社会为先;家庭为根,社会为本;关怀扶植,尊重个人;求同存异,协商共识;种族和谐,宗教宽容。这五大共同价值观是在博采新加坡各种族价值观念的共同精华的基础上提出的,规定了新加坡和谐、统一、繁荣、稳定的国家意识导

■ 陈志平　书

向，成为团结、凝聚人民群众的精神武器，蕴涵着促进新加坡长治久安的精神动力。新加坡社会法制化水平高，人们工作勤奋，表现出可贵的敬业精神和遵纪守法的文明素质，这实际上与国家"共同价值观"的整合作用是密不可分的。

犹太民族虽然有五千年的历史，但却经历了两千年流离失所、浪迹天涯的苦难岁月，而且几经屠戮，宛如穿行在一条炼狱之路上。在犹太人复杂的历史中，总共有三次大流散：第一次是公元前585年，巴比伦灭犹太王国，毁第一圣殿，犹太人沦为"巴比伦之囚"。第二次是公元前332年，希腊马其顿王攻占耶路撒冷，犹太人从此逐渐疏散到南欧、北非和中亚等地区。第三次是公元前63年和公元135年，犹太人两次大起义，被罗马帝国血腥镇压，大批犹太人作为奴隶被带到罗马，犹太人主体离开迦南（今巴勒斯坦地区）。犹太民族历经磨难，虽流散世界各地却始终不曾消亡。为什么？关键的东西是共同的信仰。犹太教通过信奉独一无二的上帝，获得了普遍适用的行为规范，他们在人类关系中以奉行正义和怜悯为基础，既要努力遵奉诫令以提高现世生活的道德水准，又要尽其所能按宗教理想去改善人类社会。正是由于信仰的力量，使犹太人成为一个整体，拖不垮、打不烂、杀不尽。当今的乌克兰动荡不安，就是缺乏国家认同，文化认同。一个国家是这样，一个团队、一个家庭也是如此。

众生平等是"合"的基础。

合字拆分为"一人一口"，一人一口分着吃，人人都有饭吃才是大合之道，如果连温饱都解决不了，出现"朱门酒肉臭，路有冻死骨"的贫富极端分化的现象，社会阶层将逐渐分崩离析，国家的和平安定统一也会受到威胁。"朱门酒肉臭，路有冻死骨"是诗圣杜甫写下的不朽诗句。唐朝自唐玄宗天宝年间以后的150多年里，一直处于动荡之中。诗人敏感的社会观察和形象精妙的描绘一语道破唐朝由盛而衰、最终走向分崩离析的根本原因。不久之后，唐朝经历了安史之乱、藩镇割据、朋党之争，之后又爆发农民起义等唐末变乱，政权日趋腐朽，百姓的生活也日趋悲惨，最终导致了大规模农民起义的爆发。在起义军的沉重打击下，唐朝统治彻底崩溃，统治中国290年的大唐帝国寿终正寝。

众生平等，人人有饭吃，并不是吃"大锅饭"，而是要构筑社会保障体系，对贫困阶层给予最低生活保障，同时，注重社会公平，权利公平，效率优先，兼顾公平，保证人人有饭吃，共享社会发展的成果，运用经济杠杆，调节社会的再分配，防止收入分配悬殊。评价一个社会是否贫富悬殊，主要是看基尼系数，如果超出警戒线，社会就会处于动荡的状况。南美国家巴西即是一个典型。巴西在

20世纪60年代末70年代初进入了GDP年均增速超过10%的"经济奇迹"周期。与此同时，也进入了一个两极分化迅速扩大的阶段。到1990年，20%最富有者占国民收入的比例为64%，最穷者占有的比例为12%。受大机械农场影响，1985年至1996年，巴西有410万农村人口失去土地，成为无地农民。贫困人口在农村中的比重从1981年的56.7%上升到了1990年的70%。片面追求经济增速而忽视社会分配的经济模式难以为继，从80年代末开始，巴西的经济和社会问题开始集中爆发，发展长期陷入停滞。

众人和谐是合的力量。

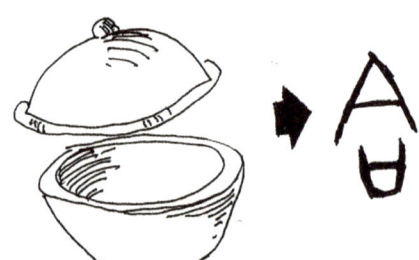

古文"合"字，上面都是一个圆锥形的盖子，下部是一个圆形容器，表示器皿相合。本义为"闭合"。引申为"融洽""聚合"等义。

"合"谐音"和"，和是"合"的前提，又是"合"的结果。当合作和团结发生作用，合力就能形成，社会、国家会因合作、团结和合力而繁荣安定。"和"使1＋1等于或大于2，如果不"和"1＋1可能等于0，或者变成负数。据统计，在诺贝尔奖设立的前25年，和谐合作获奖项目占41%，而现在则提高到80%。在分工合作的今天，一个由互相联系、互相制约的若干部分组成的整体，只有分工合作、和谐配合才能取得成功。

和合精神是中华文化的基本精神，"和"指的是和谐、和睦、和平、和善；"合"指的是汇合、结合、联合、融合。进入21世纪，人类面临诸多共同的冲突和挑战，这些冲突和挑战可以概括为人与自然、人与社会、人与人、人的心灵以及不同文明间的五个冲突，这五个冲突关系着人类在21世纪的生存和发展。和合学理论提出的和生、和处、和立、和达、和爱，呼吁共存共荣，只有以开放的心态，接纳自然、社会、人生、心灵、文明按其自身的特性存在和发展；只有增强

字谜廊

人口一定要适中。

谜底：合

人对自然、社会、他人的责任意识和爱人爱物的仁爱精神，把一切关系都建立在"爱"的根基上，才能化解冲突，实现和合。宽容和爱是人类文明的两大基石。没有宽容，就没有合作，就没有多样性；没有爱，人类就只有仇恨和破坏。要进一步文明和发展，就应有更多的宽容和爱，而宽容和爱是和合的核心精神。

与"合"组合的字很多，大多与盒子、扣合、对合有关。如与盒子有关的有盒、龛、弇、翕；表示对合、合作、和谐的有恰、洽、阖等。

智慧树下

众人一心，同声同气，是合的核心；众生平等，人人温饱，是合的前提；众人和谐，分工合作，是合的力量；笑不合嘴是快乐，天合之作是佳偶。

格言集锦

能用众力，则无敌于天下矣；能用众智，则无畏于圣人矣。

（孙权）

志同而气合。（韩愈）

不管努力的目标是什么，不管他干什么，他单枪匹马总是没有力量的。合群永远是一切善良思想的人的最高需要。（歌德）

谐　人皆能言，融洽和谐

清朝道光年间，在恩平县城郊的林家村，有林姓的两房族人共建了一座祠堂。有一房的人认为他们的祖先林松椒是叔公，祠堂应取名为"松椒家祠"；另一房的人感到，自己的这房人多，捐建祠堂出的钱也多，祠堂应依据自己的祖先取名"崇岐公祠"。双方都觉得自己是对的，于是，争持不休，互不相让。正巧，身为状元的林召棠路过这里，了解情况后，见双方都不退让，于是，他命人取来纸笔，写下一幅拆字联：

松木公，椒木叔，木木成林皆叔公；

崇山宗，岐山支，山山叠出尽宗支。

然后落款"新科状元林召棠题"，并叫人送去。这两房人家见才高八斗的林状元居然屈身调解他们的矛盾，而且不偏不倚，心里非常敬佩。就这样，一副对联平息了一场风波，巧妙地化解了彼此间的矛盾。

谐 形声字。金文为𧭈，小篆为𧭆，从"言"，声"皆"。"言"为语言、言论、思考。"皆"为共同、全部。《说文》："皆，俱词也。""比"，从二人，"白"是自的省形。即二人共一鼻会意。从褒义说，是呼吸与共；从贬义说，是一鼻孔出气。古人常说："言为心声。"谐字从"言"，从"皆"，表示语言和谐，心意协调。《说文·言部》："谐，洽也。"意思是说，谐是融洽、协调、谐和。本义为和谐，如《舜典》："八音克谐，无相夺伦，神人以和。"《周礼》："以和邦国，以统百官，以谐万民。"由于协和则事成，固有"二人同心，其利断金"之说。又由于和言令人愉悦，引人发笑，又有诙谐的说法。有"谐"字的成语典故有："亦庄亦谐"，形容既严肃又风趣；

关于国家 富强 民主 文明 和谐

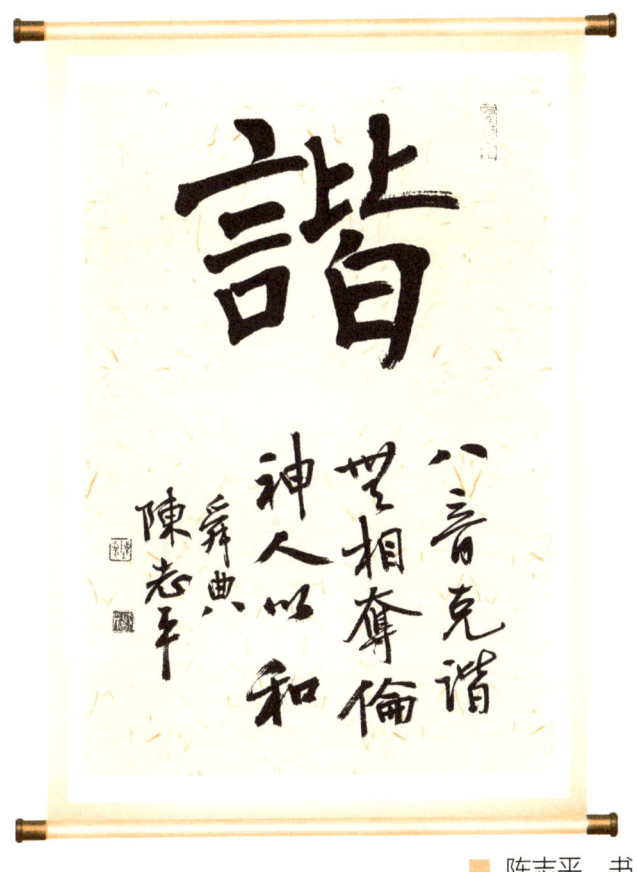

■ 陈志平 书

"鱼水和谐",形容夫妇关系和好协调如鱼水;"荣谐伉俪",祝福夫妇和谐美好;"凤友鸾谐",比喻男女间情投意合;"口谐辞给",指言词诙谐敏捷;"私谐欢好",谓男女间非明媒正娶而发生关系。

和谐不但是一个人的追求,也是一个社会的追求,作为个人,只有身心和谐,才能健康快乐;作为社会,只有人与人之间和谐,人与自然和谐,才能安宁、稳定和发展。马克思说:"对和谐之美的追求是人类的本能。"爱因斯坦说:"学校的目标始终应当是:青年人在离开学校时,是作为一个和谐的人,而不是作为专家。"冰心说:"美的真谛应该是和谐。这种和谐体现在人身上,就造就了人的美;表现在物上,就造就了物的美。融汇在环境中,就造就了环境的美。"谐,揭示了和谐的本质和和谐之道。

谐,异口同声,人人能说话,人人敢说话。

谐字从"言",从"皆","皆"亦声。"言"与"皆"联合起来表示"大家同时开口说话""大家异口同声""大家一同发声"。全国政协委员、著名作

93

家张贤亮说:"所谓和谐,'和'是'禾'字旁一个'口'字,意味着人人都有饭吃;'谐'是'言'字旁一个'皆'字,代表人人都可以说话。这两点是和谐最基本的条件。"人人都能说话、敢说话,这既是一个社会民主开放的标志,也是文化学术繁荣发展的标志。

春秋战国时代,社会急剧变化,许多问题亟待解决,产生了各种思想流派,他们从不同的社会集团和利益出发,纷纷著书立说,议论时事,阐述哲理,各成一家之言,互相论战,出现了学术上的繁荣景象,后世称之为"百家争鸣"。各个学派、同一学派的不同流派之间,既相互斗争又相互学习和借鉴,成为中国历史上诸子百家政治学术思想大融合的重要时期,也是思想和文化最为辉煌灿烂、群星闪烁的时代。中国伟大的思想家大多出现于这个时代,以孔子、老子、墨子为代表的三大哲学体系,形成"诸子百家""百家争鸣"的繁荣局面,构成了中华文明的精华和基础。正由于百家争鸣、百花齐放,才有了真正的和谐繁荣。

海德公园是伦敦最知名的公园,也是英国最大的皇家公园,而这里又以"演说角"最为出名。"演说角"起源于1855年,当时英国人还没有集会自由,所以到海德公园里来"出出气",慢慢地成了一种"习惯"。原先人们喜欢每个星期日的下午来这里,自带装肥皂的废木箱作讲台,所以这里也称"肥皂箱上的民主"。但这个自由是有限度的,讲演者不能攻击英国王室,也不得对任何人进行人身攻击。19世纪英国政府禁止传播马克思主义,但人们可以到"演说角"宣传马克思主义。现在,演讲者大多数站在自带的梯架上,高谈阔论,慷慨陈词。

在一个专制的社会里,人们不但没有说真话的权利,而且也没有说真话的环境,说真话往往要付出巨大的代价。司马迁可以说就是一个例子,他因为在朝堂上为李陵说了句真话,结果惹得武帝大怒,竟被处以宫刑,生理和心理同时遭受伤害。另一个是海瑞,他的结局比司马迁幸运一点,海瑞因上书述直陈时弊,惹恼了嘉靖皇帝而被罢官。说真话很容易受到打击报复,这是人们不愿说真话的重要原因。

今天,中国人口众多,社会结构复杂,建设和谐社会任重道远。创造一个宽容的环境,让每个人都有"发言权",倾听各个阶层的真实诉求,让人民群众充分地表达意见,只是民主建设中的一个环节。由谁来听取民众的诉求,建设什么样的多元利益矛盾解决机制,如何避免对抗性矛盾的产生,这些都是中国民主进程中必须要解决的问题,只有这些问题真正解决了,才算人人都有了"发言权"。与此同时,必须有一个让人说真话的环境,对于不违背国家法律的言论,不抓辫子，不打棍子，不穿鞋子。这样，才能形成畅所欲言的生动局面。

谐是形成利益的共同体，同声同色，心意协调。

"谐"从"皆"，指二人同一个鼻子，意味着同呼吸、共命运。一个团队、一个社会要和谐，必须形成利益的共同体，共同的价值观，共同的准则。生物世界在危难时的行动告诉我们这一道理。蚂蚁是最典型的代表。在蚂蚁家庭中，母蚁生儿，公蚁持家。它们在原野、荒滩上搬运食物，活得井然有序。尤其令人震惊的是它们面对灾难时的行为。当野火烧起来的时候，众多的蚂蚁迅速聚拢，抱成黑团，然后像雪球一样飞速滚动，逃离火海。如没有抱成团的智慧，假如没有最外一层的牺牲，渺小的蚂蚁家族绝对全军覆没。生命的渺小，体力的单薄并没有什么可怕，甚至命运的卑微也不能决断什么，可怕的是看不到和谐的力量，忽视了内在的精神。

谐是善于比较。

谐，从"比"，比是比较。"比学""比赛""比翼齐飞"等词语，激励着一代又一代人。汉朝韩婴在《韩诗外传》一书中说，"高比，所以广德也；下比，所以狭行也。比于善者，自进之阶；比于恶者，自退之原也"，直接道出了"比较"一词的精髓：那就是，和德行比自己高的人比，会使自己的德行增进；和德行不如自己的人相比，会使自己的德行减退。善于比较，比出了干劲，比出了业绩，而盲目的攀比，则比出了心志的失衡，比出了争斗。

不与别人盲目攀比，自然就会悠然自得，不把人生目标定得太高，自己就会快乐常在；不刻意追求完美，自己就会远离痛苦；不是时时苛求，自己就会活得自在，就会轻轻松松。活得太累就会痛苦不堪。知足常乐要记住：钱不在多，够花就行；誉不在多，健康就行；房子不在大，够住就行；幸福不是你房子有多大，而是房子里的笑声有多甜；幸福不是你开多豪华的车，而是你开着车平安到家；幸福不是你存了多少钱，而是天天身心自由，不停地干自己喜欢的事；幸福不是你的爱人多漂亮，而是你爱人的笑容多灿烂；幸福不是你当了多大的官，而

字谜廊

倾心求偶话语多。

谜底：谐

是无论走到哪里，人们都说你是个好人；幸福不是吃得好穿得好，而是没病没灾；幸福不是在你成功时的喝彩多热烈，而是失意时有个声音对你说：朋友，加油；幸福不是你听过多少甜言蜜语，而是你伤心落泪时有人对你说：没事，有我在，没有过不去的事。

谐是互补协作。

谐音通"协""携"，即协作、携手。和谐有如一部机器，各个零部件都发挥各自的功能，协调地运转，只要是一个零部件出了问题，机器就不能运行。一个大的工程，往往也是一个系统工程。如宇宙飞船的研发。美国加利福尼亚大学的学者做了这样一个实验：把6只猴子分别关在3间空房子里，每间2只，房子里分别放着一定数量的食物，但放的位置高度不一样。第一间房子的食物就放在地上，第二间房子的食物分别从易到难悬挂在不同高度的适当位置上，第三间房子的食物悬挂在房顶。数日后，他们发现第一间房子的猴子一死一伤，伤的缺了耳朵断了腿，奄奄一息。第三间房子的猴子也死了。只有第二间房子的猴子活得好好的。究其原因，第一间房子的猴子一进房间就看到了地上的食物，于是，为了争夺唾手可得的食物而大动干戈，结果伤的伤，死的死。第三间房子的猴子虽做了努力，但食物太高，难度过大，够不着，被活活饿死了。只有第二间房子的两只猴子先是凭着自己的本能蹦跳取食。最后，随着悬挂食物的高度增加，难度增大，两只猴子只有协作才能取得食物。于是，一只猴子托起另一只猴子跳起取食。这样，每天都能取得够吃的食物，便很好地活了下来。

智慧树下

谐是同声同气，心意协调。

人人能讲话，是谐的前提。

人人敢讲话，讲真话，讲实话，是真正和谐的标志。

谐是善于比较，让我们心态平和，身心和谐。

谐是善于协作，让我们优势互补，团队和谐。

格言集锦

◎世间最平和的快乐就是静观天地与人世，慢慢地品味出它的和谐。（三毛）

◎各美其美，美人之美，美美与共，天下大同。（费孝通）

◎美在和谐。（赫拉克利特）

◎亲善产生幸福，文明带来和谐。（雨果）

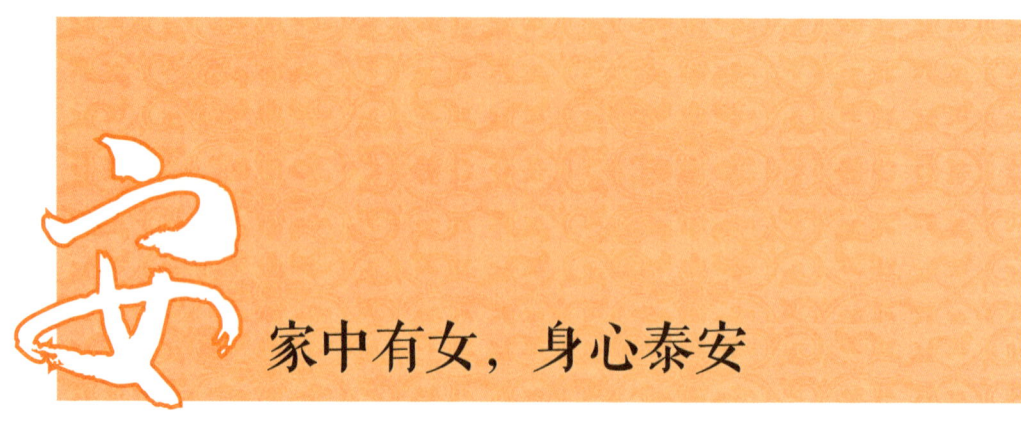

家中有女，身心泰安

有一个典故"安贫乐道"，出自《后汉书·韦彪传》："安贫乐道，恬于进趣，三辅诸儒莫不慕仰之。"相传，孔子有弟子3000，其中最著名的72人，而颜回又是孔子最得意的门生之一。颜回的一举一动，在孔子看来，都合乎心意。所以，孔子常常以颜回的事例来教育其他学生。有一次，孔子对学生们说："贤哉，回也！一箪食，一瓢饮，在陋巷，人不堪其忧，回也不改其乐。贤哉，回也！"孔子十分赞赏颜回的这种品德。这是一种什么样的品德呢？孔安国说，这是"安于贫而乐于道"。意思是满足于清贫的生活，乐于自己的信仰。

安 会意字。甲骨文为 , 从"女"，坐在"宀"（房子）中之状，含平安、安道之意。金文 , 小篆为 , 形体大致相同。隶变楷写作"安"。《说文·宀部》："安，静也。从女在宀下。"意思是说，安，安宁，由"女"在"宀"下会意。安的本义是平安、安道。《论语·学而》："君子食无求饱，居无求安，敏于事而慎于言。"意思是说，君子饮食不求饱足，居住不求舒适，对工作勤劳敏捷，说话却小心谨慎。"安土重迁""安其所习"都是这个意思。"安"又延伸为安定，使巩固、安心、习惯、满足等意思。如"安身立命""安邦定国""安常处顺""安心本积"。安还作疑问代词用，作谁、何、什么、哪里讲，如《史记·陈涉世家》："燕雀安知鸿鹄之志哉！"又如杜甫的《茅屋为秋风所破歌》："安得广厦千万间，大庇天下寒士俱欢颜，风雨不动安如山！""安"字在我们日常生活中是常用字，也是使用频率较高的字。清晨见面说"早安"，好友相遇互问安，为人送行祝平安，晚上睡觉道"晚安"。即使参加葬礼时，也要祝逝去的人安息。安，象征着人们对幸福的追求，与安相关

关于国家　富强　民主　文明　和谐

金文　　　　　小篆

的人名多、地名更多，如"天安门""西安""泰安""宝安""潮安"等，这些体现了人们安土重迁，求安宁、求平安的祈福心理。"国泰民安"更是对一个理想社会的追求。安字揭示了一个社会、一个人的平安之道。

安以居者有其屋为前提。

俗话说，安居乐业，只有安居，才能乐业。一个人假如连居住的地方都没有，就谈不上安心地工作。安，甲骨文 ⑨ ＝ ∩（宀，新房）＋ ♀（女，新娘），表示新房中有新娘。造字本义是男子建房娶亲成家，内心踏实过日子。在古代的农业社会，兴宅、娶亲，是男子一生中至关重要的两大事件，直接而深刻地影响到男子个人的心理状态，顺利兴宅、娶亲，便能安居乐业；挫于兴宅、娶亲，则焦虑恐慌。因此，古人称娶亲成家、宁神度日为"安"。也就是说，人要有一个遮风挡雨的住所、容身之处，不用漂泊。因而，为政者为使民安居，必然使居者有其屋。新加坡的"屋村计划"，我国的安居工程，对房地产暴利的整治等都表现在此。

历史上有作为的官员，都非常重视人民的住房，唐朝唐玄宗时期的官员宋景就是如此。宋景到广州后，大力整顿吏治，了解民俗风情，深入民居之间，了解百姓的生活和居住条件，他一条街一条街地走，一条巷一条巷地看，看到许多老百姓的居所都是以茅竹来盖。唐朝以前，广州城内除官衙，民房多为茅草屋，而且多为连片而建，所以，一旦有火警，有时真是火烧连营，一家失火，半城遭灾。有一次，宋景正在一处茅竹屋附近观察，突然有人前来急报火灾消息，当时正值秋天，风高物燥，只见风助火威，火借风势，一片火海，连烧了几十家。宋景看着这场面，揪心地痛，心想，自己身为一方父母官，"为官一任，造福一方"向来是自己的宗旨，而眼前，自己只能眼睁睁地看着百姓在火海中失去家园，于心何忍？在回衙的路上，宋景想到北方砖瓦建筑的民房，回到衙门后，他立即召集幕僚开会，商讨从根本上解决广州民居茅屋起火的问题。宋景认为，成片地修建茅竹房是造成民居火灾的根本原因，能否考虑参照北方的民居，从北方请一些泥瓦匠到广州，教普通老百姓烧制砖瓦，并传授民间砖瓦房修建的技术。幕僚们一听，觉得有理，纷纷赞成宋景的提议。这样，有官方的提倡，老百姓当然也就纷纷响应，广州民间的居室才开始由茅竹房改为砖瓦房。从此，每遇火灾隐患时，再也不会像以前一样，连累很多人家，居室的火灾得到基本控制。广州的老百姓对宋景在广州倡导修建砖瓦房的功德非常感激，自动募捐修了一块遗爱碑来纪念宋景。

安以家中有一女为条件。

安是一个会意字，它生动地告诉大家，一间屋子里要有一个女人，那这个家庭才是安全、安稳、安康、安乐、安静、安详、安逸的。家里有了女人，男人则有了安乐窝，有了避风港，有了安全感，有了精神安慰。女人成家则安，家中娶女则安，家中有贤女则安，但有三妻四妾则不安。

东汉平陵人孟光，长得很肥胖，肤色黝黑，容貌欠佳，但力气极大，能力举石臼。年龄已到30了，仍独居在家。她父母问她不愿出嫁的缘故，才知道她已经有了意中人。原来，孟光早就听说同县有个叫梁鸿的，家贫而博学，品德高尚。孟光向父母表示，一定要找到品德像梁鸿那样的人才肯出嫁。此话传到了梁鸿的耳里，主动请人去行聘。孟光在出嫁前，不备金银罗绫，却制作了布衣、麻鞋、箩筐及织布的工具。大家都觉得很奇怪，但孟光却成竹在胸，自有主张。刚过门时，孟光像普通新娘那样，装饰打扮得漂漂亮亮，谁知开头七天，梁鸿却对她爱理不理的。孟光见状，主动与他搭话："我听说夫君高义，回绝了多门亲事。我呢，也谢绝了不少行聘之人。今天承蒙夫君娶了我，只是不知何处开罪了夫君，望能明告。"梁鸿说："我想娶到的是一位简朴勤劳的女性，可以与我一起到深山凭自己的劳作去隐居。现在见你穿着打扮如此讲究，还涂脂抹粉的，这哪里是我所希望的呢？"孟光一听，正中下怀："太好了，我这样的穿着打扮，是故意考察考察夫君的志向啊！其实，我早就准备好了隐居所需的衣服及器具了。"于是她换了发式，穿上布衣，在梁鸿面前操持起家务来。梁鸿一见，高兴地说："此真梁鸿妻也！"后来，夫妇俩共入霸陵山中，以耕织为业并以诗琴自娱。他们有才学而不求富贵，安于劳作，自食其力，因而受到世人的颂扬。而孟光，也就成了后世许多妇女效法的榜样。

一个家庭只能有一个女人，即一位主妇，绝不能有两个三个。大到如古代那

关于国家 富强 民主 文明 和谐

些封建帝王，搞所谓的三宫六院、妃嫔媵嫱，结果因众多美人而把江山搞丢了。小到平民百姓，也不能乱包二奶、私养情妇，否则会使本来一个和睦恩爱的家庭发生变故，以致家破人亡。"安"字，还形象地告诉人们，在一个家庭里，女人比男人更重要，她担负着相夫教子、主持家务、上养老下带小的责任，所以女人应该赢得社会和男人的尊重和爱戴。可在我们这个封建思想长期禁锢的国度里，从上层到下层，一直严重地存在着轻视以致歧视女人的恶习，家庭暴力至今严重地困扰着许多家庭，大男子主义仍支配着一些男人；社会上一些单位在招工用人方面也严重地歧视女性，动辄以种种理由拒绝女性；国家有些部门制定的政策也严重歧视女性；在国家管理机关里，女性占的比例实在太少。

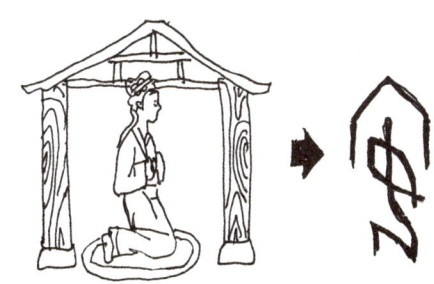

在一间静静的屋子里，有一个女子手置胸前，安详地跪坐着，本义是"安定""舒适""安全"。

安以身安、心安为基本要求。

安，除了安定的意思，也包括了安康、安心等延伸意。身安是健康的标志，心安才能过幸福的人生。有的人虽然富裕，但精神不安。不做亏心事，不做违法事，就能获得心安。有些人为了享受奢侈的生活，大发不义之财，虽然生活很富裕，但内心深处却惴惴不安，胆战心惊。所以说，身安不如心安，"为人不做亏心事，半夜不怕鬼敲门"。不招惹是非，不违法乱纪，就能心里坦然，心安理得。安心是一个人做人的出发点，也是归宿。当我们的良心不安时，所有高水平的做人处世的技巧都只能算是作秀。也只有寻求安心，才会让我们的人生更从容和超脱。

安还表示登船到岸，从此安定。"安"音通"岸"，表示人生不再漂零，到了彼岸。佛家以有生有死的境界为"此岸"；超脱生死，即涅槃的境界为"彼岸"，指水那边的陆地，比喻所向往的境界。佛教认为，苦海无边，回头是岸。

字谜廊

宝玉不在姑娘在。

谜底：安

人只有戒除贪、嗔、痴，才能达到极乐的彼岸。惊恐不安，烦恼不堪，是人生的真实写照。欲望太多，意味着痛苦太多。一个充满欲望的人，是痛苦的人。妄想太多，意味着神思太浊。一个处处妄想的人，是最疲劳的人。大美无言，大音希声，大道至简。越简单越快乐，越纯真越安宁。快乐安宁，才是生活的真谛。

凡从安取义的字都与安定有关，如"安"加"扌"为"按"，篆文 是 （手，控）加 （安，稳定），意思为控制、抑制，使之不动。"安"加"木"字为"案"，篆文 由 （安，定）加 （木，桌），意思是宽矮稳定的长方形木桌，通常用于书写作画。古代窄小的桌叫"几"，宽矮的叫"案"，高立的叫"桌"。"安"加"革"为"鞍"，从"革"，其形像一张兽皮，表示马鞍用皮革制成；从"安"，表示人坐在马鞍上更安稳。"安"加"日"为"晏"，"晏"是"晏"的本字。"晏"，甲骨文 由 （日，晴朗）加 （女，美女），其义为风和日丽，美女作伴，充满欢乐，令人平和宁静。

智慧树下

◎有一个遮风挡雨的房子，人生就不会再漂泊、流浪，有了安身之处，就有了笑声和欢颜。

家里有一个贤惠的女人，就如有一个可靠的港湾，休息，加油，再拼搏到远方。

安首先是安身，而心安更重要。

心安让我们的灵魂不再骚动，心安可以让我们一觉睡到天亮，这是最幸福的时光，也是快乐的梦想。

格言集锦

◎安不可忘危，治不可忘乱。
◎安得草木心，不怨寒暑移。
◎君子安贫，达人知命。（王勃）
◎远虑者安，无虑者危。（诸葛亮）
◎节欲则民富，中听则民安。（晏子）

关于国家　富强　民主　文明　和谐

唇口出言，言之有理

　　有一个典故叫"一言既出，驷马难追"。春秋时，卫国有个大夫，叫做棘子成。有一天，棘子成对孔子的学生子贡说："君子只要有好的本质就够了，为什么还要有文采呢？"子贡说："您这样说是不对的。四匹马拉的车子，也追不回已经说出口的话。本质和文采是同样重要的。让我拿皮草来举例解释吧！虎豹的皮和犬羊的皮，它们的区别，既在本质，也在文采，如果把这两类兽皮，拔去上面有文采的毛，那虎豹皮看来就像犬羊皮了。"子贡认为，说话要深思熟虑，因为话说出口，就不能再收回。后人就用"一言既出，驷马难追"来表示说话算数，不能反悔。

　　言 会意字。甲骨文为 ，在舌 的舌尖位置加一短横指事符号 ，表示舌头发出的动作。造字本义：鼓舌说话。金文 将甲骨文的 写成 。篆文 再加一横指事符号。隶书简写成 ，完全失去舌形。《说文·言部》："言，直言曰言，论难曰语。"意思是说，言，直接讲话叫言，议论辩驳叫语。"言"的本义是吹奏乐器，因为吹奏乐器会发出声音，故引申为说，如《论文·为政》："诗三百，一言以蔽之，曰：'思无邪。'"这就是说：《诗》三百首，用一句话来说，就是"思想纯正"。言还指议论、记载、意料、言论等意，如"言耕者众，执耒者寡"，即谈论耕作的人多，而亲自拿起农具去耕作的人却很少。又如沈括《梦溪笔谈》："温州雁荡山，天下奇秀，然自古图牒，未尝有言之者。"这就说：温州的雁荡山，是天下奇特、秀丽的一座山，但是自古以来的地图地理资料对此都不曾有记载。有"言"字的成语多不胜举，这里列举几个。"名不正，言不顺"，指名分不正或名实不符。"能言善辩"，形容很会说话，善于辩论，口才好。"冰炭不言，冷热自明"，比喻内心的诚意不用表白，必然表现在行动上。"博闻辩言"，形容道听途说，似是而非的言论。"畅所欲言"，畅快地把要说的话都说出来。"人言可畏"，指在背后的议论或污蔑的话很可怕。"人之将死，其言也善"，人到临死，他说的话是真心话，是善意的。"桃李不言，下自成蹊"，原意是桃树不招引人，但因它有花和果实，人们在它下面走来走去，走成了一条小路，比喻人只要真诚、忠实，就能感动别人。"言者无罪，闻者足戒"，指提意见的人只要是善意的，即使提得不正确，也是无罪的。听取意见的人即使没有对方所提的缺点错误，也值得引以为戒。"言者谆谆，听者藐藐"，说的人很诚恳，听的人却不放在心上，形容徒费口舌。我们可以把"言"分为几种类型，推心置腹的话是诤言，充满哲理的话是格言，与人为善的话是良言，造谣中伤的话是谣言，胡说八道的话是胡言。我们通常说，要"存好心，做好事，说好话"。"言"是我们日常生活中非常普通和常见的事，但如何言之有理、言之有情、言之有物，却是一门高超的艺术。言，体现了一个人的精神境界、文化修养和处世能力，是我们要认真学习和训练的一门功课。"言"字告诉我们说话的道理。

金文　　　　篆书

言中有玄。

言，由"玄"字头、"二"和"口"组成。玄字之头，表示言中包含着玄机。"二"为天地，为上下嘴唇，为阴阳之变化。"口"为人的口舌。人通过上下嘴唇的开合，把世间万事的玄机说出来，就是言。言，体现了一个人的智慧，有时是正话反说，有时是真话假说，要因人、因事、因时而说。有这样一个故事：明朝初年，朱元璋当了皇帝后，先后有两个少时的朋友来找他。第一个人一见面就说，当年他们给财主干活很辛苦，有一次把饭罐子打破了，汤流了，饭洒了，无奈之下只好把豆子捡了吃……没等说完，朱元璋就叫卫士把他打出去。第二个人一见面就伏地口称万岁，然后说："我主万岁，当年微臣随驾出征,手使弯钩枪,打破罐州城,吓跑了汤元帅,活捉豆营兵,多亏莱将军,救驾属头功。"朱元璋听了这番话,又想起当年大家同患难共饥寒的岁月,不由感慨万千。于是封了他做御林军总管。朱元璋已当了皇帝,第一个朋友如实地说过去的穷困,在众人面前伤了他的尊严,当然让他勃然大怒。第二个朋友,却巧妙地说出了同样的意思,自然讨得他的欢心。

良言有乐。

"言"字的甲骨文、金文从"口",会口吹乐器之意。《尔雅·释乐》:"大箫谓之言。"人的言既表现了自己的快乐,同时也给人家带来快乐。这就是良言的功能。良言就是要会说赞美的话。马克·吐温说:"凭一句美话的赞美,我们能活上两个月。"恰当地赞美别人,可以使对方获得极大的心理满足,可以起到激励的作用,可以给人带来愉悦。美言、良言和阳光一样,也是照亮人们心灵的阳光,即使是比较虚心谨慎的曾国藩也喜欢。曾国藩在军营中,一次与几位幕僚闲谈,评论当今英雄。他说:"彭玉麟、李鸿章都是大才,为我所不及。我可自许者,只是生平不好谀耳。"一个幕僚说:"各有所长,彭公威猛,人不敢欺;李公精敏,人不能欺。"说到这里,他就说不下去了。曾国藩问:"你们以为怎样?"众人皆低头沉思。忽然走出一个管抄写的后生来,插话道:"曾师仁德,人不忍欺。"众人听了齐拍手。曾国藩十分得意地说:"不敢当,不敢当。"后生告退而去。曾氏问:"此是何人?"幕僚告诉他:"此人是扬州人,入过学(秀才),家贫,办事谨慎。"曾国藩听完后说:"此人有大才,不可埋没。"不久,曾国藩升任两江总督,就派这位后生去扬州任盐运使。在这个故事里,曾国藩的幕僚想赞美曾国藩,但由于"威猛""精敏"之语已给别人先说,因而想不出更好的词句。而管抄写的后生则赞美曾的"仁德",正合曾的心意,让曾国藩很受用,并因此得到他的赏识。可见,美言有时会产生超乎意料的效果。

字谜廊

用人则不疑 。

谜底:言

言为心声。

"言"音通"盐",有淡有咸。人之言是带有感情的味道的。人之言有热情,有冷淡。言虽然说于口,其实是发乎于心。《周易·系辞传》里,讲了许多从人的言语中,识别掌握信息的方法,如叛者词惭,疑者词支,诬人者词游,失守者词屈,躁人者词多,吉人者词寡,君子词慎等。言为心声,文如其人。语言是心灵的一面镜子。说话粗野、冷漠、骄横,会给人留下缺乏教养的印象;说话文雅、和气、谦逊,让人看到的是一颗善良、纯正、美好的心。这里仅举几位伟大人物的礼貌佳话为例。1955年,毛泽东回韶山时邀请亲友中的老人吃饭,向他们敬酒。老人们说:"主席敬酒,岂敢岂敢!"毛泽东回答说:"敬老尊贤,应当应当!"有一次,周恩来下了飞机后与机组的同志们一一握手告别。当时机械师邝祖炳正蹲在地上工作,周恩来示意别人不要惊动他。邝祖炳工作结束转过身来,才发现总理站在后面,赶紧说:"对不起,总理,我不知道你在等我。"周恩来笑着亲切地问:"噢,我没有影响你的工作吧?"

语言的美,不在于辞藻华丽,也不在于抒情描写,而主要在于适合语言环境。与同志见面时,问声:"你好!"一句亲切的问候,并非是多余的客套,它体现了谦恭和关心人、尊重人的美德。与别人打交道时,常说一声:"请!"也可以表达对别人的尊重。不慎做错了事,先说声:"对不起!"可消除不必要的猜忌,增进同志间的友谊。别人道歉时,说句:"没什么!"表示胸襟开阔,还可以把窘境中的同志解脱。请别人帮助时,说一声:"劳驾。"这不是普通的恭维,而是表达了尊敬别人的意思。别人致谢时,说声:"别客气!"表现出你助人为乐的精神境界,体现了你诚恳谦虚的美好心灵。朋友间分手时,说声:"再见!"这表明交往并没有在分别时结束,友谊在告别声里继续发展。

总之,要做到语言美,要在说话时做到"文雅、和气、谦逊",就要加强思想修养,加强语言锻炼。

凡以言取义的字皆与声音、语言有关。言而有信,是讲人的话。众人一起讨论作出决定,是议论。造谣中伤的言是谗言,耐心地教导是谆言。

关于国家 富强 民主 文明 和谐

 智慧树下

○ 脑袋在上，朱唇轻启，言从口出，这是对言的形象描述。
我们要记住古训：良药苦口利于病，忠言逆耳利于行。
良言一句三冬暖，恶言一句六月寒。
病从口入，祸从口出。
多说金玉良言，不说谎言谀言。
君子讷于言而敏于行。

 格言集锦

○ 夫人不言，言必有中。（《论语·先进》）
○ 君子不以言举人，不以人废言。（《论语·卫灵公》）
○ 言之无文，行而不远。（《左传·襄公二十五年》）
○ 其持之有故，其言之成理。（《荀子·非十二子》）
○ 谄媚之言甘，贤良之言直。甘则易悦，直则难入。（张九龄）

关于

社会

自由 平等 公正 法治

自由是指人的意志自由、存在和发展的自由，是人类社会的美好向往，也是马克思主义追求的社会价值目标。

自　由

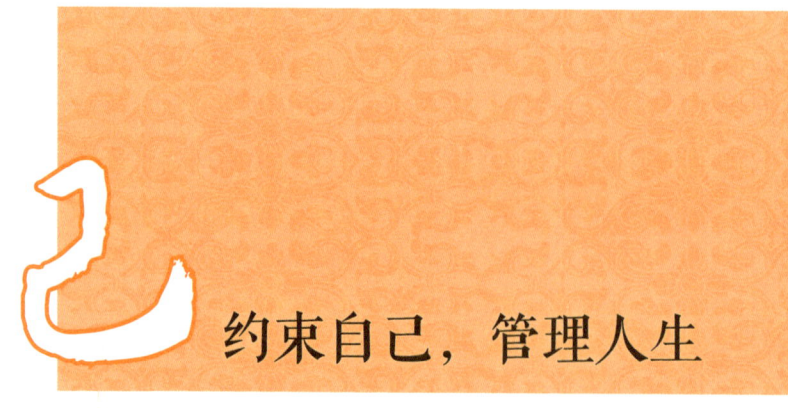

约束自己，管理人生

  有一天，一位母亲带着小儿子去拜见圣雄甘地，母亲对甘地说："我儿子非常喜欢吃糖，医生说这样对他不好，但没人能够阻止他。我儿子非常崇拜您，只有您能制止他。请帮帮忙！"甘地对这位母亲说："请你们下个月再来。"一个月后，母子俩再度来到甘地的面前。"甘地先生，请告诉我儿子不要再吃糖了。"妈妈恳求道。甘地看着小男孩说："小朋友，你不要再吃糖了。"小男孩点点头。妈妈问道："您为什么不在上个月就说这句话呢？""因为上个月我也吃糖，"甘地回答说，"我自己必须先戒掉吃糖的习惯。"

  己所不欲，勿施于人。自己不想做或者都做不到的事情，千万不要强加给他人。一个好的榜样，会给他人一种信心和鼓舞，只有自己先做好了，才会给别人一个学习的方向、一个模仿的典型。圣雄甘地就是这样一个人。

  己 象形字。甲骨文为 ， 金文为 ， 小篆为 ， 像来回交错穿插把丝缕分别编结在一起，以防其散乱所用的丝绳之形，用以表示编结、系联、约束、识别之意。《说文·己部》："己，中宫也。像万物辟藏诎形也。"意思是说，己，定位在中央，像万物因回避而收藏在土中的弯弯曲曲的形状。"己"的本义为编结、系联、约束丝缕的绳。孔子说："己所不欲，勿施于人。"即是说自己不喜欢的，就不要强加于人。《礼记·坊记》中说："君子贵人而贱己，先人而后己。"先人后己是君子的风度。"知己知彼，百战不殆。"了解自己，也了解对方，无往而不胜。"己饥己溺"是指将别人的疾苦看作自己的疾苦，并把解除这些疾苦作为自己的责任。"己"字同时也告诉我们：人是最容易迷失本性的动物，必须用丝线来约束"自己"。歌德说："谁若游戏人间，他就一事无成；谁不能主宰自己，便永远是一个奴隶。"人通过修身、修性、修心约束自己，才能超越自己、成就自己。

人性往往有高尚、高贵的一面，也有丑恶的一面，如贪婪、放纵、自私等。这些劣根性，假如没有缰绳套住它，就会像脱缰的野马一样跑出来害人害己。因此，最好的管理不是管理好别人，而是管理好自己。当你不能管理好自己的时候，便失去了管理别人的资格和能力，只有管理好自己，才能管理好别人。其实，管理自己与管理别人相比，更需要意志、毅力和良好的心态。对一个人来说，自知之明难，管理好自己更难。

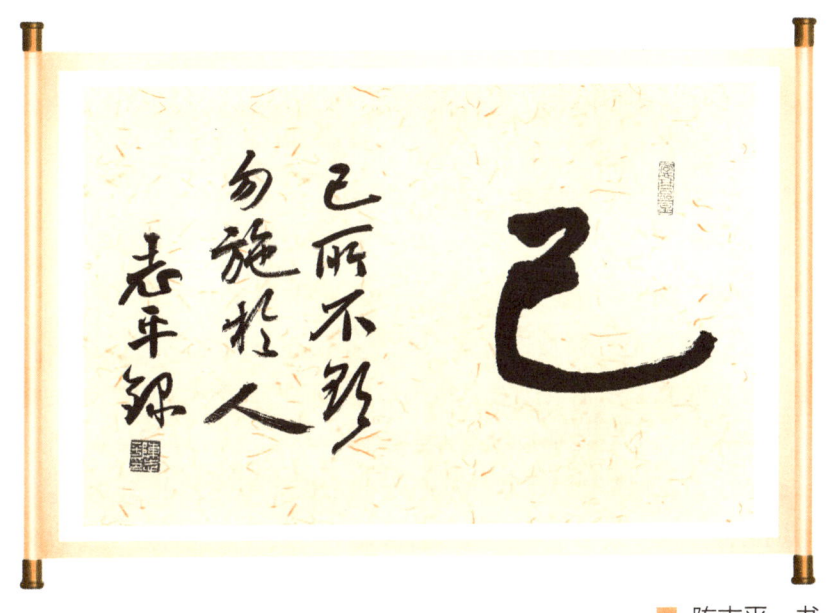

■ 陈志平　书

管理好自己，要节制欲望。

这就是说，必须管住心。俗话说："官大官小，没完没了；钱多钱少，永远烦恼。"人的欲望是没有止境的，关键是要知足常乐。有一首《知足歌》说："人生尽是福，唯人不知足；思量事累苦，闲静便是福；思量患难苦，平安便是福；思量疾厄苦，健康便是福；思量死亡苦，生存便是福；思量饥寒苦，饱暖便是福；思量挑担苦，步行便是福；思量孤独苦，有妻便是福；思量奔波苦，居家便是福；思量囚牢苦，无罪便是福；思量下愚苦，明理便是福；思量露宿苦，有屋便是福。莫谓我身不如人，不如我者尚多乎。退步思量海样宽，眼前便是许多福。"俗话说："知足者福。"其实，人应该知道，有福的人并不是拥有最多，而是需求最少。许多人所追求的东西，并不是他所需要的，家里的许多东西，在日常生活中有的用得很少，甚至有的根本就用不上。有时追求很多，各种各样的东西琳琅满目，结果却无所适从，这些身外之物往往又会成为累赘，成为负担。这就是通常所说的"为物所累"。

管理好自己，要善于控制情绪。

人是感情动物，都有喜怒哀乐，这也是人之常情，但要是失控，则伤人伤己，轻则伤害了身体，重则招来大祸。三国时期猛将张飞脾气暴躁，又喜饮酒，醉后更易发怒。刘备伐吴，张飞奉命守江州。得知结义兄长关公被东吴孙权所害，张飞令军中三日内制办白旗白甲，挂孝伐吴。次日，两员将领范疆、张达禀告伐吴难以完成，张飞大怒，让军士鞭打二人，致二人满口出血。二人回到营中商议，料想张飞性暴如火，此次恐难脱罪。当夜趁张飞喝得大醉之机，割下其首级，投奔东吴去了。盖世英雄，因暴躁得祸，死于非命，岂不慎之！当遇到发怒之事时，一思发怒有无道理，二思发怒有何后果，三思其他方式。这样，情绪就能变得冷静而稳定。

管理好自己，要增强自我克制能力。

自制力是一个人情商高低的标志。坐怀不乱是一种自制力，勇于戒掉不良的嗜好是一种自制力。张学良戒毒、邓小平晚年戒烟，都是自制力强的体现。好玩是人的天性，但不加节制则会玩物丧志。鲁迅先生之所以能取得很大的成就，正如他自己所说的，把别人喝茶、聊天的时间都用在写作上而已。人生如白驹过隙，有用的时间是很短暂的。美国《读者文摘》给人生算过账：一生以60岁为标准，共计21 900天。其中，睡眠占用20年，吃饭占用6年，娱乐玩耍占用8年，穿衣漱洗打扮占用5年，行路旅游堵车占用5年，生病3年，打电话1年，上卫生间1年……剩余的时间能用于工作学习的只有10年！其实，人生的几个阶段，青少年是学习阶段，大学毕业到退休的时间也就36~38年，在这30多年中，也有许多时间用在无用的地方，如无聊的会议、无聊的活动、无聊的应酬等。因此，要尽量地压缩这些无意义的活动，少点吃喝玩乐，把时间更多地用于学习、工作、陪伴家人，让人生的意义延长和放大。

管理好自己，关键是不能太执着于自己，也就是《金刚经》所说的"无我相"。在现实生活中我们之所以有那么多烦恼，是因为太在乎自己，只有抛弃尘世的各种欲望才能达到逍遥的境界。特别是对于功名利禄，对"己"看得太重，一定成为负累。我们所做的任何事情，只要有利于国家、民族和人民，一己之利、一己之名是无所谓的。

"己""已""巳"三个字形似，但义异。"巳"字的甲骨文、金文和篆书都像一个未成形的倒着的胎儿，表示胎儿已经成熟，将要降生，怀胎截止。其义为止。这就意味着自己做了一些过头的事,要及时停止,以免后悔已迟。"巳"的甲骨文像未成形的胎儿。其义为胎儿。求神赐子就是"祀"。巳是地支的第六位,与天干配合用以纪年、纪时,如巳时指上午九点到十一点,又指十二生肖中的蛇。

"己"加"纟"字旁,为"纪",意为自己受到了规律、法度、纪律的约束,才能定得住。"义也者,万事之纪也","纪律严明,所向克捷"。"己"字加"言"字旁,则为"记",意为自己说话,要记住、记忆,不能忘记。"己"字下面一个"心"字,则成为"忌",意为自己往往会产生妒忌之心,妒贤嫉能,是心胸不开阔的表现,自己要有自知之明,严于律己,宽以待人。"巳"字下面一个"寸",则为"导",意为凡事有分寸,才能成为高明的领导。

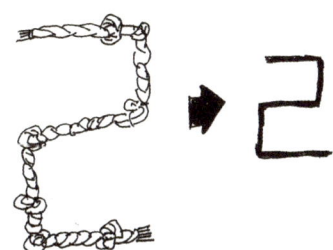

"己"是"纪"的本字。上古人们靠结绳记事。"己"的字形就像一根整齐放置的绳索。"己"的绳索本义消失后,加上表示绳索的"纟"组成现在的"纪",说明"纪"的功能如绳索,是用来束缚的。故现在有"绳之以法"之说。

 智慧树下

长发没有绳子束约,必然散乱。
人心没有理性束约,必然如脱缰的野马。
人要把自己推销给别人,首先必须把自己推销给自己。
在这世界上,许多人一心想改造世界,却鲜有人知道首先要改造自己。
管理好自己,才能管理好别人。
只有约束自己,才能成就自己。

 格言集锦

○ 毋我、毋执、毋意,才不会为"己"所累。
○ 智者一切求自己,愚者一切求他人。
○ 人的天职是什么?三个字:做自己。

自由田地，向上伸头

穆罕默德有一个名叫哈利的门徒，有一次哈利问穆罕默德："一个人能不能依他的所想而做呢？如果可以，那么，教他不偷窃、不欺骗就等于没有用且愚蠢。如果每一件事情都是注定的，骗子依然是骗子，小偷依然是小偷，谋杀者依然是谋杀者，那么所有的教育都是徒劳无功，所有的先知、圣贤、导师都是徒劳无用。"穆罕默德说："你先抬一只脚。"哈利抬起他的左脚，用右脚站在那里。穆罕默德又说："现在把右脚也抬起来。"哈利很伤脑筋，问："这怎么可能。"穆罕默德于是说："如果一开始你想抬起右脚的话，你就能够抬起右脚，但是现在不行了。一个人总是能够自由地抬起他的第一只脚——随他所欲——但是，当第一只脚被抬起之后，另一只脚被固定在地上了。"穆罕默德对哈利说，他有绝对的自由决定先抬左脚还是右脚。但是当他使用了这个自由而抬起左脚，他就不能抬起另一只脚。自由有其一定的限制，但如果排除了这些限制，自由又不可能存在。这说明，自由和约束是相对的。

象形字。甲骨文 像器皿上方有一颗液滴，表示注油。造字本义：将油液滴入小口器皿。金文将甲骨文的液滴写成实心点。《广韵》：由，从也。即：由，表示起始。《集韵·尤韵》："由，因也。"即由，是缘由。由，表示凭借、原因、遵从等。常见的成语有："言不由衷"，指心口不一致；"自由自在"，形容没有约束，十分安闲随意；"为仁由己"，指实行仁德完全在于自己；"咎由自取"，指自作自受；"信马由缰"，比喻随便走走，也比喻无主见，随外力而转移；"由博返约"，指博学以获得较多具体知识，返约在具体的事物分析基础上进行综合、归纳，形成基本的原理、原则、观

关于社会　自由　平等　公正　法治

点;"不由自主",指由不得自己,控制不住自己;"其道无由",指找不到门径,无法办到;"俯仰由人",比喻一切受人支配;"起根发由",比喻指出事物的根源。"由"字告诉我们自由的价值、内涵和实现自由的途径。

自由是每一个人心中的福田。由字有一个田。

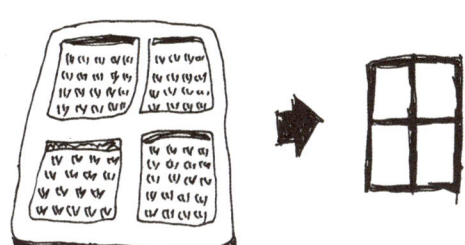

"田",象形字,像一块块的田地。甲骨文字形中的田块多少不等,有多达十二块的;金文以后简化为四块。"田"又有"打猎"义,这个意义后来多写作"畋"。

农耕年代,有一口田意味着生存没有问题。田,不但是生活的期盼,其实也是人心灵的期盼。自由是一种免于恐惧、免于奴役,免于伤害,实现自我价值的状态,是人类所追求幸福的目标之一。匈牙利诗人裴多菲写过这样的诗句:"生命诚可贵,爱情价更高;若为自由故,二者皆可抛。"在他看来自由比生命、爱情更为可贵。马克思给我们描述共产主义社会的状态时,把"实现人的自由,全面发展"作为重要的特征。对个人来说,自由也有至高无上的价值。自由的意义,在于其人格的独立和思想的自在。那些因犯法而坐牢的人,在大牢里往往是度日如年。对于一个失去自由的人来说,即使每天吃的是山珍海味,也不会感到幸福。伊朗有一句谚语:"自由的乞丐,比囚禁的国王幸福。"身在自由中的人,往往不会觉得自由是多么宝贵,只有一旦失去了才会体会到自由如同空气一样不可或缺。著名学者陈寅恪曾提出"独立之精神,自由之思想"的名句,并身体力行,正因为他秉承了学术自由的思想,才写下了闪烁思想光芒的著作。

自由是自在、快乐地自然生长。

由,字形如嫩芽出土,自然地成长。"由"与游谐音,意为自由地游动。这种成长没有压制,顺乎天性,不但大自然是这样,人的成长也是这样。在自然界中,各种生物相克相生,互相依托,谁要是破坏了这种平衡,就会带来灭顶之灾。在美国,可以看到树木花草自由生长,人和动物和谐相处的景象,然而,让人不解的是,那些杂草随意生长,往年的枯叶留在青草中间;而那些枯树,有的横七竖八地倒在林中,有的枯树与活树比肩而立。住在林中的美国人,在野外烧烤时，宁肯开车到商店花十几美元买一小捆劈柴也不走两步到林中顺手牵羊地捡些干树枝来代用。这是为什么呢？一位生物教师说："上世纪末，加州曾发生过一次森林火灾。有人分析，此次火灾是由于森林中的枯枝、荒草助燃而造成的。于是，政府出资组织人力对其他森林中的枯树、荒草进行清理，以杜绝火灾隐患。后来几年，虽然没有发生大的火灾，但有一种由云杉卷叶虫引起的严重的大面积虫害，其后果远远大于森林火灾所造成的损失。美国农业部的专家调查发现，造成虫害的因素居然在于人们将森林中的枯枝、败叶清除后所致。森林虫害的程度与林中鸟儿和蚂蚁的数量成反比。因为，枯树会形成一个个空洞，让鸟儿、蚂蚁安家，而它们的存在又极大地遏制了害虫的繁衍。至于枯树、败叶涵养水分、营养树木花草的功能，那就不言而喻了！"事实证明，自然界的一草一木，都有其存在的价值和合理性。人类应该做的，就是尊重自然，保护环境，给动物、植物充分的生存自由与生存权利。

人的成长也同样需要自由的空间。只有自由的空间，才能发挥其创造力。改革开放的历程，实际是打破禁锢，不断地拓展人的自由空间的过程。如给人自由

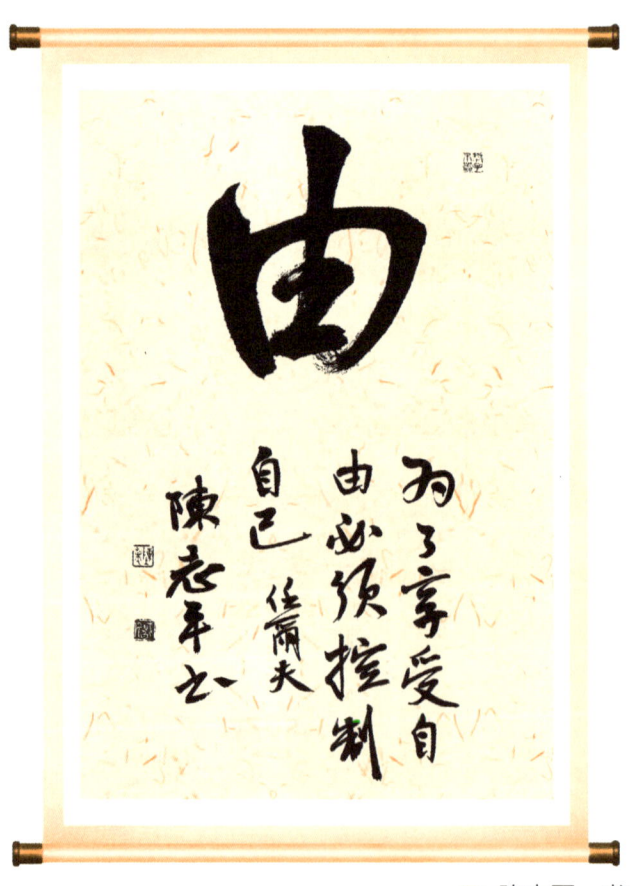

■ 陈志平　书

择业、自由迁徙，从而释放出巨大的创造力。对孩子的教育，也应该从"圈养"变为"放养"，放逐孩子的天性。鲁迅先生在《朝花夕拾·小引》上写道："我有一时，曾经屡次忆起儿时在故乡所吃的蔬果：菱角、罗汉豆、茭白、香瓜。凡这些，都是极其鲜美可口的，都曾是使我思乡的蛊惑。后来，我在久别之后尝到了，也不过如此；唯独在记忆上，还有旧日的意味留存。他们也许要哄骗我一生，使我时时反顾。"这段文字吐露的是怀旧情结，但也从一个侧面折射了其孩提时曾经有过的"放养"自由。60多年前，教育家陶行知先生就说过："我们要解放小孩子的空间，让他们去接触大自然中的花草、树木、青山、绿水、日月、星辰以及大社会中的名士，三教九流，自由地对宇宙发问，与万物为友，并且向中外古今三百六十行学习。" 如今，家长都怕孩子输在起跑线上，孩子都是被"圈养"而失去应有的天性。给孩子"松绑"，让孩子享受"放养"之趣，应该成为家庭、学校和社会的共同责任。

自由需要理性的约束，要建立在自制和守法的基础上。

由字是田字出点头。这意味着自由是有条件的，自由是以不影响他人的自由为前提。自由并不是为所欲为。卢梭说："人生而自由，却无往不在枷锁之中。"美国诗人金斯伯格说："自由只存在于束缚之中，没有堤岸，哪来江河？"罗曼·罗兰说："一个人的绝对自由是疯狂的，一个国家的绝对自由是混乱的。"风筝和人手里的线也是自由与约束辩证关系的体现，风筝能不能飞起来，能飞多高，取决于手里的线有多长，如果它完全脱离了与风筝线的依存关系，结果就是毁灭；反之，人如果把线拉得很紧，只收不放，只紧不松，风筝也飞不起来。有水就有岸，岸规范着水的自在流淌，也避免了水的泛滥成灾；水需要岸的合理疏导，也能越过不合理的围困。推及社会，自由，一定要在约束下，在法律允许的范围内做自己喜欢做的事情，这才能实现真正的自由。

"由"字加三点水为"油"，这是润滑的液体，它告诉我们有油水的地方常常是最滑的地方，油水越多越滑。"由"字倒过来为"甲"，由伸头缩尾，甲则伸尾缩头，伸头缩尾是为了成长的原因，伸尾缩头是谦虚上进，才能独占第一。

字谜廊

后轴犹存前轴断。

谜底：由

 说核心价值观

 智慧树下

由

杨 克

由是田地里长出的
一颗嫩芽，
而且生在正中，
生得笔直，
说明正义和自由
互为表里，
一旦分割，
两者都会失去。
田也像是口中的十字架，
而人类真正的自由，
则是来自田的秩序，
秩序是自由的前提。

 格言集锦

○ 自由之于人类，就像亮光之于眼睛，空气之于肺腑，爱情之于心灵。（英格索尔）

○ 天下无纯粹之自由，亦无纯粹之不自由。（章炳麟）

○ 要解放孩子的头脑、双手、脚、空间、时间，使他们充分得到自由的生活，从自由的生活中得到真正的教育。（陶行知）

○ 为了享有自由，我们必须控制自己。（任尔夫）

○ 自由不在于幻想中摆脱自然规律而独立，而在于认识这些规律，从而能够有计划地使自然规律为一定的目的服务。（恩格斯）

○ 自由是做法律所许可的一切事情的权利。（孟德斯鸠）

○ 自由是对必然的认识。（黑格尔）

关于社会 自由 平等 公正 法治

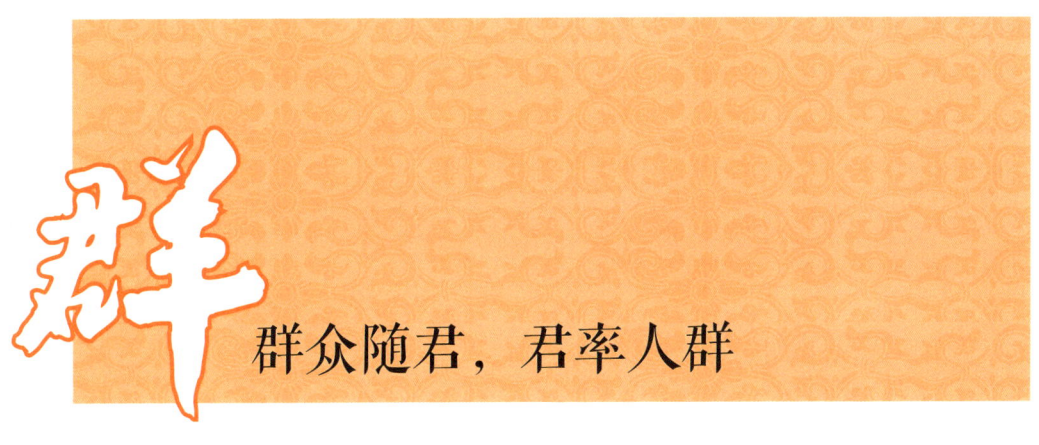

群众随君，君率人群

有一个字谜，"未敢与君相偎傍"，谜底是一个"群"字。"群"左为"君"，即君王；右为"羊"，即绵羊。"群"不过是君王身边的一群任其驱赶、任其宰割的绵羊而已。在封建社会，即使贵为皇亲国戚，也不能摆脱"君叫臣死，臣不得不死"的悲惨处境。被我们称为"天子"的皇帝，就是这样俯视他的草民的。俗话说，伴君如伴虎，羊伴着君，也不正是羊入虎口吗？所以说，"未敢与君相偎傍"。

群 形声字。甲骨文 ，，表示众多羊只；从即"攴"，是鞭策、驱赶。 为"口"，表示吆喝，其意思是牧羊者吆喝着将四处散落的羊只驱赶到一起。金文 将甲骨文的 写成"君" ，"君"既是形旁也是声旁，表示主宰、统治。造字本义：牧羊者吆喝驱赶，将羊聚集在一起。篆文 承续金文字形。《说文·羊部》："群，辈也。"群，是三个以上的兽畜相聚而成的集体。《国语·周语上》："兽三为群，人三为众。""物以类聚，人以群分"，是一个常用的典故。战国时期，齐宣王要辩士淳于髡推荐贤士，他一天就推荐七个，宣王感到惊讶，问是不是滥竽充数。淳于髡说："鸟有鸟类，兽有兽类。只能到山上才能采到柴胡，这就是物各有类，我经常与贤人打交道，因此可以为您推荐更多的贤人。"人以群分是指人按照其品行、爱好而形成团体，因而能相互区别。指好人总跟好人结成朋友，坏人总跟坏人聚在一起。"群"字的成语有"群而不党"，谓结群相处，而不结党营私；"群居和一"，指和谐相处，协调一致；"群居穴处"，比喻粗野无知，见闻不广。"群居终日，言不及义"指整天相处，所言均非正道；"群龙无首"，比喻人多而没有领头的人；"群轻折轴"，比喻问题太多了，也会造成大的灾祸；"群贤毕至"，谓贤能者齐集，济济一堂；"群蚁溃堤"，指细小的蚁洞可以溃决堤防。"群"字，辩证地阐述了群体力量形成的要素、组合，揭示了领袖与群众的关系，给我们以深刻的启示。

君羊结合，形成合力。

"群"从"君"，从"羊"。"君"，是领袖，是杰出人才。"羊"，是普通群众。《圣经》说，人是上帝的羊；君，是人群中品德高尚的君子。在人群中，有人才，也有庸才。一个团队要发挥作用，就要优化组合。古时候，有一位王侯决定做一辆豪华的马车。他嫌现有的马匹不够强壮，于是买了四匹千里马。为了炫耀自己的财富，第二天，他在城郭向世人展示了他那完美配置的马车。马车开始奔跑起来，马越跑越快，但每匹马都习惯性地向各自家乡的方向跑去。最后，豪华的马车在一片尘嚣中被摔得粉碎，车上的王侯也一命呜呼。马是好马，车也是好车，但由于他们都很强，不相上下，各跑各地，没有很好的配合，结果等于零。阿里巴巴创始人马云曾说："当你的团队中有一个傻瓜时，很傻的，你会很痛苦；你的团队中有50个傻瓜时是最幸福的，吃饭、睡觉、上厕所排着队去；你的团队中有一个聪明人最带劲，有50个聪明人实际上是最痛苦的，谁都不服谁。"因此，要发挥群体的力量，必须有多层次的人，既要有领军人物，也要有普通群众。不但要有一个合理的人才结构，还要上下同心，互相配合，才能发挥整体的效益。

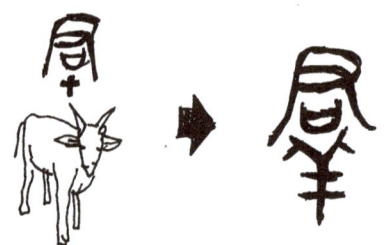

金文的"群"，上方为"君"，表示主宰、统治。本义为牧羊者吆喝、驱赶，将羊只聚集在一起。

以君为首，群策群力。

羊是喜欢群居的动物，一个羊群里，一般都有一只领头羊。在动物界，有一个现象叫"羊群效应"：羊群中有一只领头羊，当领头羊朝一个方向运动时，羊群就朝这个方向运动；当领头羊停下来时，羊群也就停下来，领头羊成了羊群的示范。羊群在领头羊之后，是充满信任地、心甘情愿地跟着它向前走。领头羊身先士卒，路上有陷阱，它会第一个掉下去，前面有岔路，它会凭经验作选择，领头羊的诞生，是羊群优胜劣汰、自我竞争脱颖而出的，因而具有天然的崇高威望，是"权"和"威"二者自然合一的。在人类社会的发展进程中，领袖人物往

关于社会 自由 平等 公正 法治

往往起着关键的作用。"英雄造时势,时势出英雄。"一个国家、一个团队都是如此。秦始皇、孙中山和毛泽东作为杰出人物,他们结束了旧的历史,开创了新的纪元,具有划时代的作用。秦始皇远攻近交、纵横六国,统一天下,结束了春秋战国五百年的割据分裂,实现了中华民族历史上首次大一统,建立了封建主义政权。1911年,革命先行者孙中山先生领导资产阶级革命志士推翻清廷统治。他倡导"三民主义",建立亚洲第一个共和政体,结束了世袭制的封建王朝制度。民族主义、民权主义、民主主义深入人心,中国人民几千年的苦难拨云见日,曙光初现。三十多年后,以毛泽东为首的中国共产党人,经过28年的浴血奋战,结束了半封建半殖民地的社会,开启了中国历史的新纪元,中国人民从此站起来了!在国内现代百强企业中,企业的领军人物也起着至关重要的灵魂作用。销售员出身的董明珠,1990年加入格力电器,凭借个人的魅力和坚持不懈的品质,在企业发展初期,一个人的销售业绩占据公司总量的1/8。面对家电市场激烈的竞争格局,董明珠始终吃苦耐劳、独立、不服输带领员工寻找突破,努力掌握核心技术,格力电器从1995年至2005年,连续11年空调产销量、销售收入、市场占有率均居全国首位。

以众为基,君羊一体。

群中的"羊",卑微而友善,万万千千,众煦飘山,聚蚊成雷;群中的"君",位尊而明治,虽一己之力,但高瞻远瞩、出类拔萃。君羊一体,群策群力,摧枯拉朽,天下可得。不过,古人云:"水能载舟,也能覆舟。"古代的帝王把群众当作温顺的羔羊,任意宰割。结果,官逼民反,群起而攻之,国家惨遭覆灭。秦始皇统一六国,功高盖世,但他横征暴敛,残忍无道,各地群众揭竿而起,君羊分裂,秦至二世而亡。当今,"君"已不再高高在上,正如"群"字一样,平起平坐,和谐相伴。"君"来自于"羊",得"羊"举荐,为"羊"服务,受"羊"监督;"君"虽然是领导,但与"羊"利益一致,"君"更要把群众的利益放到首位,廉洁自律、克己奉公,为"群"谋取更多更大的利益。

字谜廊　猴头称王。

谜底:群

121

 智慧树下

君群一体，力量无穷。
群羊随君，君率人群。
以君为首，率先示范；以众为基，群策群力。
滴水入海不干涸，羊群出圈看头羊。

格言集锦

人怕信心齐，虎怕成群体。
只有在人群中间，才能认识自己。（德国谚语）
最快的马也追不上春风，最能干的英雄也离不开群众。（傣族）
宝石在石堆里，智慧在群众中。（柯尔克孜族）
人群里有聪明人，高山里有金和银。
孤树不成林，孤雁不成群。

关于社会　自由　平等　公正　法治

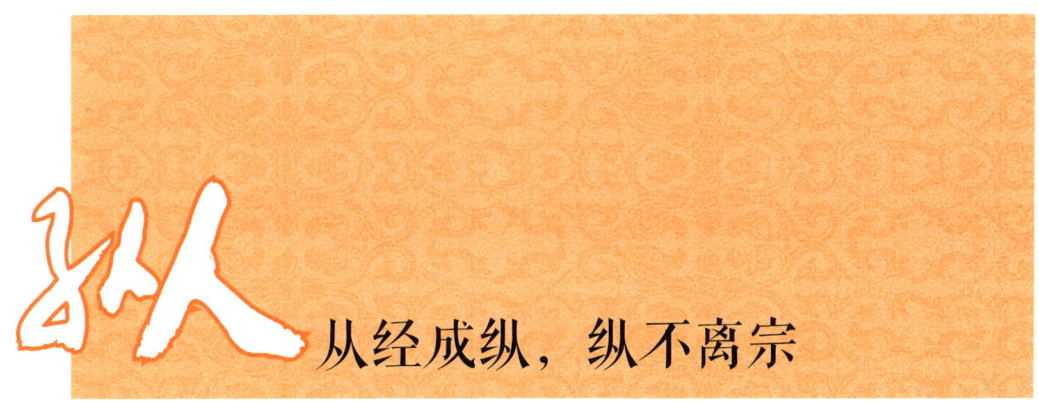

从经成纵，纵不离宗

战国时期，"合纵"与"连横"两种策略争斗激烈。战国七雄中，秦国仗着强盛不断发兵进攻邻国，占领不少地方。其他六国都很害怕，想方设法去对付它。当时有一个人叫苏秦，他提出"合纵"抗秦，意思是六国联合起来共同抗秦。因为六国位置是纵贯南北，南北为纵，所以称为"合纵"。公元前334年，他到六国去游说，宣传"合纵"的主张，结果他成功了。第二年，六国诸侯订立了合纵的联盟。苏秦挂了六国的相印，成了显赫的人物。可是，"合纵"很快就被苏秦的同学张仪的"连横"破坏了，苏秦也被刺客刺死。

纵　形声字。纵，籀文 𥾆，糹 为绳索，从 为听任。造字本义：解开绳索，听任被俘者逃跑。篆文 縱 以"從" 從 代替籀文的"从" 从。俗体楷书 纵 将正体楷书 縱 的 從 简化成 从。《说文解字》："纵，缓也。一曰舍也。从糹，从声。"从里收为紧，往外放为纵。如纵虎归山，欲擒故纵。三国时，诸葛亮南征孟获，曾七擒七纵，收服了孟获。"纵"还有放任的意思，如意奋而笔纵，纵目远望。"纵"还指纵向，直的、竖的，如纵队等。"纵"的成语也挺多，如"操纵自如"，指掌握运用或驾驭得得心应手，毫无阻碍；"放歌纵酒"，形容开怀畅饮尽兴欢乐；"放纵驰荡"，形容不求进步，到处游荡。"纵虎归山"，比喻把坏人放回老巢，留下祸根；"捭阖纵横"，以辞令探测、打动别人，在政治和外交上运用分化与争取的手段；"纵横驰骋"，形容英勇战斗，所向无敌。也比喻写作上才思奔放，意到笔随；"百纵千随"，形容一切都顺从别人；"侈纵偷苟"，指奢侈放纵，苟且偷生；"放纵不羁"，谓恣意行事，不受约束；"极情纵欲"，竭力满足自己的情感和贪欲不加节制；"纵风止燎"，比喻本欲

123

消弭其事,却反而助长其声势。纵,告诉我们一些为人处世的道理。

纵是随心所欲不逾矩。

纵字,有一个"从"字,这是从心,从人的本性,跟从潮流。孔子对自己的一生做了一个总结和评价,他说:"吾十有五而志于学,三十而立,四十而不惑,五十而知天命,六十而耳顺,七十而从心所欲不逾矩。"这是说七十而顺天命,但又不违反规矩。适度的放任有利于激发一个人的潜能和创造性,有许多发明创造都是"异想天开"想出来的。自由的思考是创造的源泉。放飞思考,放飞心灵,可以打破思考的禁锢,释放出创造力来。一个人要有建树,有所创造,就必须没有过多的条条框框,放任想象的翅膀。一个企业要获得发展,更要让员工有放任、宽松的环境。

2005年8月,中国一批国有企业的高层主管来到哈佛商学院,接受为期3个月的培训。根据哈佛最著名的案例教学法,他们拿到的是一份具有测试性质的案例。

请根据下面三家公司的管理现状,判断它们的前途。公司A:8点钟上班,实行打卡制,迟到或早退一分钟扣50元;统一着装,必须佩戴胸卡;每年有组织地搞一次旅游、两次聚会、三次联欢、四次体育比赛,每个员工每年要提4项合理化建议。公司B:9点钟上班,但不考勤。每人一个办公室,每个办公室可以根据个人的爱好进行布置;走廊的白墙上,信手涂鸦不会有人制止;饮料和水果免费敞开供应,上班时间可以去理发、游泳。公司C:想什么时候来就什么时候来,没有专门的制服,爱穿什么就穿什么,把自家的狗和孩子带到办公室也可以,上班时间去度假也不扣工资。

教授发完答题卡后说,请根据各自的管理经验作出判断。96%的人认为第一家公司会有更好的前景。随后,教授宣布了三家公司的真实身份。公司A:广东金正电子有限公司。1997年成立,是一家集科研、制造为一体的多元化高科技企业。2005年7月,因管理不善,申请破产,生存期9年。公司B:微软公司。1975年创立,现为全球最大的软件公司和美国最有价值的企业,股票市值2883亿美元。公司C:Google公司。1998年由斯坦福大学的两名学生创立,目前每股股价402美元,上市一年翻了3倍,超越全球媒体巨人时代华纳,直逼百年老牌可口可乐,也是唯一一家能从微软帝国挖走人才的公司。

这个例子说明一个道理:在知识经济时代,财富不过是在自由价值观普及的社会里,无数个人自由活动的副产品。在个人自由得到最大保障的社会,创新思维和产品会被不断推出,财富作为副产品就会像火山爆发般喷涌出来。管理可以聚拢现有的智慧和力量，可以创造一时的强盛，但会使智慧之源枯竭，为强盛的土崩瓦解埋下伏笔，而且无一例外地都走向衰亡。只瞩目科技与财富的繁华，却忽略了它们赖以生长的自由土壤，这是其他文化模仿西方文化时屡败屡犯的通病。

纵是行不离经，纵不离宗。

纵是纺织中的竖向直线，有经才有纬，经纬相交，织成一匹布。一个地球有经度，也有纬度，经纬度可以给我们定位。我们的思考，行为可以适度放任、放纵，但不能离"经"，也即万变不离其宗。如我们对传统项目加以改造，将新因素融进去，这是可以的。但如果离开了这条"经"，就会面目全非，不伦不类，甚至离经叛道。车轮只有围绕轴心运转，才能走得动，走得远。汽车也只有在马路上开，才能走得好。作为一代少帅，张学良少时胸无城府、冲动妄为，甚至风流成性，但他始终保持爱国的情怀不变。他本可以做东北王，东北有独立的本钱，他却没有选择独立。在民族危亡的紧急关头，张学良联合杨虎城以爱国的赤诚之心，秉持抗日救亡的民族大义，毅然发动西安事变，为结束10年内战、促成第二次国共合作、实现全民族抗战做出了历史性的贡献。同时代的汪精卫却离经叛道，卖国求荣，恬不知耻。汪精卫早年投身革命，在民主革命的初期是有功绩的。抗日战争期间，他投靠日本，在南京成立伪国民政府，沦为汉奸。汪精卫及其南京国民政府对日本在华的侵略活动起了积极的配合作用。从人人仰慕的革命者，到人人唾弃的卖国贼，其人生经历令人长叹。

纵要有适度的约束。

纵有一个"糸"字，"糸"是细丝，这表明对人的行为必须加以约束，这有如放风筝，不管风筝有多高，始终不能离开线。这条线抓得太紧，风筝升不高，没有这条线，风筝会飘得无影无踪。因此，人的行为要有自由的天地，但不能没有法律、纪律和制度的约束。这是外部的约束，当然也包括自我的约束。做一个有自我约束能力的人是指自我约束习惯无所不在。人人都能偶尔表现出自我约束能力，但是要一贯取得成功，就要坚持不懈。每一个人必须具有自我约束的能力，不让别人用次要的计划或无关的事情拉你离开"轨道"。我们必须有自我约束能力，保持头脑不受种种杂念的干扰，不去做无益的事。我们必须养成一种把那些对创造性过程没有好处的东西全部阻挡在外的习惯。自我约束，专心致志，是通向成功的必经之路。

纵既要舒展，又要知止。

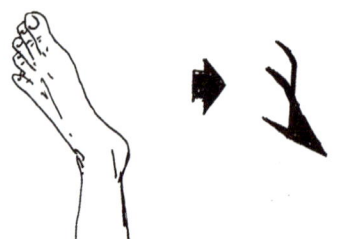

"止"是"趾"的本字，就是"脚"的意思。如《汉书》："斩左止。"

繁体的"縱"，"糹"为行为、行动，"止"就是停止、放下。"止"是一个象形字，本义也就是脚，是"趾"的本义。后来，古人在左边加上表示"脚"的"足"字指代脚趾，而"止"用作动作，意为停住不动，如止步不前。懂得在应该停止的时候停止，是一种大智慧。其次，"纵"的本义就是听任被俘被捕者逃跑，然而这"被俘者"是个未知的事物，或许就是自己。自己被自己俘虏，也就是画地为牢，背负太多，在意的东西太多：事业、金钱、面子、尊严等。偶尔放纵自己，把那些外在的东西放下，会发现生活的美好。正如我们去旅游时穿过山洞时该低头就低头，该弯腰就弯腰，低头更好走路，弯下腰来避免磕碰，走得过去又一胜境，这是为人处世的一种智慧，也是一种积极向上的人生态度和境界。

"纵"和"怂"，形近义也近。"纵"字有"从"，固有听任、放任之义。由"纵"联想到"怂"，去掉绳索"糹"，立于"心"田之上，表示听从、跟随心底的声音，"从""心"出发，在这一层意义上来看，"怂"可以引申出"鼓励"，人有时候应该怂恿自己，鼓励自己追求内心真正想要的，勇敢追求梦想的人生才有意义。"纵"和"丛"均有"从"，"从"由两个"人"组成"人之林"，表示人数众多。由"纵"联想到"丛"，去掉绳索"糹"，在"人林"下加上"一"，仿佛人民群众脱离了旧制度的枷锁，站在了平等自由的同一水平线上；又让大众站在同一处，跟随一个目标，听从一个号召，心往一处去，力往一处使，便能成大气候，说明众人拾柴火焰高，团结就是力量。

字谜廊

从来绝色知难得。

谜底：纵

关于社会　自由　平等　公正　法治

 智慧树下

纵

杨 克

纵是1，横也是一，
纵是升华，横是延伸，
纵横交错，
才能织成一匹布。
纵酒放歌
捭阖纵横。
纵使取得
史诗般的胜利，
也要有适度的约束，
所以纵以"糸"提醒，
这有如放风筝，
不管风筝飞得多高，
始终不能离开线。

 格言集锦

◎ 由别人决定命运的人，心情永不会欢畅。（维吾尔族）
◎ 放纵自己的欲望是最大的祸患；谈论他人的隐私是最大的罪行；不知自己过失是最大的病痛。（亚里士多德）
◎ 人情得足，苦于放纵，快须臾之欲，忘慎罚之义。（范晔）
◎ 纵欲就像服了慢性毒药而造成的毫无痛苦的死亡。（泰戈尔）

多占为私，分享为宜

提到"多"字，我们会联想到一个典故："韩信点兵，多多益善。"

韩信是历史上著名的军事将领，他立下了不少战功，如明修栈道、暗度陈仓、背水一战、十面埋伏等。但他居功骄狂，不把别人放在眼里，对皇帝刘邦也时有抱怨。有一天，刘邦和韩信闲谈将领才能的高下。刘邦问："我虽然当了皇帝，可从来没做过大将。你看，我要是当将军的话，凭我的能力能指挥多少人呢？"韩信回答："陛下最多也就只能指挥10万人马。""那你呢？""我嘛，"韩信骄傲地挺了挺腰板："当然是越多越好了，多少人马都没有问题。"刘邦故作轻松地说："既然你这么有本事，为什么被没本事的我给抓住了呢？"韩信知道自己说错了话，忙掩饰说："陛下虽然不善于带兵，但善于用将。"刘邦当时哈哈一笑，但内心深处对韩信的戒心又深了一层。不久以后，韩信终被刘邦所杀。

多 会意字。甲骨文为 ⿰， ⿰ 是肉块，造字本义：一人独占双份、多份肉食。金文 多、篆文 多 承续甲骨文字形。有的金文 多 写成左右结构。平分肉食为"宜"；独享双份肉食为"多"；堆积大量肉食为"叠"。《说文·夕部》："多，重也。从重夕。夕者，相绎也，故为多。重夕为多，重日为叠。凡多之属皆从多。"多的本义为多出，如"多货则伤于德"。后延伸为超过、剩余，数量大等义，如"多钱善贾"指本钱多，生意就好做，比喻条件充分，事情好办；"多才多艺"指具有多方面的才能和技艺；"多藏厚亡"谓聚财过多，反而会招致更大损失；"多愁善感"形容人感情脆弱，容易忧愁或伤感；"多此一举"指做不必要、多余的事；"多端寡要"形容人优柔寡断；"多难兴邦"指多

关于社会　自由　平等　公正　法治

金文　　　　　　篆书

灾多难的局面，有时反而可以激发人民发愤图强，使国家兴盛起来。"多"为数量大，与"少、寡"相对，经常与"够"字相连。"够多"是因为多了，才够。已经够了，再多，则会成为负担。正如水杯的水已经满了，还继续加水，自然是大大地够了，多了。多字，包含着丰富的人生哲理，值得我们细细品味。

第一，多占为私，分享为宜。

多字的甲骨文是重叠放在一起的两块肉。古代先民以渔猎为生，所获猎物按人头均分。一个人独占双份，这就意味着多占，是一种自私的行为。如果有多余的肉食，拿出来与人分享，这就是一种符合时宜的举动。这个字揭示了"独乐乐不如众乐乐"的道理。幸福不是获得的多，而是因为计较的少。人生就是一个与他人"比较"与"计较"的执念斗争的过程。当我们放下了"比较"与"计较"时，人生包袱就会顷刻间变轻，人生的旅行也会更加快乐。高尔基说过这样一句话："给，总比拿要愉快！"意思是说：一个人为别人付出，一定比得到了什么更开心，更快乐。分享是一种美德，更是一种快乐。你与别人分享，别人也会与你分享；你为别人付出，别人也会为你付出。

有这样的一个故事：犹太教义规定，信徒在安息日必须休息，什么事都不能做。但有一个酷爱打高尔夫的人却忍不住，偷偷溜进了球场打球。球场上空无一人，他开心地打球。当他打第二个洞的时候，被天使发现了，天使告到上帝那里，上帝说，我们好好惩罚他。从第三个洞开始，他打出完美的成绩，几乎都是一杆进洞。到达第七洞时，天使找到上帝："上帝呀，不是要惩罚他吗？为什么让他杆杆进洞啊？"上帝说："我已经惩罚他了。"当他打完第九个洞时，越来越闷闷不乐，因为这么惊人的成绩，兴奋的心情，旁边无人欣赏，也没法诉说，最终他没有感到一丝快乐。一份快乐，两人分享，便成了双倍的快乐。一份痛苦，两人分担，便成了半份。其实，每个人家里都有许多多余的东西，并没有多大的用处，每一个人对这些东西都是暂时的拥有者。但假如把这些东西送给那些需要者，就可以让一批人受益。一个人乐于把金钱、财物、情感、荣誉、美食、新奇事物、资讯等与亲人、朋友、同事分享，不但自己快乐，也给他人带来快乐，这是一种美妙的事情。

第二，夕夕相连，多元互补。

多，为重夕，一夕一夕相连。"夕"，音通"息"。我们过日子，迎来一个夕阳，又送走一个夕阳。夕夕相连，构成了我们的岁月和年华。我们生活在一个社会、一个团队里，不但夕夕相连，而且息息相关。俗话说人多力量大，但"三个和尚没水吃"的故事也并不少见。如何让人多、多方力量优势互补产生合力，是一门学问。随着互联网技术的发展和全球化进程的推进，世界变得扁平化，多元文化使得新一代的地球人必须学会互相尊重，求同存异，分工合作，才能共赢未来。有人曾设计了一个实验：他把实验参与者分一人组、二人组、三人组和八人组，要求他们用尽全力拉绳，同时用灵敏的测力器来测量拉绳时的力量。假定参与者一起拉绳，或者单独拉绳时所发出的力量是相同的，那么一起拉绳的合力应是他们单独拉绳力量的总和。但结果却是：二人组的拉力只是个人单独拉绳时合力的95%；三人组的拉力只是单独拉绳时合力的85%；而八人组却只剩下了49%。为什么会有这样的情况呢？社会心理学的研究提供了一种解释——压力分担。当一个人独自面对工作时，产生的所有压力由这一个个体独自承担，这就要求他尽全力来应对；而当有两个以上的人共同面对时，任务的压力便由更多的个体来承担，每个个体分配的压力必然减少了。压力的减少导致了个体投入的降低。处于合作中的人常常会不尽全力。解决这种情况的方法至少有两个：其一是分工明确，避免责任分担；其二是采取强化方法，对团队采取共同奖励或者共同惩罚。维勒和李比希都是19世纪德国杰出化学家。他们两人的性格迥异，李比希激烈、爽朗、风风火火，像一团烈火；维勒平和、沉稳、文文静静，像一盆冷水。但两个感情很好，亲密无间。他们密切配合，致力于科学研究，共同对无机化学、有机化学作出了贡献，同是有机化学的创始者。李比希在自传中写道："我

> **字谜廊**
> 一夜又一夜。
>
> 谜底：多

的最好运气，就是有位志同道合的朋友。多年来我和这位朋友真诚合作，毫无隔阂……手携手地向前，这一位行动时，那一位已经准备好。"两人的真诚合作，创造出科学研究上的辉煌。

第三，多彩斑斓，多样丰富。

多字，有两个夕字，夕阳是落日的余晖。色彩绚丽，正如太阳每天都是新的一样，夕阳每天也不一样，夕阳的余晖很好看是因为七彩俱全，绚丽多彩。从这种自然现象看，多提示我们多样才能使自然和谐，才能使社会丰富。"文革"时期，八亿人看八个"样板戏"，结果带来了文艺的凋零。随着工业化进程的发展，自然界物种多样性受到了威胁，每年自然界以5％速度递减，这表明生态在恶化。在文化领域，文化的多样性同样面临着严峻的问题。联合国教科文组织的统计显示：全世界现有的6000多种语言中，有96％的语言目前只被4％的人使用，而且只有不到20％的语言在学校和互联网上使用，世界上80％的网页是英语网页，数以千计的语言基本上进不了教育体系、新闻媒体、出版物和公共场所，尤其是没有文字的土著语言，消失危险更为突出。平均每两周就有一种语言消失。专家估计，到本世纪末，世界上50％~90％的语言将会消亡濒危，语言消亡的速度比濒危动物消亡的速度还要快。近年来，中国在保护少数民族语言方面做了大量工作，如使用各少数民族语言文字开设各学科专业、运用科学方法保护少数民族语言文字、开通少数民族语言知识产权服务平台等，通过保护少数民族语言使其所承载的文化得到尊重并得以流传。

凡以多取义的字，皆与肉、众多有关。如"夥"，是肉做的夥肉。"侈"，是奢华，奢侈。

"多"字原是并放着两块肉的样子（不是小篆到楷书由两个"夕"构成）。

 说核心价值观

 智慧树下

○ 夕夕相连，光阴似箭，谁言青春常在，只怕流年虚度。
多占为私，分享为宜，谁言获得可喜，岂知施与是福。
多彩斑斓，多元互补，世界的美丽，我们目睹。

 格言集锦

○ 贫穷只需要一点东西，奢侈却需要许多东西，而贪婪则需要所有的东西。
○ 轻霜冻死单根草，狂风难毁万木林。
○ 千金之裘，非一狐之腋；庙廊之材，非一木之枝。

平等指的是公民在法律面前的一律平等，其价值取向是不断实现实质平等。它要求尊重和保障人权，人人依法享有平等参与、平等发展的权利。

平 等

抱朴守一，天下归仁

"一"字笔画最少，但经诗人巧妙安排，妙味横生。唐朝王建的《古谣》："一东一西垄头水，一聚一散天边路。一来一去道上客，一颠一倒池中树。"东与西、聚与散、来与去、颠与倒，概念上截然不同的几个词语，作者通过八个"一"字，把它们巧妙地放在一起，得到矛盾的统一，使诗的形象突出，增添新意。清代学者纪晓岚也写过一首诗："一蓑一笠一扁舟，一丈杆头一只钩。一水一拍似一唱，一翁独钓一江秋。"清代女诗人何佩玉，擅长作数字诗，她曾写过这样的诗："一花一柳一鱼矶，一抹斜阳一鸟飞。一山一水中一寺，一林黄叶一僧归。"这两首诗连用十个"一"字，然而人们并不觉得单调，而是感到形象有趣。当代诗人流沙河也写过一首诗："一阵敲门一阵风，一声姓名想旧容。一番迟疑一番懵，一番握手一番疯。"这七个"一"字惟妙惟肖地描绘了两个人"重逢"时开门、见面、回忆、相认、握手、狂欢的情境，把两个人重逢的喜悦心情表达得淋漓尽致。

一　指事字。甲骨文、金文、小篆和楷书的形体部都写成一横。《说文·一部》："一，惟初太始，道立于一，造分天地，化成万物。凡一之属皆从一。弌，古文一。"意思是说，最初，万物形成之始，道建立了一。后来，才分解为天和地，演化为万事万物。太凡一的部属都从一。一是最小的整数，如"一人""一桌""一夫当关，万夫莫开"，但一又是最大的序数，如"第一"，"一马当先"。以"一"字开头的成语多达一百多条，如"一本万利""一本正经""一笔勾销""一表人才""一波三折""一步登天""一唱百和""一成不变""一尘不染""一触即发""一蹴而就""一寸丹心""一德

关于社会　自由　平等　公正　法治

一心""一帆风顺""一丝不苟"等。"一"字的典故也很多，如"不拘一格""孤注一掷""背水一战""不名一文""不识一丁""付之一炬""功亏一篑""九牛一毛"。"一"是最简单的一个字，但包含的道理很丰富。

万事始于一。

一是万物之始，也是成功的开始。万里之行，始于足下。老子说："道生一，一生二，二生三，三生万物。"一是万物的开始，一是至高无上的。我们做事都是从一点一滴开始的，正如一滴滴水，才汇成了大海。我们节约每一块钱，才成就了巨富。俗话说，积小善，成大善，日行一善，日积月累，也成为大善。正因为万事始于一，所以，开好头，起好步，就非常重要。俗话说，成功的开始，意味着成就的一半。有了正确的方向和目标，还得注意行动比空谈重要。

成就源于一。

一是专一，即排除各种干扰，心思意念集中于某一事物上，矢志不移，一步一个脚印地走下去，终于成就大事。有些人经商做生意，项目太多，且行业不熟悉，结果获利不多。有些人兴趣过于广泛，什么都想学，结果，样样不精，也一事无成。一个人要努力培养自己众多能力中最突出的一项，重点加以开发，这是显露才华的一种办法。有的人做了十件事，都没有一件事情是特别成功的。一个人不要试图做好所有的事，只要关注于一件事，人生也是成功的。人的精力都是有限的，用几十年去做一件事情，一定能够熟能生巧，相反，用几十年去做几十件事，必然把自己的能力消耗殆尽。人的才能越多，就要学会单纯、专一。只有把自己的精力和注意力专注于一件事，才能成为一个名家，这是许多人都懂的道

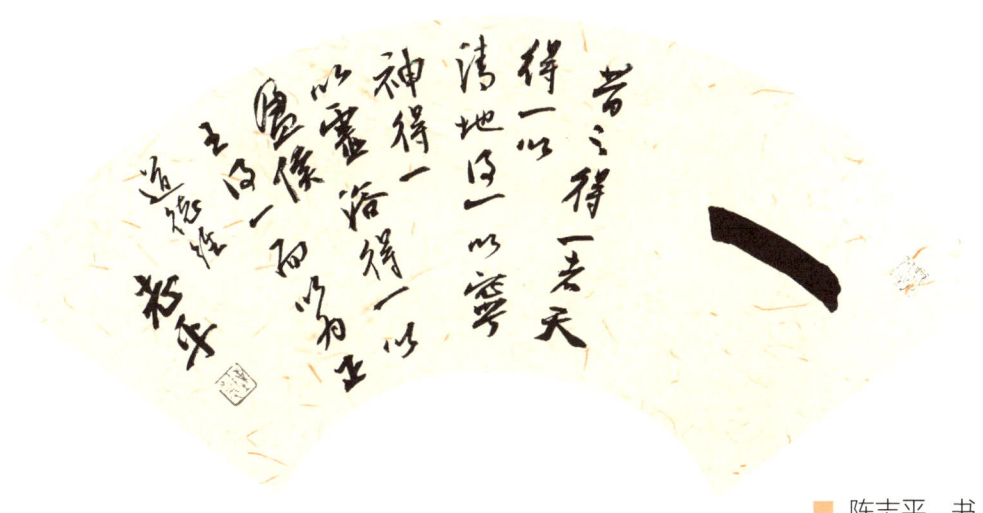

■ 陈志平　书

理，可惜许多人都不能做到。

行止于一为正。

在汉字中，以一组成的字数不胜数。其中，正字由五个"一"组成，正字拆开来是行止于一，即人要行得正，对于不良的行为，要止于第一次，第一次往往是通向深渊的开始。许多人因为有了第一次，就有第二次、第三次而不可收拾。第一次就是一个缺口，缺口被突破以后，就可能引发全线的崩溃。正如吸毒一样，有了第一次，往往就抵抗不了诱惑，最后须付出十倍的努力来戒毒。

唐朝有个新任监察御史李畲，很有才华。一天，官仓小吏送来廪米，这是朝廷发给官员的薪俸。李畲发现小吏多送了三斛，便问为何，小吏说："小的受仓官之命，只管运送，不问数量，过去也是如此。"李畲知道官场积习，急改也难，便说道："既然这样，这次算了，下不为例。"不想刚说完，后面传来母亲的呼唤："畲儿，这千万使不得！娘只能吃你分内的廪米，多余一颗也不能留！"李畲遵从母命退回了多余的廪米，从此，他无论为官还是处理生活上的事，都恪守母训，始终清廉。这个故事告诉我们要谨慎地对待每一件事的开始，时刻警醒，走好人生的每一步。

中正守一为贵。

人的高贵，体现在气节和品质上。一个人地位高不一定高贵，反之，一个人地位低也不一定卑贱。高贵和卑贱与地位无关，与性别无关，与出身无关，与财富无关，与文化程度无关。它与什么有关呢？与一个人的道德情操有关。要知道一个人是高贵还是卑贱，最简单的一个判别方法，就是考察他对金钱的态度。金钱是好东西，在这个世界上，有谁不需要钱呢？但是金钱只是一个好仆人，而绝不是一个好主人。高贵之人，是把金钱当做工具使用，用自己的劳动和才能去赚钱，用自己的智慧去赚钱，获得专利权、著作权，赢得利益，不取不义之财，不贪不赌，不当守财奴。高贵的人做人讲究忠孝，赡养父母，责无旁贷；抚养子女，不遗余力。一事当前，不是先计较有利没利，而是先分清有理还是没理。遇上符合正义合理合法的事情，即使无利可图，他也要费尽心力去做好；不合正义没有道理的事情，即使利益丰厚，他也不为所动，坚持不干。高贵的人，做事业赚了钱，会主动缴纳税赋，贡献社会；赔了本，绝不赖账，信守诺言。穷则独善其身，达则兼济天下。这是高贵之人的特征。而卑贱之人，他的行为完全与高贵者背道而驰。他的眼中只有金钱，没有人情；只有利益，没有道义。钱就是他的主子，唯利是图；他赚钱不是以才取财、以力取财，而是搞歪门邪道，以贿赂开路，贪赃枉法，赚昧心钱。穷则陷谀献媚，富则骄奢淫逸，这就是卑贱之人的特征。中正守一，这个一，就是道德、良知和气节。

"一"字用一横画（一根算筹状）来表示。同别的汉字相比，"一"字大概是从古到今变化最小的字之一了。

一心行直为德。

一个德字，从"一"、从"心"、从"直"、从"行"，组合起来就是一心行直。直，就是光明磊落，遵纪守法。周恩来总理在这方面是一个楷模，时时处处以法律、道德作为行为的准则。有一次，他乘车去政协礼堂开会，司机违反了交通规则，交警批评司机的时间很长，耽误了开会时间。同车的干部想去和民警交涉，总理严厉制止说："这怎么行？交通规则是政府颁布的，政府总理应带头遵守。总理不遵守，就是带头破坏制度。"一直等到警察放行，总理一行才离开那里。此后，总理常常叮嘱司机，不能违反交通规则，说："不要以为我是总理，就可以特殊，可以违章。"

一可分为二，二也合为一。在这个世界上，存在着对立统一的规律。一往往包含着二，一日有白天、黑夜，事物有好有坏，在一定的条件下，互相依存、互相转化。事物往往都有两面性，就看观察的角度如何。牵牛花是缠绕茎草本花，靠攀附在篱笆支架上成长。有人贬斥它软骨头，没有人格，靠依附，可悲。有人赞美它，能利用他物发展自己，开花结果，成就一番事业，可喜。小草与庄稼争肥料，争地盘，影响庄稼生长，农民把它斩草除根。但它生命力极强，高山、石隙、洼地，都茁壮成长。人们常用"疾风知劲草""野火烧不尽，春风吹又生"来赞颂它。幼苗的成长，少不了时雨的灌溉，少不了除草灭虫。王阳明说："时

字谜廊

不在上面，全在下面。

谜底：一

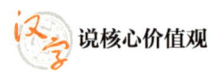

雨春风,沾被卉水,莫不萌发越发,自然日长月化。""时雨"乃"及时雨"。若"久旱不雨",则苗必枯萎,而如果是"狂风暴雨",禾苗也必然被淹。因此,我们要学会从不同的角度去看问题,权衡利弊。同时,也要学会合二为一,形成合力,找到统一的途径。

智慧树下

一为万物之始,好事要从一开始,坏事要从一警省。

不怕一个人愚钝,只怕一个人不专一。

一个人要行得正,须止于一;一个人要高贵,须中正守一;一个人要有德行,须一心行直。

一是最简单的字,却是最难做到的。

事业的专注,爱情的专一,为人表里如一,都是一的意义。

格言集锦

对待工作要一丝不苟,对待他人要表里如一,对待亲人要一心一意,对待祖国要一片丹心,用人要不拘一格。

莫学灯笼千只眼,要学蜡烛一条心。

一个篱笆三个桩,一个好汉三个帮。

关于社会　自由　平等　公正　法治

竹林寺院，众生平等

有一个关于"平等"的故事：

2013年5月的一天，阳光明媚，苏丹国际机场，一架飞往法国的飞机，正在做着起飞前的准备工作。这时，一位女乘客忽然找到机长迈克，要求飞机延迟起飞。迈克问："你有何急事呢？"女乘客犹豫了一下说："哈桑部长就在这架飞机上，我现在要去为他买一包烟。"为了区区一包烟，就可以要求飞机延迟起飞？迈克对此断然拒绝："对不起，我不能让全机的乘客等待您去买烟，这对他们是不公平的。现在，请您尽快回到自己的座位上，不要影响我的正常工作。"女乘客有些恼怒："我已经告诉你了，哈桑部长需要一包烟，他不是普通乘客！"迈克冷静地回答："在我看来，所有的乘客不管身份如何，都是凭着飞机票来乘坐飞机的，他们一律平等。"后来，女乘客向迈克的上级告状。第二天，迈克果然接到了主管约翰的电话，询问他是否拒绝了一位部长买烟的要求。迈克从容回答了四个字："确有其事。"约翰也用四个字对这件事下了结论："你做得对！"

谁曾想，"部长买烟被拒"事件被飞机上一位外国乘客拍了下来，并将它放到互联网上，在苏丹国内也引起了轩然大波，人们对此议论纷纷。事情发展到这种地步，哈桑部长除了辞职已经别无选择，就这样，一盒烟让他"下岗"了。

等 会意字。金文为"䇄"，小篆为䇄，从"竹"，从"寺"，"竹"为竹子，指竹简；"寺"为古代官署的所在地，也为寺庙。"寸"有法度之意。《说文·竹部》："等，齐简也。寺，官曹之等平也。""等"的本义为齐整竹简。后引申为齐同、等级、等待等。如"有法者而不用，与无法等""天有十日，人有十等""州桥南北是天街，父老年年等驾回"等字多有整理使齐之义。如"等量齐观",指对有差别的事物同等看待;"等礼相亢",指以平等之礼相待;"著作等身",形容著述非常丰富;"等米下锅"形容家无存粮,生活穷困,也比喻消极等待条件成熟;"等因奉此",比喻例行公事,官样文章;"等闲观之",指看成平常的事,不加重视;"等而下之",指比这一等级更差。"等闲之辈",指无足轻重的寻常人;"三六九等",指等级和类别多,有种种差别。等字,告诉我们要追求和建立一个平等的社会,要有耐心等待的处世态度。

平等,是现代社会的价值理念,主要是指权利平等,机会平等和分配平等。平等思想作为构建理想社会的基本价值取向和原则,在人类思想史上源远流长,人们对于平等的追求与探索也从未间断过。孔子很早就提出了"不患寡而患不均"的著名论断,这主要是从经济层面上来说,强调平等分配财物。先秦时期除了儒家、道家、墨家等各派也都有自己的平等思想。到了明末清初又出现了一次平等思想发展的高峰,李贽、唐甄等人相继提出了自己的社会平等思想。到了近代,受西方思潮的影响,社会对平等的追求日益强烈,民众对平等的呼声越来越高。随着我国经济的发展和社会主义市场经济体制的确立,民主、法制、平等、正义等价值观正逐渐上升为人们的价值追求。力求做到全社会都平等,即公平正义,也正是中国共产党执政理念和有中国特色社会主义应有的内涵。习近平同志号召人们为实现中国梦而努力奋斗,他说,中国人民"共同享有人生出彩的

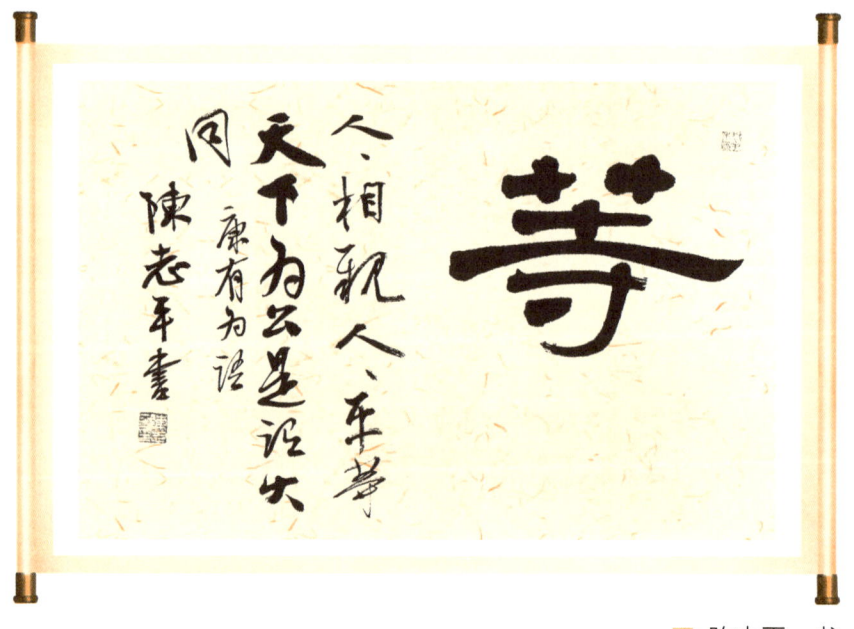

■ 陈志平　书

机会，共同享有梦想成真的机会，共同享有同祖国和时代一起成长和进步的机会"。这三个"机会"的强调，阐述的是一种关于机会平等的政治伦理愿景。

等是在法律、机会、权利面前人人平等。

东汉许慎著《说文解字》曰："等，齐简也。"也就是说，"等"字在古代是整齐竹简（书），整齐书籍的意思。清代段玉裁《说文解字注》中将其引申为"凡物齐之"，即"等"可以泛指使一切事物"齐"，在今天看来就是平等之意。美国《独立宣言》第一句说："人人生而平等"，这是从法治层面说的。从社会学的角度看，人与人更多的是生而不平等。比如生在富豪之家与生在难民之家，结果是不一样的。但是，一个平等的社会，不管是富人还是穷人，其机会、权利以及在法律面前应该是平等的。

丹麦可以说是一个注重平等的国度。丹麦作为一个人均国内生产总值3.2万美元的发达国家，公民享有的平等程度居全球前列。丹麦有一个"叶特尔法则"：任何人不得自称比别人好、聪明或者富裕；同时，丹麦人也不会认为他人比自己更好、更聪明。基于这一法则，丹麦人非常讨厌别人的傲慢和自夸。芬兰也是一个注重平等的国度。前几年，一个芬兰老板开车超速，被警察开了约合60万人民币的天价罚单，这个价码差不多可以买一台新车。原来，芬兰的交通法规定，罚款是按肇事者的收入比例开出的，因为同样罚1000元，富人不在乎，穷人却很痛苦，而事故却是一样的，没理由让富人和穷人的痛苦程度不同。这就是芬兰的平等理念在实际生活中的运用。现今，我们这个社会距离平等还有很大的差距。比如在找工作方面就存在性别歧视；教育方面，几乎每个学校都有优班和差班之分；在政策方面，国有单位和私营企业差别明显等。我们人人都有平等权，也要人人都有平等意识。当我们能够平等对待一切时，这个社会离"平等"就不远了。

等是懂得适当停下脚步，把握时机，厚积薄发。

等，从"寺"。"寺"，金文 ᛯ（为，止，即不动）。ᛰ是"又"的变形，表示持握，表示持守、维护、控制。有的金文 ᛯ 将"又"写成"寸" ᛱ，表示辅政官员聚集的地方。"寺"是设在都城供官员暂住的地方。秦代前后称都城接待官员的地方为"寺"；汉代开始亦将接待西来高僧的地方称为"寺"。从寺字的造字演变中可知，上半部分的"土"在古时代其实是"止"。"止"是一个象形字，本义也就是脚，是"趾"的本字。后来，古人在左边加上表示"脚"的"足"字指代脚趾，而则"止"用作动词，意为停住不动。在今天看来，"止"

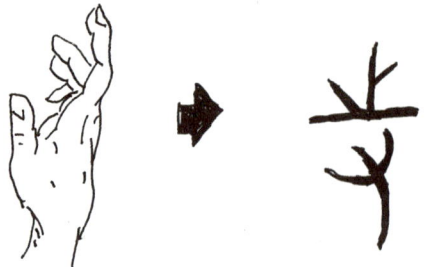

甲骨文"寺"表示持守、维护、控制的意思。

可以被生动地理解为懂得适当地停下脚步。不管是表示"维护、持守"的 ψ，还是表示"步必积寸为之"的"寸"，都有懂得适当的时候停住、守住，等候时机，步步为营，厚积薄发之意。

在人生旅途中，有许多事情都不是一帆风顺的，往往会遇到困难和阻滞。在困难之前，假如急功近利，鲁莽地硬闯，必然会碰得头破血流；相反胆怯自卑，遇难而退，必然前功尽弃。等待，不是停止不前，而是调整心态，积蓄力量。在这个世界上，所有的东西都是我们付出艰辛去追求，付出汗水去培育，付出耐心去等待。正是因为耐心地等待，才登上了事业的高峰。有一个故事说明了这个道理。

一位父亲带着孩子到森林里，让他看看两种不同的植物。父亲说："你看看四周，看到那些山蕨和竹子了吗？我播种了山蕨和竹子的种子后，山蕨很快就从地面长了出来，茂密的绿叶覆盖了地面。然而，竹子却什么也没有长出来。"第二年，山蕨长得更加茂密。竹子的种子仍然没有长出任何东西。两年过去了，竹子的种子还是没有发芽。然而，到了第5年，地面上冒起了一个细小的萌芽。与山蕨对比，它小到微不足道。但是，仅在6个月之后，竹子就长到100英尺高了。它花了5年时间来长根，竹子的根给了它生存所需的一切。父亲又对孩子说："孩子，人生其实也是一样，你在成人之前准备得越充分，学习得越扎实，就像山竹一样把根深深地扎在土壤里，等到时机到来时，你会上升得很高！"

有时，潜心的积累，看似慢了一些，但当它有了实力之后，其成长是惊人的。有一个以"等"作为对联的句子，非常工整，让我们欣赏一下：

竹寺等僧归，双手拜四维罗汉；

木门闲客至，两山出小大尖峰。

字谜廊

竹下一寸土。

谜底：等

此联每联均由三组离合字组合而成。如上联的竹寺等、双手拜、四维罗；下联的木门闲、两山出、小大尖都是，构思巧妙，也是拆解汉字的范例。

 智慧树下

等，竹林寺院，众生平等。
虽然世界不平等，但人生而平等。
这是机会、权利、人格的平等。
等，知止适度，把握分寸。
当力量不足时要"潜龙在渊"，一旦时机成熟则"飞龙在天"。

 格言集锦

人人相亲，人人平等，天下为公，是谓大同。（康有为）
对一个有优越才能的人来说，懂得平等待人，是最伟大、最正直的品质。（爱尔兰 理查德·斯蒂尔）
生活的字典里最重要的三个字，就是意志、工作、等待。
遍地是黄金，单等勤劳人。
等时间的人，就是浪费时间的人。

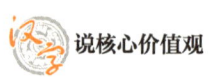

分田分地，患在不均

有一个典故"势均力敌"，出自《宋史·苏辙传》："吕惠卿始谄事王安石，倡行虐政以害天下。及势均力敌，则倾陷安石，甚于仇雠，世尤恶之。"说的是北宋时期，王安石推行新法，吕惠卿极力巴结他，帮助推行新法，参与有关重要的变革措施，受到王安石的器重。吕惠卿鼓动王安石倡导暴虐政策。王安石被罢相时，吕惠卿与他势均力敌，就想方设法倾轧与陷害他。势均力敌指双方力量相等，不分高低。

象形字。金文为 🔲，小篆为 🔲，从"土"，从"匀"。"土"是土地、土壤。"匀"，表示使相等、使齐平。《说文·土部》："均，平遍也。"本义为均平，后延伸为衡量、同样的、普遍的。如"均之二策，宁许以负秦曲。""均为国家，何分彼此。"均的成语多表示均等、平均，如"苦乐不均"，表示同样的人享受的待遇却不相同，形容待遇不相等；"功均天地"，指事业与天地等同，极言功业之大；"智均力敌"，指双方的智略或势力旗鼓相当。均，是均衡，作为财富的分配，关系到国家的长治久安；作为一种生活方

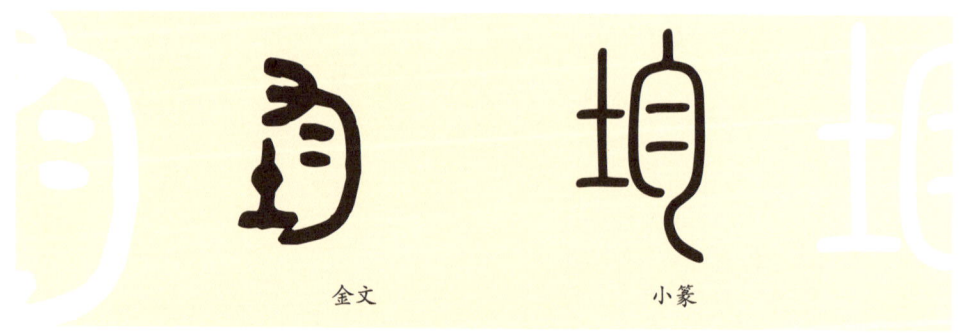

金文　　　　　小篆

式，关系到一个人的健康；作为一种处世方式，关系到人与人之间的和谐。均字包含着深刻的道理。

均是理想社会的一大追求。

均的本义是指均匀、公平地分配土地，土地是人最基本的生产资料，一个人占有生产资料的状况，决定了一个人的富裕程度。孔子在《论语·季氏》第十六篇中说："丘也闻有国有家者，不患寡而患不均，不患贫而患不安。盖均无贫，和无寡，安无倾。夫如是，故远人不服，则修文德以来之。既来之，则安之。"孔子在这里提出了"不患寡而患不均，不患贫而患不安"的观点，朱熹对此句话的解释是："均，谓各得其分；安，谓上下相安。"孔子的这一观点，符合社会主义公平和正义的理念。一个理想的社会，不能贫富太悬殊，如果出现像杜甫所描写的"朱门酒肉臭，路有冻死骨"的状况，必然会导致贫富两个阶层的对抗。历史上层出不穷的农民起义，皆因农民没有活路，不得不揭竿而起。在当代，一个社会要稳定和谐，其社会结构须是橄榄形的，中间大、两头小，即有一个庞大的中产阶级，富人和穷人只是少数。国际上有一个基尼系数，反映贫富的状况。凡是基数大的，这个社会往往会比较动荡。

玻利维亚就是一个例子。2003年9月底至10月中旬，因"天然气管道问题"，玻利维亚持续发生大规模群众示威活动，并引发严重暴力冲突，最后导致桑切斯总统下台。然而，早在"天然气管道问题"出现之前，农民与政府之间的矛盾就已暗流涌动。玻利维亚是世界上主要的古柯种植区之一，那里的印第安土著居民世世代代以种古柯为生，缺乏其他生产技能。虽然贩毒分子利用古柯牟取暴利，但对于大多数古柯种植者来说，其收入只能维持生活。政府出于禁毒的需要，下令禁止古柯种植，切断了土著居民赖以谋生的手段，却没有提供适当的资金和技术去帮助他们，双方矛盾由此产生。此外，天然气的开采和出口可以为玻利维亚提供大量财富，但土著居民却无法从中得到利益，相反，他们还面临着进一步贫困化和边缘化的危险。这种收入分配不公和政策上的失误促成土著居民联合起来反对政府。这是社会问题冲击经济发展的典型例子。

这个案例的教训是，总体财富增长的过程中，如果忽视了底层民众的利益，就有可能导致人口众多的社会群体享受不到经济发展所带来的好处。一旦这个庞大的群体被排除在发展之外，就很容易导致社会贫富分化，底层群众心理失衡，各阶层之间、底层与政府之间甚至会相互对抗。对于正在高速发展的中国来说，改革开放30多年，中国经济虽取得举世瞩目的成绩，但在社会大转型期，社会矛盾多发，其中，贫富差距比较突出。国家统计局2014年发布的最新数据显示，2013年我国居民收入基尼系数为0.473，尽管为11年来最低，但也明显高于0.4的国际警戒线，表明我国收入分配存在很大的改进余地。实际上，市场经济强调市场在资源配置中的基础作用，但市场调节本身具有自发性、盲目性和滞后性的缺陷，市场主体往往会把效率优先放在第一位，贫富分化不可避免。因此，在追求效率优先的同时，必须兼顾公平，应进一步加大收入分配改革的力度，更好更快地提高中低收入人群的收入，合理规范合法收入，坚决惩治腐败，打击非法收入。另外，针对区域间贫富差距明显的现状，政府需要通过加强扶贫和加快发展等综合措施，解决区域发展不平衡的问题。

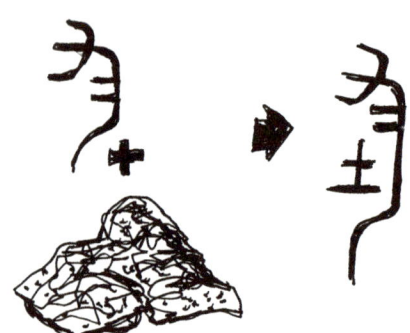

"均"字从"土"，从"匀"（"匀"有"平均"义）；"匀"也表声。本义为"均匀""公平"。《论语》："不患寡而患不均。"引申为"普遍""调和""等同"等义。又通"韵"（韻），古以"均"为"韵"。

均，是健康饮食的一大法则。

均字有一个"匀"字，这是吃饭的一个勺子，它告诉我们饮食结构要均衡，搭配要合理，不能偏食、挑食。同时，量也要均衡，不能暴饮暴食。著名养生专家洪昭光讲了健康的"四大法则"，就是"饮食平衡，戒烟限酒，适当运动，心情愉快"。均衡饮食是健康的必要条件。均衡的饮食，要求每日应从各类食物中均衡地摄取各类营养素以提供身体所需，并且依照每个人的体形、生活形态适度调整。一般情况下，我们可以将日常生活中的食物分为四大类：主食类、蛋白类、蔬菜水果类、油脂类，这些食物的摄取量必须平衡，否则就会引起身体不适，出现过重或肥胖、营养不良、或各种因为缺乏某种特定矿物质或维生素而产生的疾病。以蔬菜、水果类为例，人体中的维生素、无机盐、微量元素和纤维素主要来自蔬菜和水果，正常人每天摄入的新鲜蔬菜量应大于400克，水果量应大于200克，水果一般在饭后1小时左右吃比较适宜。

均是君子处世的一大准则。

"均"言通"君"，象征着君子处世要以"均"为座右铭，这就是要公平、周到，赏罚公平，一视同仁，不以感情用事。汉朝王符在《潜夫论·实贡》中说："赏罚严明，治之材也。"意为喜欢好的，厌恶坏的，赏与罚严格分明，这样的人是治理国家的人才。汉宣帝时期，渤海、胶东一带盗贼十分猖獗，他们四处作恶。汉宣帝派大臣张敞前去治理，张敞向宣帝请求必须奖赏那些追捕盗贼的有功人员，严惩盗贼，得到宣帝的支持。到任后，他赏罚严明，差吏们个个奋勇追捕，社会迅速恢复安定。可见，君主只有赏罚分明，才能有效管理国家，建立自己的威信。

　　春秋时期的晋文公就是一位赏罚分明的君王。晋文公就是著名的春秋五霸之一，公元前636年，晋文公重耳即位后，伐卫破曹，然后大败楚师于城濮，称霸诸侯。归国后论功行赏，以上军副将狐偃为首功。众将都问，伐卫破曹战楚，谋略指挥等都出于先轸，为何狐偃居首？文公说："战楚之时，狐偃说，必避楚，勿失信。先轸说，必战楚，勿失敌。为我破敌立威者，一时之利也。为我全信者，万世之功也。宁可失敌不可失信。"原来晋文公出亡楚国时曾与楚王立誓：他日晋军若与楚军在战场上相遇，我一定退避三舍，以报楚王今日之德。所以以狐偃为第一功，诸将拜服。中军元帅先轸，上军元帅狐毛、大司马赵衰等以次论功。而城濮之战结束后，晋文公班师回国，以名将舟之乔守黄河渡口，准备船只接应晋军班师。舟之乔以私事误了军事，至期未能准备好船只，晋军在黄河渡口进退不得，大乱。幸得晋文公出令以重金募得民用船只才使大军渡过黄河北归。舟之乔曾仕献、惠、怀、文四世，守卫边疆，是有名的宿将。文公归国后不论其世功，严格按照军纪，斩舟之乔。晋文公因为赏罚得体，大顺民心，成为春秋时期继齐桓公之后，第二位有名的霸主。

　　李嘉诚说："我们都恨世界上现存的不正义和不公平现象，但我们的改变能力有限；然而我深信忠诚、正直、公正无私及同情心是重要和不可替代的价值观。"一个团队要团结，具有向心力和凝聚力，作为首领来说，一定要以均处世，不以个人的好恶和感情作为标准，依能力、贡献给予肯定和报偿，这样的团队才有战斗力。当然，仅靠君子的道德品德，是很难做到均的，因为每一个人都有感情、好恶，社会上又有"拍马屁"的人。要做到均，一要靠人的品德的提升，二要靠制度的保障。

字谜廊

国庆巧逢八月半。

谜底：均

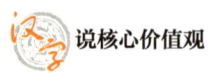

 智慧树下

均

杨 克

均,从土。

平均地权,

历来是

一个理想社会的向往。

而勺,

是吃饭的一个勺子,

有饭大家吃,

但大锅饭,

却走了极端。

调依均而成,

均依律而定。

力敌势均

一左一右,

一彼一此。

 格言集锦

◎ 调依均而成,均依律而定。

◎ 均地分力,使民知时也。民乃知时日之蚤晏,日月之不足,饥寒之至于身也。(管仲)

◎ 理想的社会状态不是财富均分,而是每个人按其贡献的大小,从社会的总财富中提取应得的报酬。(亨·乔治)

◎ 文章均得江山助,但觉前贤畏后贤。(王安石)

◎ 如果我们把每个人的不幸堆成一堆由大家均分,大多数人都会甘愿接受一份,欣然离去。(苏格拉底)

关于社会　自由　平等　公正　法治

不偏不倚，人平气顺

英国大作家萧伯纳，有一次在写作间歇时和邻居小女孩一起玩耍。当送小女孩回家时，萧伯纳对小女孩说："知道我是谁吗？回家告诉你的妈妈，就说今天和你在一起玩的是萧伯纳！"小女孩天真地回应："知道我是谁吗？回家告诉你的妈妈，就说和你一起玩的是克里佩斯莱娅！"大文豪不禁愕然。此后萧伯纳每次对朋友说此事时，就会感慨地说："是这位七岁小女孩给我上了人生最好的一堂课！一个人不论有多大的成就，他在人格上与任何人都是平等的。这个教训我一辈子也忘不了。"

平 会意字。金文为 𠫇，从"亏"，从"于"，表示乐声婉转；从"八"，表示平分，会乐声平缓之意。小篆为 𠀅。《说文·亏部》中解释："平，语平舒也，从亏，从八。八，分也。"本义为乐声平缓。平字，用两线平行、两点平均表达平面，有平分、平衡、平等、平静等。凡从平取义的字皆与不倾斜有关，如秤、评等，寓意买卖公平，评论要公平。表达公平、平衡的成语也居多，如"平分秋色"，比喻双方各得一半。宋·李朴《中秋》诗：平分秋色一轮满，长伴云衢千里明。"平起平坐"，比喻地位或权力相等。"平心静气"，指心情平和，态度冷静。"平"是人类追求的普世价值，它告诉我们许多做人做事的道理、准则。

"平"字告诉我们社会平等是人类的价值追求和理想境界。

"平"以"丨"均分上下左右，不偏不倚，没有高低起伏，大小多少，好坏之别，推而广之。第一，"平"是一种理想的社会境界——四方无战争，百姓多富足。太平盛世，歌舞升平。儒家讲的"修身、齐家、治国、平天下"，平天

下，是让天下均平、太平，含有平等的意味。一个平等的社会，最优先的是生命权的平等。任何人生下来都应享有生存的平等权利。在西方国家，平等意识渗透到每个人的骨髓里，并付诸行动。2009年初，苹果公司总裁乔布斯被查出患肝硬化晚期。医生告诉他，必须马上进行肝移植，才能挽救他的生命。按照美国法律，器官移植要在各州进行登记并轮候，乔布斯决定在等待时间最短的田纳西州登记，按序他被排在最后一个。于是，有人找到院长，希望让乔布斯插个队。院长杜尔斯先生听了，两手一摊，无奈地耸耸肩，说道："我哪有特权让乔布斯插队？如果让乔布斯先移植了，其他病人怎么办？一切生命都是平等的。"那些排在乔布斯前面的病人，有的是普通职员，有的是家庭主妇，有的是失业者。6个星期后，乔布斯终于等来了手术。可是，由于等待时间太长，癌细胞已经转移。这次移植，只延长了乔布斯2年多的生命。《乔布斯传》的作者艾萨克森说："生命没有高低贵贱的区别，任何生命都是平等的。平等不是口号，平等不是作秀，平等更不是交换，它是生活中最生动、具体的体现。它如明月般皎洁，光可鉴人，散发着圣洁的光芒，它使我们看到了人性的光辉，直抵我们内心的柔软。"第二，"平"是一种人格的平等，即得到尊重的平等权利，应当把人当人看待，不蓄意或恶意地侮辱和压制任何人。第三，"平"是一种获得基本自由权利的平等，包括经营自己生活的自由，拥有正当财产的自由，选择宗教信仰的自由，发表言论和表达意见的自由，相信所有人都有一种基本的善念和正义感，总之，尊重人们合理的自我选择的权利。第四，"平"是政治、法律的平等，包括政治参与、监督的权利平等，遵守法律和接受法律处罚的平等。第五，"平"是实质性的机会平等，如得到物质资源的机会、福利的机会、财富乃至声望的机会。第六，"平"是精神和文化能力的平等，即希望人们追求真善美，趣味优雅达到某种境界，才能、水准的平等。平等是人类的普世价值之一，当下的社会，要达到这一目标还有很长的路要走。如发展机会、享受成果、表达意愿和参与权力的不平等还存在许多体制和政策性的障碍。消除这些不平等的障碍，急需抑制权贵，继续推进"国退民进"，打破垄断，造就国企、民企的公平竞争；必须削弱官权，减少乃至消除特权，还权于民，让社会各个阶层参与社会事务和治理；必须变身份社会为能力社会，为勤奋和智慧的人创造成功的通道。

字谜廊

斗转星移一载安。

谜底：平

关于社会　自由　平等　公正　法治

"平"字告诉我们平衡是处世的准则和技巧。

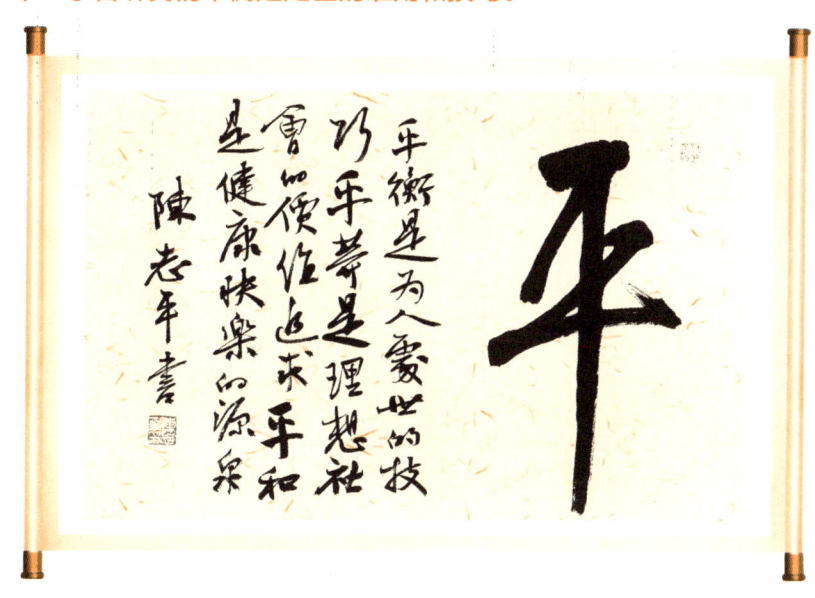

■ 陈志平　书

"平"表示稳稳当当、平平安安，不偏颇、不过激、不倾斜、四平八稳、平衡企中、不亏不过，其精髓就是致中和，是处世的最高境界。平衡，绝不是无谓的折中、调和，而是一种智慧，一种为人处世应该慎重选择的适中角度，一种巧妙地找到解决问题的最佳方法和途径。平衡，以中为度，不即不离，中和为福，偏激为灾。平衡是宇宙间的普遍现象，失去平衡，过分偏重一方面，忽视另一方面，矛盾就会激化，状态就会不稳定。历史上有许多运用平衡术处理矛盾的范例，值得我们借鉴。北宋时，掌握护卫京城重任的马军副都指挥使张昊，遵照圣旨训练士兵。但他对士兵太过严厉残酷，激起士兵哗变。兵变平息后，皇上召集人臣商议处理后事。一方主张马上撤换张昊以平息众怒，另一方则主张把所有参与哗变的士兵全部抓起来。但宰相王旦对两种意见都不赞成，他说："如果处罚张昊，那么整个京城都会震惊。现在如果提拔任用他，并解除他的兵权，反叛他的人们自当安心啊。"皇上赞叹说："王旦善于处理大事，不愧是当宰相的奇才啊。"梁山首领宋江的平衡术也很高明，水泊梁山一百零八条好汉，要有一个人人都满意的排序，并非易事。但宋江做到了，宋江排座次的原则是：不分功劳高下，原来的九个旧头领去左边主位上坐，新头领到右边客座上坐，待日后出力多寡、功劳大小另行定夺。这就是老人老办法，新人看年龄和资历。以后，不管老人还是新人，一律看功绩排位。宋江平衡术的玄妙在于，让元老有面子，让新人有希望，皆大欢喜。这就是高超的平衡方法，化解矛盾和解决难题的成功范例。

"平"字告诉我们平和是快乐人生的源泉。

"平"字描述的是气（｜）穿过阻碍（一）向四周（八）自由发散，气体顺畅发散而不壅塞，平和安详，从容自在，不愠不火，温和而平正，这就是所谓的心平气和。心平气和是养生之道，快乐之源。平和，无论对一个人的生理健康还是心理健康来说，都是很有益处的。中医把人的七情：喜、怒、忧、思、悲、恐、惊作为导致内伤的原因。《黄帝内经》里认为怒伤肝，喜伤心，思伤脾，悲伤肺，恐伤肾，不正常的情绪会影响身体的健康，在日常生活中保持心平气和才能身心健康。但是，生理平和往往与心态平和相联系。当今社会，让人心理失衡的事情太多了，要想心理不起一点波澜的确有点难。做到心态平和，就要善于找到人生的坐标。日本著名社会活动家池田大作说过："当你将要迷失自我时，找到一个能确定自己位置的坐标轴是很重要的。"这就是说，把人生的坐标定在工作、事业和奉献上，想想那些工作干得比自己好，事业成就比自己大，对国家贡献比自己多的人，不在职务、地位、待遇上比高低，这样心态就平和了。美国心理学会提出了心理平和的10条要诀，抄录如下，以供借鉴：对自己不苛求，对亲人期望不要过高，不要处处与别人争斗，暂离困境，适当让步，对人表示善意，向人倾诉烦恼，帮助别人做事，积极娱乐，知足常乐。

"平"加"心"为"怦"，怦然心动，即心怦怦地跳动，是一种激动的心情；"平"加"言"为"评"，是评论，寓意评论他人要客观公正，心平气和；"平"加"禾"为"秤"，人民心中都有一杆秤，是非功过，自有公评；"平"加"扌"为"抨"，为抨击，是用手或手执工具攻击他人。

智慧树下

○ 平衡是为人处世的技巧，平等是理想社会的追求，平和是健康快乐的源泉。
天下太平，平生幸福。
天下不平，皆求公平。
正直的人，见不平则评，见恶则抨。

关于社会　自由　平等　公正　法治

 格言集锦

◎ 平安是福，平和得福，平静有福，平顺聚福，平淡见福，平衡满福，平稳保福，平生幸福。
◎ 人平不语，水平不流。
◎ 平则顺，不平则鸣。

天下为公，社会大同

儒家经典在《礼记》中描绘了一幅世界大同的社会图景。近代康有为也写了一本《大同书》，提出"人人相亲，人人平等，天下为公"的理想社会。社会学家费孝通先生在1990年则提出了一个"各美其美，美人之美，美美与共，天下大同"的十六字"箴言"。"各美其美"是指各个族群都有自己的价值标准，各自有一套自认为美的东西。这些东西在别的族群看来不一定美，能容忍"各美其美"是一大进步，只有在平等地频繁来往之后，人们才开始发现别人觉得美的东西自己也觉得美，这就是"美人之美"，这是高一级的境界，是超脱了自己生活方式之后才能得到的境界。再升华一步就是"美美与共"，不仅能容忍不同价值标准的存在，进而还能赞赏不同的价值标准，那么离建立共同的价值观就不远了。目前，有些超级大国往往把自己的价值观当作人类共同的价值观，并强加于他国，与费孝通先生提出"美美与共"差距很大。

会意字。甲骨文为, 金文为, 小篆为, 异体字为。《说文·冃部》："同，合会也。"本义为聚合众人之力，后延伸为共同、相同。如《木兰辞》："同行十二年，不知木兰是女郎""同吃同住""同声相应，同气相求"等。通常把有共同的目标、宗旨，并加入同一组织的人称为同志，把一起工作的人称为同事、同仁。同有相同、一样的意思，如成语"同心戮力"意为同心合力，大家心往一处想，力往一处使；"同功一体"是说一个人的地位同他所拥有的功绩是一样的；"同仇敌忾"指众人有相同的愤慨；"同床异梦"比喻人虽在一起但心却离异；"殊途同归"比喻采取不同的方法而得到相同的结果；"求同存异"指找出共同点，保留不同意见；"同舟共济"比喻团结互助，同心协力，战

关于社会 自由 平等 公正 法治

胜困难。同字揭示了同的内涵和要求。

国家要繁荣发展要有价值认同、文化认同。

同字，从"冂"、从"一"。这个"一"，强调一样、认同。一个国家要安定、富强，要有凝聚力，必须有价值观认同、文化认同，否则，将会是一盘散沙。新加坡的崛起，共同价值观发挥了重要的作用。新加坡政府十分注重培植公民的国家意识。为此，政府专门成立了"国家意识委员会"，从1988年开始，政府每年都要开展一次"国民意识周"活动，在国民中开展各种爱国主义教育，向国民灌输"我是新加坡人"的国家意识，增强国民对新加坡的认同感和归属感。1991年，新加坡政府经过国民反复讨论并经国会批准发表了《共同价值观白皮书》。《白皮书》推出了力图为新加坡国内各民族、各阶层、不同宗教信仰的民众所共同接受和认可的五大"共同价值观念"，即"国家至上，社会优先；家庭为根，社会为本；关怀扶持，同舟共济；求同存异，协商共识；种族和谐，宗教宽容"。此后，新加坡政府始终不渝倡导并践行这一共同价值观，取得了理想效果，为推动新加坡经济的发展，保持政局的稳定，维护社会秩序，净化社会风气发挥了重要作用。

以色列的存在，靠的则是文化认同。散居在世界各地的犹太人，即便为环境和生活所迫，不得不使用当地的语言，但为了时刻不忘自己的犹太属性，时刻怀念着祖先的语言、圣殿和民族文化，他们创造性地将希伯来语与当地语言相结合，即用希伯来语字母拼写所在国的语言，并掺进希伯来语的词汇和语法规则，如希伯来—阿拉伯语、希伯来—波斯语、希伯来—德语等，语言成为了犹太人思念故国、缅怀祖先的一种文化载体。也正是在这种文化认同的召唤下，有着四千年民族文化史的以色列人终于在20世纪40年代建立了自己的独立国家，并借助于强大的历史文化而成为了一个强大的国家。在现代社会中，面对西方强大的资本力量的冲击和政治压力，不发达国家最有力而成本最低的反抗手段只能是文化认同。

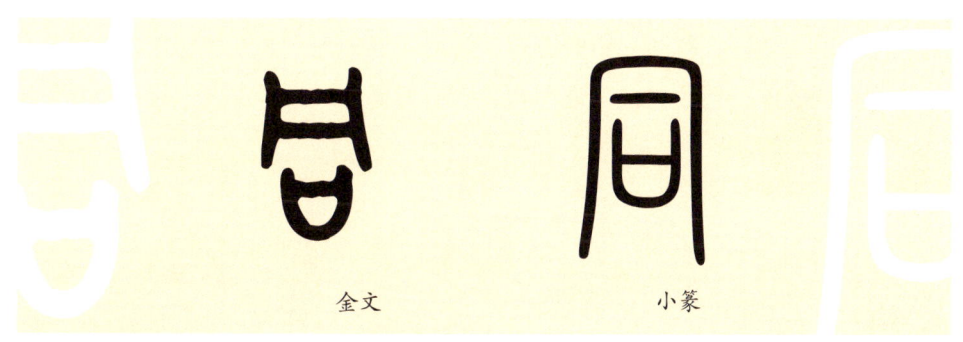

金文　　　　　　小篆

团队要有战斗力要同声相应，同气相求，众口一词。

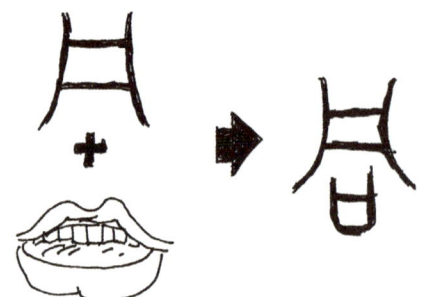

"同"字的上部是"凡"，表示"大都"的意思；下面是"口"，表示"说话"的意思。大家都发出一样的声音，众口同声，本义是"共同""相同"。

　　同，从"凡"，从"口"。俗语说"物以类聚，人以群分"，就是说走到一起的人都是因为某种类似，不同类型的人永远走不到一起。油和水虽然都是液体，但没有办法、也不可能将他们混合在一起，因为他们属于两种类型。一个团队往往聚合有着共同目标、共同志向、共同追求的人，从而同舟共济，使一个企业得到发展。微软就是这样一个例子。在微软任何一个团队中，都有着这样一句名言：没有永远的领导与员工。领导与员工在一起，不仅是一起工作，更是在一起分享成功与失败、快乐与悲伤。开放的环境形成开明的领导风气，这使得微软人的团队意识非常强：成败皆为团队共有；大家互教互学；互相奉献和支持；遇到困难互相鼓励，及时沟通；依靠团体智慧；承认并感谢队友的工作和帮助；甘当配角。这样具有强烈意识的高素质的团结、协作的集体，形成了积极、向上的士气，使得微软人在面对一切挫折时都勇于抗争，工作的潜能和激情也能更好地被挖掘出来，势不可挡。这就是微软永葆青春的奥秘。在微软，工作成了一种乐趣，员工和公司的前途是紧紧连在一起的。微软人有着强烈的主人翁意识，这使得他们对于任何事情都是为公司着想，全力以赴。因为微软人具有这样的自豪感和责任感，有着这样优秀的企业文化，微软才会如此不同凡响。

真正的朋友要同道同趣。

　　"同"从"冂"，这是狭长街巷的象形，"一""口"表示巷中的人家，因此，"同"也是胡同，行同一样的道路，就是同道中人。真正的朋友，有同样的志趣，同样的志向。俗话说："道不同，不相为谋。"中国古代"管宁割席"的

字谜廊

司令下令挥师东下。

谜底：同

故事正说明了这个道理。

　　管宁和华歆在年轻的时候是一对非常要好的朋友，他俩成天形影不离，同桌吃饭、同榻读书、同床睡觉，相处得很和谐。有一次，他们两人坐在一张席子上读书。正看得入神，忽然外面沸腾起来。于是，管宁和华歆起身走到窗前去看发生了什么事。原来是一位达官显贵乘车从这里经过。一大队随从佩戴着武器，穿着统一的服装，前呼后拥地保卫着车子，威风凛凛。管宁对这些很不以为然，又回到原处捧起书专心致志地读起来，对外面的喧闹完全充耳不闻。华歆却不是这样，他完全被这种张扬的声势和豪华的排场吸引住了。他嫌在屋里看不清楚，干脆连书也不读了，急急忙忙地跑到街上去跟着人群尾随车队细看。管宁目睹了华歆的所作所为，再也抑制不住心中的叹惋和失望。等到华歆回来以后，管宁就拿出刀子当着华歆的面把席子从中间割成两半，痛心而决绝地宣布："我们两人的志向和情趣太不一样了。从今以后，我们就像这被割开的草席一样，再也不是朋友了。"

　　真正的朋友应该建立在共同的思想基础和奋斗目标上，一起追求、一起进步。如果没有内在精神的默契，只有表面上的亲热，这样的朋友是无法真正沟通和理解的，也就失去了做朋友的意义了。

　　凡以同组成的字都有聚合、相同之义。"同"加竹头为"筒"，这是因为内竹子是分节的，节节相同。"同"加"氵"为"洞"，洞和小街一样狭长，又因为许多地下洞有水，故为"洞"。

智慧树下

同一样的信仰，铸就同一样的目标。
同一样的肤色，必然同声相求，同口相应。
聚集在天下为公的旗帜下，追求社会大同的理想。

格言集锦

二人同心，其利断金。
周而不比，和而不同。（《论语》）
道不相同，不相为谋。

公 正

公正即社会公平和正义，它以人的解放、人的自由平等权利的获得为前提，是国家、社会应然的根本价值理念。

关于社会　自由　平等　公正　法治

章法有度，私不害公

包拯为官清廉、铁面无私，史称包青天。嘉祐元年（公元1056年）十二月，朝廷任包拯权知开封府，他于次年三月正式上任，至三年六月离任，前后只有一年有余。但在这短短的时间内，把号称难治的开封府，治理得井井有条。敢于惩治权贵们的不法行为，坚决抑制开封府吏的骄横之势，并能够及时惩办无赖刁民。由于包拯在开封府执法严明，铁面无私，敢于碰硬，贵戚宦官也不得不有所收敛，听到包拯的名字就感到害怕。儿童妇孺们都知道包拯之名，亲切称呼他为"包待制"。开封府广泛流传着这样的话"关节不到，有阎罗包老"，用阎罗比喻包拯的铁面无私。

公 会意字，从"八"，从"厶"。甲骨文为 ，金文为 ，小篆为公。"公"的甲骨文，上为"八"，下为形似"口"的器皿，"八"为"分"的初文，本义为将器皿中的东西平均分开。《说文·八部》中解释："公，平分也。""八"犹如背离的意思，韩非说："背离私就是公。""公"的本义为无私、公正、平等。如成语有"大公无私""公明正大""舍己为公"等。《礼记·礼运》里说："大道之行也，天下为公。"意思是说，在大同社会的准则通行时，天下是公共的天下。"八""厶"为"公"，会意为众人一起为公，所以"公"为大众、公共，凡是公园、公路等，都是为众人所有、所用。公与私是相对的，假如借公家的名义获取私人的利益，就是"假公济私"了。

"公"字告诉我们公共利益是由个体利益组成的。

"公"由"八"和"厶"组成，"八"为大多数，意为众多，"厶"古同

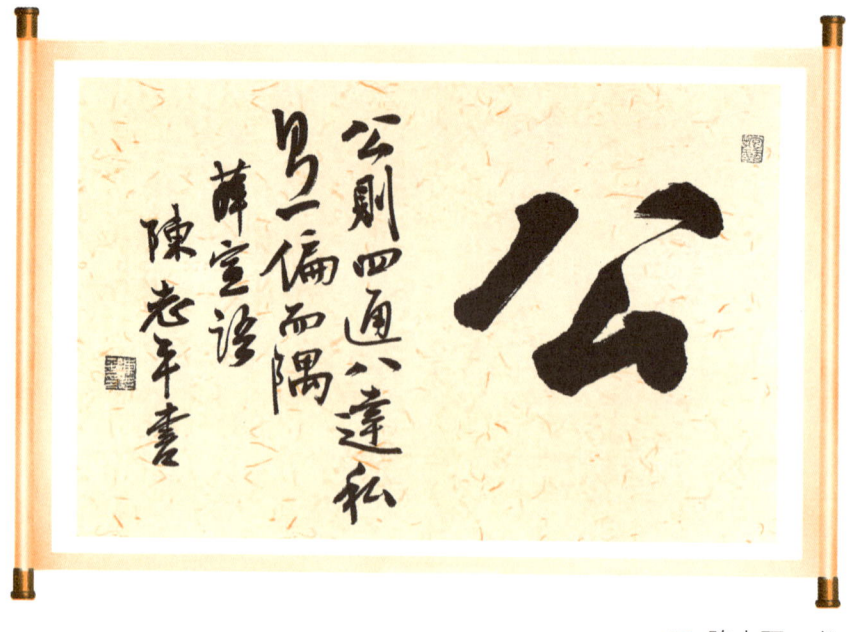

■ 陈志平　书

"私",指私人的,自己的。"八""厶"相结合为"公",表明"公"是由每一个个体的利益组成的,不尊重个人的利益,也谈不上公。所以马克思说,人们为之奋斗的都是与自己的利益有关的。人的本性是利己的,是趋利避害的,可以说"一半是天使,一半是豺狼"。但这并非说人会变坏,人在追求个人正当的利益时,其客观效果是有利于他人,有利于社会的。"小河有水大河满",我们讲为公,不能漠视个人正当的利益。要尊重个人的私利,也包括尊重个人的隐私。只有尊重"私",才能使"私"更加拥护"公"。"公"字,"八"为上,"厶"为下。"八"为大数,代表着智慧和吉祥,意为把无数个私人聚拢为"公","八"居上,表示大家、群体的利益为上,"厶"为下,表示个体的利益是基础,"倾巢之下,焉有完卵""皮之不存,毛将焉附"。国家利益、民族利益、团体的利益高于个人的利益,公与私互相依存、必须兼顾,寻找一个平衡点。其次,为了国家利益、民族利益而奋斗,最终还是回馈于个人。我们今天开展的志愿者服务,既奉献于他人,又提升了自我。

"公"字告诉我们只有维护公共利益,才能保护私人利益。

"公"上的"八",似一把大伞,保护着私,寓意着只有大家遵循公理,履行公共义务,遵守公共条约,个人的利益才能受到保护。公到极点便是私,私到极点便是公。有一些领袖人物,为国家为民族奋斗,最后得到了天下,成就了大私。有些人为了私利,投机钻营,贪污受贿,以致东窗事发,财物充公,最后也落得个一无所有。

"公"字告诉我们公平是一种处事方法。

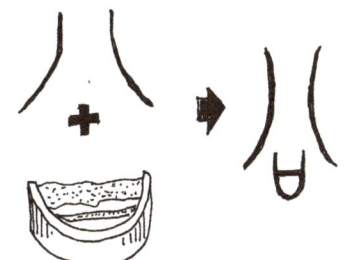

字的上部"八"是分的意思；下部的"口"表示所分的物品。用平分东西表示"公"的意思。

"公"字上为"八"，"八"为分的初文，本义为将物分开，而且是平均地分开，意味着公正、公平、公开。这就是要遵循公理，秉公办事，公道正派。俗话说：公生明，廉生威。陈平分肉，因为他每次都很公平，因此皆大欢喜，陈平也得到了大家的信任。从前榆次老县衙有一副对联："大其牖，天光入；公其心，万善出。"意思是说窗户开得大，阳光就享受得多；凡事秉持公心，各种善念善举就会出来。美国前总统林肯有一句名言"力量来自公正"。在他当政时，美国南部诸州叛乱，国家面临分裂。危急时刻，林肯站在公义一边，果断地颁布了《解放黑人奴隶宣言》，宣布黑奴获得自由，从根本上瓦解了叛军的战斗力，也使北军得到雄厚的兵源，扭转了败局。南北战争以北方的胜利而告终，美国由此走上了强国之路。"公"是一种处事方法，更是一种高尚的精神境界。

为公、秉公取决于个人的胸怀、情操、素养，也就是人格，但这个往往是不可靠的，还要靠制度。有一个分粥的故事：大家推选一个人来分粥，第一个对他家人偏心，因此，又推选了第二个；第二个人开始还可以，慢慢地又对他的朋友偏心。最后大家都觉得寄托于一个人的品德不可靠，于是，定了一个规矩，主持分粥的人最后取自己的一份。从此以后公平了，大家都没有意见。这说明，要保障公平，根本的东西是制度。我们今天要建立一个公平的社会，也就要改革不合理的制度，让公共资源均等化，尊重公共权利，建立普惠制。

字谜廊

去掉上边，只剩下边。

谜底：公

　　"公"字与"页"字组合为"颂",意为一心为公的人和事,是值得歌颂、赞颂的。"公"字与"木"字组合为"松",为公的人大都具有松树的风格,不惧风雪和严寒,坚强挺拔,常年翠绿,给人类带来绿荫。假如混淆了公私的界限,侵犯公众的利益,必然会招惹众人的指骂,引来诉讼。

智慧树下

- 公把私分开,一人一半,公正无私。
  公像一把大伞,守护个人的利益。
  公之下站着私,公是个体利益的集合。
  公平、公正、公开、公益,是人类的理想追求。
  尊重并保护"私",公的价值才能实现。

格言集锦

- 公生明,廉生威。
- 公道达而私门塞,公义明而私事息。(荀子)
- 大明无私照,至公无私亲。(张蕴古)
- 公其心,万善出。公成明,偏生暗。
- 公则四通八达,私则一偏而隅。(薛宣)
- 有大公方可以有卓见。(王云五)

关于社会　自由　平等　公正　法治

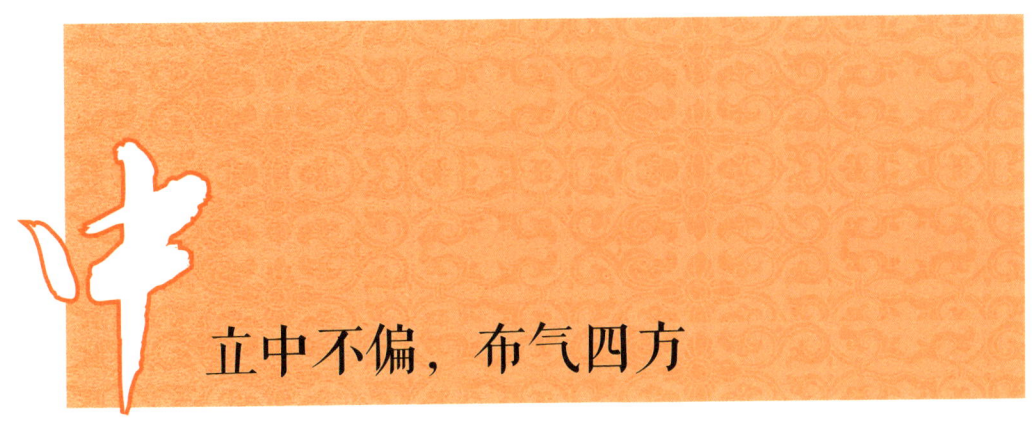

立中不偏，布气四方

　　《庄子》中讲了一个有趣的故事：有一棵大树，树枝弯曲、材质疏松，而且臭不可闻，毫无用处，正因为无用，所以没人砍伐它，得以长成参天大树。是故无用的东西往往能够更好地生存。

　　有一天，庄子和学生们去一个朋友家做客，朋友杀鹅招待他们，庄子问杀了哪只鹅，朋友说：当然杀掉那只不会叫的。所以，有时无用反而会害了自己的性命。

　　最后的结论就是：为人处世要处在"材"与"不材"、"有用"与"无用"之间。如果太有用，可能被人嫉妒陷害，也可能不停地被人使唤奔波，这时就需要藏拙；如果太无用，可能会被人认为你没存在的必要，特别的情境下你可能被放弃，这时就需要露锋。两相权衡，就需要居中，即保持中正。

中　象形字。甲骨文为 ，金文为 ，均像一面迎风飘扬的旗帜。上下为旗，方框为立中之处。本是氏族社会的一种徽帜。篆文为 ，隶变楷写成中。《说文·丨部》："中，内也。从口，上下通。"意思说：中，事物的内部。从"口"，上下贯通。造字的本义为内、里。柳宗元在《笼鹰词》中写道："草中狸鼠足为患，一夕十顾惊且伤。"意思是草里狸鼠之类足以成为祸害，一夜之中不断受到惊吓。中的引申义有"中央"：王者必居天下之中央，在酒席和主席台，最尊贵的客人或最年长长辈居中。有"内部"："田中有株，兔走触株"、"忧从中来，不可断绝"。有"中间"："上士闻道，勤而行之；中士闻道，若存若亡"；中还可以作动词，意为"适合"、"正对上"，如"百发百中""中规中矩"。中，用得最多的词是中正、中庸、中和，这不但是做人的一种美德，而且也是人类的最高智慧，崇高的思想境界，是一个人要努力去学习和

实践的处世艺术。

中，是一种道。

"中"字在中国古代哲学中代表不偏、中正、好的意思，也表示一种人生处世的态度，比如中庸之道。月牙山人指出："中"字是由一个"0"（口）字和一个"1"字组成，"0"是大道的体，"1"是大道的用。"中"字由"0"和"1"组成，同时拥有了大道的体和用，所以中是道的大成。中代表中国的人文哲学，是中华的密码，大道之体是仁爱、友善、宽恕、平和的，大道的用是唯精唯一的。中国诸子百家，都推崇持中的观点。阴阳家握其要，以不阴不阳谓之中，持中不偏谓之要。佛家修大至，以不生不灭谓之中，修道中脉谓之至。儒家则把中发挥至极致。孔子多次讲中庸。《论语·先进》中子贡问："师与商也孰贤？"子曰："师也过，商也不及。"曰："然则师愈与？"子曰："过犹不及。"这段话是说孔子的学生子贡曾经问孔子："子张和子夏哪一个贤一些？"孔子回答说："子张过分；子夏不够。"子贡问："那么是子张贤一些吗？"孔子说："过分与不够是一样的。"这一段话是对"君子而时中"的生动说明。也就是说，过分与不够貌似不同，其实质却都是一样的，都不符合中庸的要求。中庸的要求是恰到好处。孔子在《论语》中还说："中庸之为德也，其至矣乎。"意思是说："中庸大概是最高的德行了吧。"因为中庸之道是最高的德行、最高的道德标准。孔子又说："喜怒哀乐之未发，谓之中；发而皆中节，谓之和。中也者，天下之大本也；和也者，天下之达道也。致中和，天地位焉，万物育焉。"意思是说，喜怒哀乐没有表现出来时叫做中，表现出来后符合节度则叫和。中是天下的大根本，和是普天下的人应达到的达道。如果奋力而达到中与和的极致境界，天和地

■ 陈志平　书

便可各居其位，万物便可生长繁育。所以，很少人能够真正地实行它。

有一个愚人吃盐巴的故事，说明适度、适量的重要。从前有一个愚人，到别人家做客。愚人吃了几口主人做的菜，觉得淡而无味。主人察觉到了，给菜加了一点盐，他吃后便觉得味道很美。回到家里，愚人想，菜的味道是因为有盐，才加了那么一点盐，菜就那么好吃，如果多加点岂不更好吃？于是，他往菜里加了大把大把的盐，结果又苦又难吃。有一句民谚云："帆只扬五分，船便安；水只注五分，器便稳。"五分即一半也。

中庸是一种练达知度的生活哲学。"一张一弛""劳逸结合""水至清则无鱼，人至察则无徒"。清代学者李密庵有首《半字歌》，半者，中也，读来令人耳目一新。《半字歌》云："看破浮生过半，半之受用无边，半中岁月尽幽闲，半里乾坤宽展。半郭半乡村舍，半山半水田园；半耕半读半经廛，半士半姻民眷。半雅半粗器具，半华半实庭轩；衾裳半素半轻鲜，肴馔半丰半俭。童仆半能半拙，妻儿半朴半贤；心情半佛半神仙，姓字半藏半显。一半还之天地，让将一半人间；半思后代与沧田，半想阎罗怎见。饮酒半酣正好，花开半时偏妍；半帆张扇免翻颠，马放半缰稳便。半少却饶滋味，半多反厌纠缠；百年苦乐半相参，会占便宜只半。"《菜根谭》里说："天地寂然不动，而气机无息稍停；日月昼夜奔驰，而贞明万古不易；故君子闲时要有吃紧的心思，忙处要有悠闲的滋味。人生太闲，则别念窃生；太忙，则真性不见。故君子不可不抱身心之忧，亦不可不耽风月之趣。"中庸之道即中正不偏，经常可行之道，不但是自然之道，也是人伦之道。

中，是一种善。

中是合适、适中。中国的先贤认为中乃"道之柄、德之枢"。要懂得持中万和的道理，培养立中布德的能力，播撒善的种子，一个人行善，不但要有善心，而且也要有善的适度施与。在日常生活中，"拔苗助长"只会加速禾苗的死亡，对一个人的"捧杀"，因为吹捧过度、名不符实，结果也会害人。行善，假如不适度，也会害了人。

中，是一种美。

中国传统美学思想内涵十分丰富，其思想精粹主要包括：中和之美、协调之美、和善之美、和合之美等和谐思维。从美学的视角看，"中和"是儒家的最高审美标准。孔子主张执两用中，注重对中和之美的追求。在做人方面，孔子认为"中和"是君子应有的美德，"文质彬彬，然后君子"。在艺术创作方面，孔子评价《关雎》是"乐而不淫，哀而不伤"，实现了"中和之美"。《乐记》把"中和"作为音乐的审美标准，认为"中和"是音乐的本质，以"中和"为美；"乐者，天地之和也"。在儒家思想的影响下，"中和之美"成了中国历代艺术家推崇的审美标准。儒家认为审美的本质在于和谐，艺术的本质在于"中和"，在于"温柔敦厚"，这种"和"是偏于社会的美，是一种偏于内容的美，是一种偏于模仿再现的艺术，儒家思想中所谓的"和谐"主要体现了一种中正、中和、均衡、和合、协调的特征。人类、文化、美学的根本追求都是"和谐"二字。宋玉笔下的大美人东家之子："增之一分则太长，减之一分则太短，著粉则太白，施朱则太赤。"说明适中、中和是一种美的标志。

中，是一种法。

孔子在《论语》中说："吾有知乎哉？无知也。有鄙夫问于我，空空如也，我叩其两端而竭焉。"意思是说："我什么都懂吗？不是这样的。假如一个乡下人来问我，态度诚恳而虚心，我只是就他的问题从正反两个方面详细推敲，然后找到了答案。"孔子在这里讲"叩其两端而竭焉"，就是考虑到所有两极的正反面状态，然而自然而然地作出决断。我们处理问题，常常要权衡利害，两害相衡取其轻，就是中。中就是去除偏激，选择正确的方法，它体现的是端重沉稳、守善持中的大气魄，宽广胸襟，和"一以贯之"的坚定信念，这是处世的大法和最高水平。

中，还是一种忠。

"中"，音同"忠"，也有忠诚之义，发自内心的感恩、诚实、忠贞。电影《忠犬八公的故事》是根据发生在日本的一个真实的故事改编而成的。上野秀三郎是东京大学农业系的教授，他养了一只秋田犬八公，他们在相处的日子里产生了深厚的感情，每天八公都目送上野先生去上班，下午的那个时刻总是在火车站的出站口等待主人的归来。可是，有一天上野先生由于突发重病而再也没有出现在出站口。但八公却不明白主人真的离开了，它每天还是在那个时刻出现在出

字谜廊　如何作"噩"状。

谜底：中

站口等待主人的归来。就这样，日复一日、年复一年，八公一直等待了十年。不管是晴空万里还是暴风骤雨，始终没有间断过。人们被八公的这种"忠诚"所感动，在涩谷车站前为八公树立了铜像。此后，铜像附近的车站入口就被称为"八公入口"。从这个故事看，忠诚是一种美德，动物都能做到，人更应当如此。

中的谐音字很多，也体现了中的内涵。"中"音"重"，"重"从"千"从"里"，呈千里土象。"木、火、土、金、水"土居中位，土星又叫福星，指中会是"福星高照"。与中字组成的字，大都带有中的意思，如"中"加"亻"旁，则为"仲"，伯、仲、叔、季，仲为第二，中意味着不挑头，"不敢为天下先"，是保身安身之道。"中"，加"冫"，也即冰字旁，则为"冲"，表示冲撞、过激。"中"加"忄"，是为"忡"，这是因为无节制、过度，带给人危险和忧患，故而使人忧心忡忡。

智慧树下

一口方正，一以贯通。
有时藏拙，有时露锋。
中庸以为德，阴阳可调和。
不缺位，不越位，守规矩，善持中。
和合之美曰中正，守正之法曰中允。
中忠相通，感恩忠贞。

格言集锦

大痛叫不出，大悲却无泪。水至清无鱼，人至真无友，山至高无树。
绷得太紧的弦会断，思虑过度的人会疯。
功有所不全，力有所不往，才有所不足，持满盈者，不损何为？

正道直行，正己正人

东汉时期，史弼到平原郡为相。一天，突然接到朝廷诏书，命他立刻举报揭发李膺等人在平原郡的同党。原来，当时宦官专权，政治腐败，李膺等官员坚决抵制，抨击宦官集团的罪行。宦官们恼羞成怒，诬告李膺等人"朋党为奸，诽谤朝廷"，昏庸的汉桓帝竟信以为真，把李膺等人逮捕入狱，并下诏书，要各地郡县揭发检举李膺等人的同党。附近的各郡国都向朝廷举报所谓"党人"名单，无辜受牵连的有数百人，一时间喊冤鸣屈之声到处可闻，唯有平原郡毫无动静。史弼的上司青州刺史特地派人到郡里督察，并指责道："皇上对党人十分痛恨，决心铲除他们。青州所管辖的六个郡，其他五个郡都举报了党人，为什么唯独你平原郡一个党人也没有！"史弼他理直气壮地回答："先王治理天下，依据各地的不同情况，把国土分疆立界，各个地区的水土不同，风俗相异，民风也不一样。别的郡有党人，平原郡没有，这很正常，怎么能胡乱攀比呢？"由于史弼坚持正义，敢于抵制诬陷滥捕党人的诏书，使平原郡的上千人免受牵连。史弼的正直不屈，受到人们的敬仰。

正 指事字。甲骨文为𠆢，上面的"口"为区域、范围，表示方向、目标，下面是"止"，意为行走、进发，指朝着这个方位或目标不偏不斜地走去。金文为𠀌，小篆为𢀖，隶变后楷书写作"正"。《说文·正部》中解释："正，是（直）也。从止，一以止。凡正之属皆从正。"意思是说，正，正直无偏斜；从"止"，用"一"放在"止"上，会上位者止于正道之意；大凡正的部属都从正。本义为举止不偏斜，掌握在限定的范围内，又向固定的目标前进，正直无偏斜。

关于社会 自由 平等 公正 法治

在浩如烟海的汉字里，"正"字不但造型方方正正，而且尽得天地之正气。在组词时，凡是与"正"字相连的，均为美德、美行、美好，且意义非凡。如人以"正直"为美德，物以"正品"为珍贵，事以"正义"得人心，理以"正确"为标准，吃饭要坐正席，谋职要坐正位，修行要得正果，连乘车坐船也以"正点"到达为吉顺。"正"更是为人处世的基本原则：为人要正直，处事要公正，作风要正派。与"正"字相关的成语，也都是褒义的，如"风华正茂""正义凛然""名正言顺""正本清源""正大光明""正眼法藏""正冠李下""正己守道""正襟危坐""正名责实""正人君子""正心诚意""正身率下"等，可见，国人自古以来就崇尚"正"字，连选举和民意测验也要用"正"字来记数，名下的"正"字越多，表明支持、拥戴的人也越多。喜正，尚正，爱正，求正，体现了人们的一种美好追求。可以说，"正"是虚假的天敌，"正"是欺诈的克星，为人处世离不开"正"字，社会和谐也离不开"正"字。正字，寓意着深刻的人生哲理。

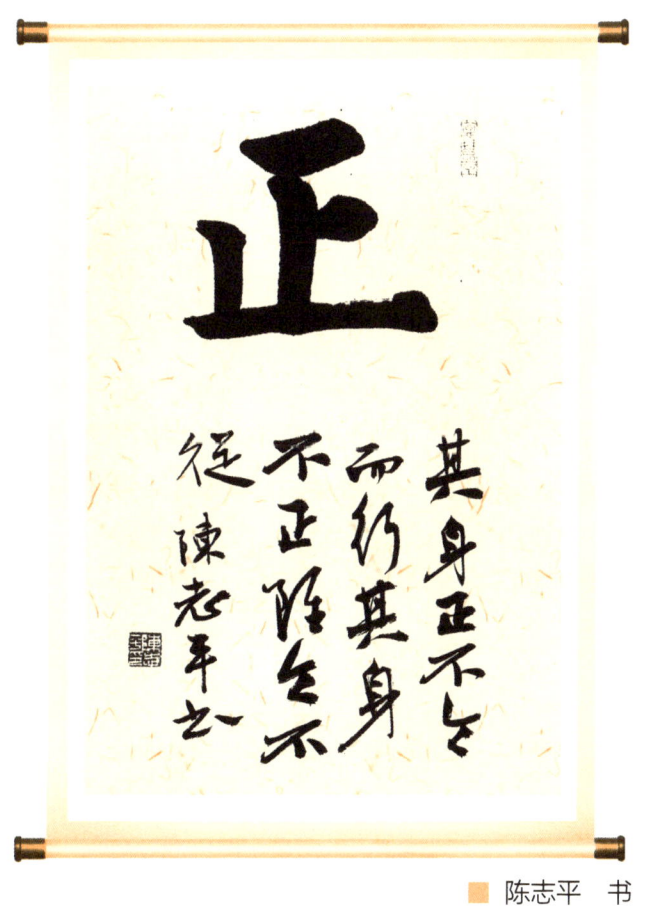

■ 陈志平　书

"正"告诉我们,一个人要取得成功,必须一心一意,朝着正确的目标前进。

"正"从"一",从"止"。"一"为一心一意,矢志不渝。"正"又由"上""下"两字组合而成,上下对齐为正,意为不偏不斜,用正当的方法,走正道,行正事。一个人有正确的方向就不会误入歧途。与懒惰相比,错误的目标更可怕。正如我们开车或走路,如果目标、方向错误,越努力就会距离目标越远。社会的发展也是如此,长期以来,我们搞GDP崇拜,片面地追求国内生产总值,忽视了生态环境和人的精神世界的建设,结果生态恶化、道德堕落,付出了巨大的代价。发展只有以人为本,人民的幸福,才是我们所应追求的目标,这就必须走协调的、可持续发展的道路。为了达到目标,还要学会选择正确的道路。有一个寓言故事,两只蚂蚁想翻越一段墙,寻找墙那边的食物。一只蚂蚁来到墙脚就毫不犹豫地向上爬去,可是每当它爬到大半时,都会由于墙太滑而跌落。它不气馁,一次次地跌落,又一次次地向上爬,始终不能达到目标。另一只蚂蚁跌落后即绕过墙去,很快来到食物面前,享受美食。这说明,很多时候,成功除了勇敢、坚持以外,更需要找对方向、路途,也许有了一个正确的方向,成功就在眼前。

"正"字告诉我们,一个人要获得尊敬,必须处世公正、正派。

"正"字共有五笔,每笔都是笔直的,包含公正之意,告诫人们为人要品行高洁,公正无私。春秋时候,就有这样一个公正无私的故事。晋悼公有一次问祁黄羊说:"南阳县缺个长官,你看谁去合适?"祁黄羊毫不迟疑地回答:"解狐最合适了,他一定能够胜任。"晋悼公惊奇地说:"解狐不是你的仇人吗?你为什么要推荐他呢?"祁黄羊说:"大王您只是问我什么人能够胜任这个职务,又没有问解狐是不是我的仇人!"于是,悼公就派解狐去南阳上任了,果然,解狐很有作为,大家都称赞他。过了一些日子,晋悼公又问祁黄羊说:"现在朝廷缺少一个法官,你看谁能胜任呢?"祁黄羊说:"祁午能够胜任。"悼公又惊奇地问:"祁午不是你的儿子吗?你不怕人家讲闲话?"祁黄羊说:"您只问我谁能胜任,并没有问祁午是不是我的儿子呀!"悼公就派祁午去做法官,果然,祁

字谜廊　一走就停。

谜底:正

关于社会　自由　平等　公正　法治

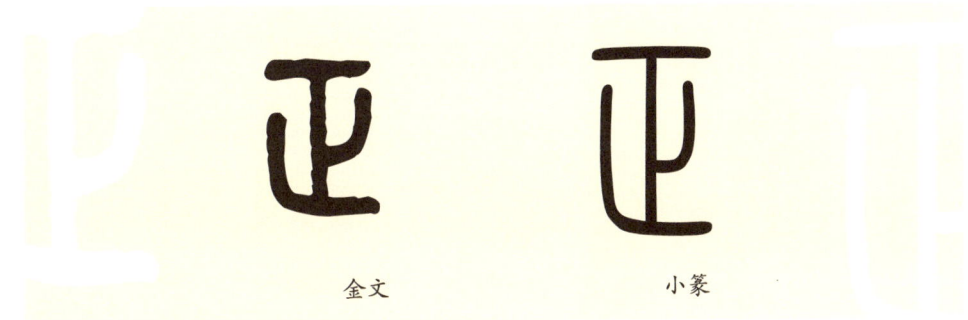

金文　　　　　　小篆

午办了许多好事，很受百姓的爱戴。孔子十分赞赏祁黄羊说："祁黄羊说得好极了，他推荐人，完全拿才能作标准，不因为他是自己的仇人，而心存偏见；也不因为他是自己的儿子，怕人议论。祁黄羊真是公正无私啊。"这就是外举不避仇、内举不避亲的故事。在人的优良品格中，正直尤为可贵。正直的人胸怀坦荡，是非分明，疾恶如仇，为了伸张正义常常挺身而出。我国著名学者马寅初曾经说过："言人所言者易，言人之欲言者难，言人之不敢言者就更难。我就是要言人之不欲而不敢言之言。"他正直耿介的品格，让无数后来人引以为楷模。当然，正直也容易招惹是非，遭受打击，甚至酿成杀身之祸，张志新烈士就是一个例子。因此说，正直的人能说正直的话是国家大幸，反之，则是国家的悲哀。

"正"字告诉我们，为人处世必须持中、恰当。

《文选·东京赋》："正，中也。""正"的原始含义为箭靶的中心，表示不偏斜、平正，刚好、恰好之意。如苏轼《惠崇春江晚景》诗中："竹外桃花三两枝，春江水暖鸭先知。蒌蒿满地芦芽短，正是河豚欲上时。"我们做事最怕"过犹不及"，过了，则过了头，不及，则是不够火候，偏袒一方，必然引起另一方的反对，结果都会得罪人。

"正"字从"一"，从"止"，表示偏离正确的方向就要及时停止。正字由"上""下"两个字正对组成，表示正人先要正己，否则上梁不正下梁歪。"正"加"攵"为"政"，孔子说："政者，正也。子帅以正，孰敢不正？"这就是说，政治的政，也就是端正、正派的正，将帅带头正，谁敢不正呢？因此，良好政风的形成，要从上层开始；而基层政风的败坏，其实源于上层的松懈。

"正"加"攴"为"整"，清正需要整顿，正如人的衣冠要经常整理。"正"加"言"字为"证"，正直的人讲话要讲证据，不能无中生有，信口雌黄。

 **智慧树下**

漫漫人生，正道直行。
认准方向，终有所成。
正心则行端，正德则义全，正派则心安，正直则国康。
正人先正己，正风先正心。
得天地正气，行人间正道。

 格言集锦

正直做人，应是人生追求的价值。
官若用心于正，则一振而群纲举；
官若用心于诈，则百补而千穴败。
恶风纵使推千浪，正气终能慑百邪。
其身正，不令而行；其身不正，虽令不从。
根深不怕风摇动，树正何愁月影斜。
宁可直中取，不可曲中求。
宁可正而不足，不可邪而有余。
正以处心，廉以律己。（薛瑄）
理国要道，在于公、平、正。（《贞观政要》）

关于社会　自由　平等　公正　法治

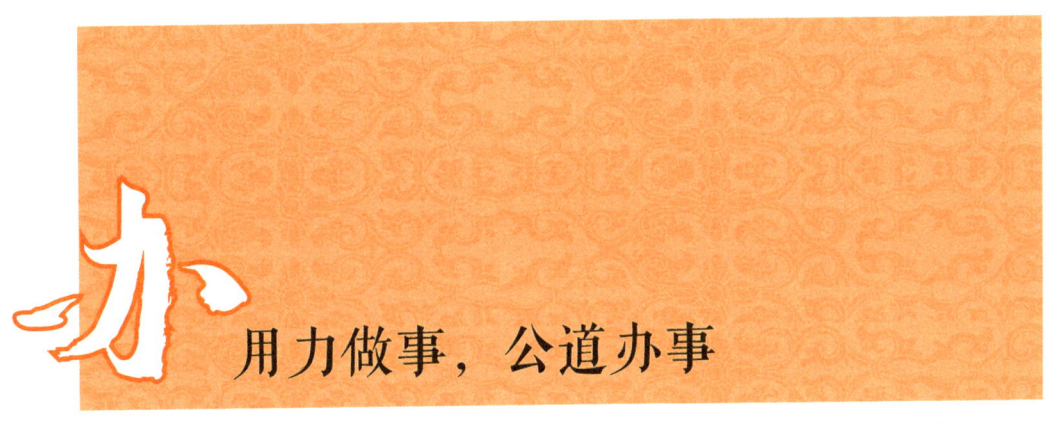

用力做事，公道办事

有一次，一群科学家在海边考察，发现一只小海龟从沙堆上的一个洞穴里探出头来四处张望，慢慢地朝大海爬去，一只在空中盘旋的海鸟发现了它，俯冲了下来，小海龟急忙掉头往回爬。这群科学家见状，恻隐之心顿生，决定帮小海龟一把。他们跑过去抱起小海龟，把它放到海里去。正当他们为自己的"义举"而沾沾自喜时，始料不及的事发生了。洞穴里其他小海龟见爬出去的那只小海龟没有回来，以为外面安全了，纷纷往外爬。这立刻引来了一大群海鸟，它们不断地冲下来，享用着丰盛的美餐。实际上，第一只爬出来的小海龟是出来探路的哨兵，一旦有危险就回去报信。人们出于好心帮了这只小海龟，却害惨了整窝海龟。大自然有自己的法则，并且许多法则是我们还没有掌握的。人为干涉，往往是好心办坏事，帮倒忙。

办 形声兼会意字。小篆为辦，从"力"，从"辛"，会用力做之意。《说文·力部》新附："辦，致力也。"本义为办理、治理。繁体字为"辦"，从"力"，从二"辛"。"力"表示努力、出力；"辛"代表辛苦、艰辛。两个"辛"意味着加倍辛苦。我们经常要办事、办公，"办"字给我们许多启发。

"办"字告诉我们办事"勤"为本。

办字中间是一个力字，表示办事要付出脑力、心力和体力。两个"辛"字意味着要加倍辛苦。要做成一件事，必须愿意付出，敬业乐业，尽心尽力。一滴汗水，一分收成，要实现一个目标，做成一件事，必须不怕辛苦，尽心尽力。爱岗敬业的典型李素丽说："用手工作只能称职，用心工作才能优秀。"一个人要做出一点业绩来，天赋固然重要，工作的勤奋程度更不可少。

古人云：勤能补拙是良训，一分辛苦一分才。东晋大书法家王羲之每天坚持练字，练完后就在家旁边的一口池塘里洗笔，这样日复一日，竟将整口池塘的水染成了黑色，像墨一般，于是人们把这口池塘叫做"墨池"，也叫"洗砚池"，可见他用功之勤。王羲之有个儿子叫王献之，自幼聪明好学，也喜欢书法，一天，献之问父亲："我的字要比得上您，再写上三年就行了吧？"羲之摇摇头，说："要写完院里这18缸水，你的字才会有筋骨。"献之听了心中不服，咬牙又练了5年，把他写好的字给父亲看，羲之一张张掀过，看到一个"大"字，随手在"大"字下填了一个点，把字稿退还给献之。献之又给母亲看，母亲翻了一遍，指着"太"字那个点儿，叹了口气说："吾儿磨尽三缸水，唯有一点似羲之。"献之听完后羞愧不已，终于明白要习得书法真谛，唯有一个勤字。于是，他锲而不舍地练下去。功夫不负有心人，献之写尽18大缸水，在书法上突飞猛进，也到了力透纸背、炉火纯青的程度。最后，他的名字和他父亲并列，在书法史上被称为"二王"。

"办"字告诉我们办事要有能力。

有心无力同样办不成大事。一个人最基本的能力是学习能力。一个人的知识是有限的，要办得尽善尽美，就要善于向书本学习，向群众学习，向实践学习，从外行变成内行。一个人的工作岗位经常会有变化，有的甚至是跨行业，隔行如隔山，这就需要有学习的能力。除此之外，还要有信息资料的搜集能力、工作方案的制订能力、组织协调能力、总结提高能力、解决问题的逆向思维能力、处理问题的换位思考能力。

"办"字告诉我们办事还要公道。

办字有两点，既象征着辛勤的汗水，又象征着公道，左右各一点。为什么我们把办事的地方叫办公室，这是要求办公众的事，秉公办事、办事公道。俗话说：公生明，廉生威。为公办事，不存私心，就能对事物做出客观的判断，不会迷失方向，不会办错事。唐代宰相狄仁杰为官公正，如老子所言"圣人无常心，以百姓心为心"，始终保持体恤百姓、不畏权势的本色，后人称之为"唐室砥柱"。他在武则天当政时曾担任国家最高司法职务，判决积案、疑案，纠正冤案、错案、假案，还曾任掌管刑法的大理丞，到任一年，便处理了前任遗留下来

> **字谜廊**
>
> 点滴之变成作为。
>
> 谜底：办

关于社会　自由　平等　公正　法治

的17 000多件案子，没有一人再上诉申冤，其处事公正可见一斑，后人据此演绎出了许多精彩的传奇故事，汇编为《大唐狄仁杰断案传奇》。他去世后，朝野凄恸，武则天闻讯泣言之："朝堂空也！"一个官员，既得到皇帝的信任，又受百姓的爱戴，只能靠一个"公"字，历代能够青史留名的官员，哪一个不是如此？

"办"加竖心旁为"协"，它告诉我们办好事、办成事要齐心协力。"办"的字形是"八"（众多）紧靠在"力"旁，是指众人心往一块想，力往一处使，团结一心才能办成事。一个单位必须发挥团队的力量，1加1可以等于2或大于2，但如果是内耗，就会变成负数。"独木不成林""一花独放不是春"，互相拆台，必然是大家倒台。因此，一定既要分工，又要合作，互相配合，互相补台，这样，才能办成事、办好事。

"办"音通"半"，两"辛"表示做事要付出两倍的辛苦，一"力"代表用功。办成事，要付出，更要有技巧、技能，讲究方法，"欲善其功，先利其器"，这样，才能达到事半功倍的效果。

 智 慧 树 下

办

办从力，从八。
八人里面有孔子，土石里面有金子。
蜂多出王，人多出将。
办加竖心旁为协，它告诉我们办好事、办成事要齐心协力。
办字有两点，既象征着辛勤的汗水，又表示要公道，左右各一点。
为什么我们把办事的地方叫办公室，这是要求办公众的事，秉公办事、办事公道。

 格 言 集 锦

○用手工作只能称职，用心工作才能优秀。（李素丽）
○只要勤，不愁贫。
○立身方知人辛苦。

175

说核心价值观

方 内方外圆，处世之道

"可方可圆"是一句传统的口头禅，"做人要方，做事要圆"是一条人生的座右铭，给人启迪，引人深思。什么是方？什么是圆？刚是方，柔是圆。原则是方，机变是圆。方是做人的脊梁，圆是做事的锦囊。方是平天下的思想气度，圆是适应社会的行为准则。千载文化积淀中最能代表"方圆"哲学的莫过于古代铜钱。铸造外圆内方的前辈早已悟出"方圆"哲学中的大理与禅机。外圆可减少阻力，便于流通提携；内方可一线贯通，秩序井然。"取象于钱，外圆内方"，做人做事的道理尽在其中。做人有方的，准则在手，就会方寸不乱，千变万化不离其宗；做事有圆的，技巧在胸，就会浑圆玲珑，时事人情一通百通。外圆内方，可谓人生的最高境界。做人有方，就能堂堂正正；做事有圆，就能得心应手。有圆无方则不立，有方无圆则滞泥，可方可圆则无往不利。

象形字。甲骨文 ᚍ，像起土出粪的大锸形。金文 ᚎ，小篆 ᚏ。《说文·方部》："方，併船也。象两舟省、总头形。"意为"方"是并行的两船，泛指并行、并列。后引申的意义较多，有指方形，与圆相对。如"没有规矩，不成方圆"，古人认为天是圆的，地是方的，故有"天圆地方"之说；有指方位和方向，如东西南北中，"有朋自远方来，不亦乐乎？""事在四方，要在中央"；有指时间，有刚刚之意，如"方兴未艾"；有指人的行为的正直，如品行方正；还有指方法、途径、心绪，如方法、方寸等。与方字相关的成语不少，只是平常用得较少，较为生疏，我们经常用的有"千方百计"，除此之外还有"方便之门"，指给予便利，"方寸已乱"指心绪很乱，"方底圆盖"指两不相合，"方驾齐驱"指并驾齐驱，"方领矩步"指儒生的服饰容态，"方面大

关于社会 自由 平等 公正 法治

金文　　　　　　小篆

耳"指富贵之相,"方头不律"指不合时宜,"方正不阿"指为人正直,不逢迎谄媚等。方字告诉我们为人处世的真谛。

方向比努力更重要。

　　船只航行必须有确定的方位和方向。如果迷失了方向,可能原地打转,可能离原定的目标越来越远。有一位著名的美国科学家,曾进行了这样一项十分有趣的试验:他在两个玻璃瓶里各放进了5只苍蝇和5只蜜蜂,然后将玻璃瓶的底部对着有光源的一方,而将开口朝向暗的一方。几个小时之后,科学家发现,那5只蜜蜂全部都撞死了,而5只苍蝇早就在玻璃瓶后端找到了出路。一向勤劳、聪明的蜜蜂为什么找不到出口呢?经研究发现,蜜蜂通过经验认定有光源的地方才是出口,它们不停地重复这种合乎逻辑的行为。它们每次朝光源飞都用尽了全部力量,被撞后爬起来继续撞向同一个地方,最终导致死亡。而那些苍蝇呢,全然不顾亮光的吸引,四下乱飞,结果误打误撞地碰上了好运气。其实,生活中类似这蜜蜂和苍蝇的事例真是太多了。许多人选定一个方向后为之坚持不懈地努力,但结果却事与愿违,可他们却不愿放弃,而这事实上错误的方向让他们的一生都活在失败中;也有些人,在意识到失败后,赶紧仔细分析,调整努力方向,不断尝试,最终更快地找到出路、获得成功。一个人选择自己努力的领域,一定要有正确的方向,否则会前功尽弃。有一位诺贝尔奖获得者在谈到他成功的经验时说:"从容思考,从速实行,方向永远比努力更重要。"有一句俗话叫:"不撞南墙不回头。"其实,这是愚蠢的做法。

方正比圆融更重要。

　　方形的四边是平直的,平直的物件显得端庄和稳重。因此,方可以指人的行为,品行正直、方正、无邪。方正的人其心坦荡,宁在直中取,不向曲中求,因而也心安理得，稳健而平静。唐朝李听曾在皇家御林军任职，负责管理马匹。有一次，西域进贡了一匹名马，极其神骏，皇上交给李听饲养和训练。太子李恒喜欢狩猎，立刻坐不住了，打发身边一个亲信，劝李听把马献给自己。李听回答说："不行。"来人提醒他说："李将军，你得想想跟你要马的人是谁呀，今天是太子，明天可就是皇上了。"李听说："圣上授予我职权，不是让我拿来做交易的，请太子谅解。"太子李恒心有不甘，决定亲自出马。李恒借故巡视军营，见到了那匹名马，心痒不已。他悄声跟李听说："这匹马我很喜欢，能不能让我先骑用几天？"李听说："战马是重要的军需，不可以随便出借。"太子很不高兴，悻悻而归。后来，太子继位当了皇帝，这就是唐穆宗。当时藩镇割据，叛乱四起，穆宗想选择大将担任主帅，宰相一连推荐了几个人，他都觉得不妥。宰相也有些不知所措，干脆问皇帝可有中意的人选。穆宗说："羽林军的李听当年不给我名马，是个正直的人，他一定可以胜任。"于是，下诏任命李听为河东节度使。李听果然不负重任，成为唐朝后期一位著名的将领，被封为凉国公。

外圆内方比方正更重要。

人最珍贵的品格是正直、方正，正则"品"端，直则人立。正直是一种风骨。《菜根谭》说："处治世宜方，处乱世宜圆，处叔季之世当方圆并用。"意思是说，生活在太平盛世，为人处世应当严正刚直；生活在动荡不安的时代，为人处世应该圆滑老练。其实，是选择方还是圆，不但要看环境，还要看与什么人相处。为人处世，不外三种方法，一是方，如一代谏臣魏征，魏征是幸运的，因为有一个开明的唐太宗，否则，早已无葬身之地。包拯也是个方正之人，一生之中没有一分私情的把柄，无不堂堂正正，是严正的典范。据说包拯不笑。当时流传一句话："包公笑，黄河清。"包公一笑，比黄河变清还难得。因此，方是可敬的，但往往不可爱。我们评价一个人：优点是直，缺点是太直。既包涵着表扬，也包含着批评。方有刚有棱，容易折断，也容易伤害他人和自己。方，应是在大是大非、在原则问题上坚持正直和方正，即"吕端大事不糊涂"。同时，也要看与何人相处。与虚伪之人、邪恶之人相处，方只能是悲剧。"曲如钩，封公侯，直如弦，死道边""忠忠直直，终日乞食"，这是人性的悲哀，社会的悲哀。二是圆。这就是处事老练圆滑，八面玲珑，如和珅之流，看见权贵就逢迎，看见倒霉的人就幸灾乐祸，这种人无正气、无骨气、无原则，是可怕之人，这种人总想让别人吃亏，自己占便宜，当面一套，背后一套，口蜜腹剑，久而久之，人们必然处处设防，难以成为知己。因此，第三种选择就是方外有圆，圆中有方，外圆而内方。方，方方正正，有角有棱，即做人处事有自己的主张和原则，不被别人所左右。圆，处世圆滑，通融老成，即做人处事讲究艺术，讲究技巧，该前则前，该后则后，能认清时务，进退自如。

人生最高的处世境界是方圆相济，是刚与柔、强与弱、进与退的结合，圆为和谐、变通、灵活，体现了柔韧、柔弱的一面；方则为个性、爽快、原则，体现了刚直、刚强的一面。刚而能柔，这是用刚的方法，柔而能刚，这是用柔的方法，强而能弱，这是用强的方法，弱而能强，这是用弱的方法。因人、因事灵活运用。我们在日常生活中，正确运用"方圆"之理，认真处理好个人与他人，个人与工作，个人与家庭，个人与社会的各种关系，做到方圆并用，刚柔相济，强弱融合，进退自如，即原则性与灵活性的高度统一，这样才能体现出自己的智慧和修养，才能无往而不胜。

《资治通鉴》中记载着这样一个故事，魏王攻陷了一座城池，大宴群臣。宴席之上，魏王问文武百官："你们说我是明君，还是昏君？"大多数的官员纷纷说："大王当然是一代明君了。"正当魏王飘飘然时，问到任座，正直的任座却说："大王是昏君。"魏王问："何以见得？"任座说："大王您获得了胜利，攻下了城池，没有按顺序分给您的弟弟，而是分给了您的儿子，可见您是昏君。"魏王大怒，下令将任座赶出去听候发落。接着问下一个臣子，这位大臣说："大王是明君。"魏王心中暗喜，忙问："何以见得？"这位大臣说："有古言说，明君手下多是些直臣，现在大王手下有像任座这样的直臣，可见大王是明君！"听罢，魏王大悟，赶快把任座重新请进来。在这个故事中，出现了三种人。第一种是那些趋炎附势的大臣，他们说魏王是明君，完全是出于保全自己与升官发财的私心，是圆滑。第二种是任座这种刚正不阿之人，敢于不畏权势，直言进谏，非常了不起。但是这种人却因为刚正有余，圆滑不足，触犯了魏王的君王威信和颜面，不但没起到作用，反而自己被赶出去。最后一种人便是救回任座的大臣，显而易见，他所拥有的不仅是刚正，而且是大智慧。他在解释中婉转地告诉魏王明君应该如何做，起到了一箭双雕的作用，不仅纠正魏王的错误行为，也解救了任座。这个故事告诉了我们一种处世之道——外圆内方。

字谜廊

四边芳草已凋零。

谜底：方

智慧树下

方是做人的脊梁,圆是处世的策略。

方是目标,圆是路径。

方是原则,圆是变通。

方以不变应万变,圆以万变应不变。

先方可以后圆,先圆不能后方。

方向正确,人生快马加鞭;方法得当,人生圆满通达。

格言集锦

方而不圆无人味,圆而无方无人格。

立志如山是方,行道如水是圆。不如山不能坚定,不如水不能曲达。

方圆相融随方就圆,在方中展正气,在圆中显技巧。

法治是治国理政的基本方式,依法治国是社会主义民主政治的基本要求。它通过法制建设来维护和保障公民的根本利益,是实现自由平等、公平正义的制度保证。

法 治

法 公平如水，去恶止邪

"曹操自刑"是历史上有名的故事：一次曹操带兵出征，路过一片麦田，他当即下令："任何人不得践踏麦田，违者斩！"命令一下，人人都小心起来。偏巧，曹操的马受惊了，奔到麦田里去，官兵见状，都站在田埂上、路旁边看着。曹操勒回了马，立即把行军主簿叫到马前，让其议罪。主簿援引《春秋》说"罚不加于尊"，这件事就算了。曹操说，我自己下的命令，自己带头去破坏它，怎么让三军执行？但我是全军之主，也不好自杀，只有处以刑法了。说着，他拔出宝剑，割下胡子。古人是不割须不理发的，这是当时的一种刑法。曹操自刑，全军震动。此后，他的威望就更高，曹军的纪律也更严明了。

法 会意字。金文，从"人"，从"口"，从"水"，从"廌"。"人""口"意为人发生口角，诉讼不断。"水"静为平。"廌"是古代神话中的一种怪兽，头上有角，能辨是非曲直。传说尧请皋陶出任司理，上任的时候，皋陶得到一种神羊，名叫獬豸，青色一角，具有能辨善恶，分清曲直的

金文　　　　　　小篆

关于社会　自由　平等　公正　法治

天性，如遇疑案，只要将它牵来，它便会用角触邪恶，顿解疑难。后来法官执行公务时，穿上了豸服，以后逐步豸服演变为制服。小篆为 𤼽，调整了结构，如今以"法"为规范正体。《说文·水部》："法，刑也。平之如水，从水。廌，所以触不直者，去之，从去。"意思是说，法，刑法，量刑标准平得像水面一样。因此，字形采用"水"作边旁。廌，是用来在疑案中撞触真犯的动物，判别出真犯后将其除灭，所以字形采用"去"作边旁。法的本义为刑律、法令。《韩非子·有度》："法不阿贵，绳不绕曲。法之所加，智者弗能辞，勇者弗敢争，刑过不辟大臣，赏善不遗匹夫。"大意为刑法不去阿谀权贵，准则不去缠绕曲木。法令所规定的，智者不能推脱，勇者也不敢去争执，刑罚有过不避大臣，奖赏善举不漏平民。这就是执法公正、公平、公开，法律面前人人平等。法中有"水"，水始终遵循高往低流的规律，法就成为法则、准则。法带有强制功能，因此又有法律之说。在我国战国时期有一个重要学派，即法家。法家崇尚法治，反对礼治。今天，我们治理国家，必须把依法治国和以德治国结合起来。含法字的成语有"法出多门"，指各部门皆自立禁令，法制繁苛，政令不一，使民无所措手足。"法力无边"指力量极大不可估量。"法外施仁"指法纪之外，给以宽大处理。"法"字不但告诉我们法的本质，也告诉我们要用法的武器去维护自身合法的权益。

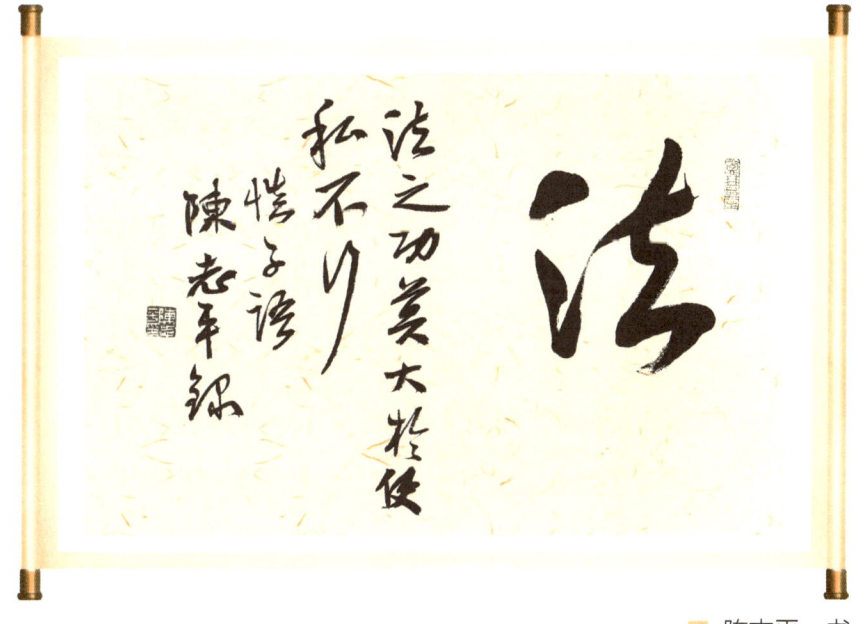

■ 陈志平　书

说核心价值观

法如水之平，揭示了在法律面前人人平等这一法律本质。

"法"字从"水"，水有坎则填，随遇而安，使万物趋于平稳，说明法是社会和谐、平安的"稳压器"。水清澈透明，说明法不能掺杂质，是公正透明的。俗话说，水火无情，说明法象征公正、公平，法律面前人人平等，没有贫富之分，官民之分，强弱之分，一切以公正为准绳。有一个小磨坊的故事，说明法是最神圣的。德国皇帝威廉一世，有一天，他来到波茨坦的行宫，当他站在宫顶远眺大好河山时，一座破旧的磨坊挡住了他的视线。于是，他派人前去与磨坊主人协商，希望能够买下这座磨坊。不料这个磨坊主一点也不把"君王威望"放在眼里。几次协商，尽管国王许以高价，晓之以理，动之以情，可老汉软硬不吃。面对这样的"钉子户"，皇帝龙颜震怒，派人把磨坊强拆了。第二天，老汉一纸诉状把皇帝告上了法庭，法院判决威廉一世把磨坊恢复原状，并赔偿损失。威廉一世只好遵照执行。后来威廉一世和那个磨坊主都归天了，小磨坊主经济拮据，想把磨坊卖给威廉二世，于是给威廉二世写了封信。威廉二世给他回信："我亲爱的邻居，来信已阅，这间磨坊已经成为德国司法独立之象征，理当世世代代保留在你家名下。至于你的经济困难，我派人送去3000马克，请务必收下。你的邻居：威廉二世。"于是，这座磨坊被德国政府永久性地保留下来，每年游客络绎不绝。

法如水流，揭示了人必须尊重和遵循自然规律。

法字从"水"，水向下流淌，遵循着一定的规律。其实，宇宙万物皆有其法，人应该认识、了解、尊重、遵循规律，恪守天人合一，顺其自然的行事准则，否则，会受到自然的惩罚。20世纪初叶，美国亚利桑那州北部的凯巴伯森林还是松杉葱郁，生机勃勃，大约有4000只鹿在林间出没，其天敌狼也生活在其中。当时的美国总统西奥多·罗斯福很想让凯巴伯森林里的鹿得到有效保护，繁殖得更多一些。他宣布凯巴伯森林为狩猎禁区，并决定由政府雇请猎人到那里去消灭狼。枪声在森林中震荡。经过25年的猎捕，有6000多只狼先后毙命。得到特别保护的鹿成了凯巴伯森林中的"宠儿"，它们自由自在地生长繁育。很快，森林中的鹿增多了，总数超过了10万只。10万多只鹿在森林中东啃西啃，灌木丛吃光了就啃食小树，小树吃光了又啃食大树的树皮……一切能被鹿吃的食物都难逃厄运。森林中的绿色植被一天天在减少，大地露出的枯黄一天天在扩大。灾难终于降临到鹿群头上。先是饥饿造成鹿的大量死亡，接着又是疾病流行，无数只鹿消失了踪影。两年之后，鹿群的总量由10万只锐减到4万只。到1942年，整个凯巴

关于社会　自由　平等　公正　法治

"法"原作"灋"。据《说文》解释：传说中有一种名叫"解（獬）廌"（xièzhì）的神兽，它形似山牛，只有一角，能判别谁"不直"并触"去"（抛弃）他，所以用它断案。执法要平，故从"水"。

伯森林中只剩下8000只病鹿在苟延残喘。罗斯福无论如何也想不到，他下令捕杀的恶狼，居然也是森林的保护者！尽管狼吃鹿，它却维护着鹿群的种群稳定。这是因为，狼吃掉一些鹿后，就可以将森林中鹿的总数控制在一个合理的数量。同时，狼吃掉的多数是病鹿，又有效地控制了疾病对鹿群的威胁。仅仅根据人类自身的片面认识去判定动物的善恶益害，有时会犯严重的错误。森林中既需要鹿，也需要狼。人们必须尊重动物乃至整个生物界中的这种相互关系。

"法"字有"去"，揭示了法的宗旨是去恶止邪，使人们远离犯罪。

"法"字不论是金文，还是现在的简化字，都有"去"字。"去"有离开、离去和除掉等意，与"来"相反。"法"从"去"，表明法的宗旨是法律规范人的行为，打击犯罪，劝导向善，是去恶扬善，保障人们的生命和财产安全。另一方面，要告诫触犯法律的人将受法律的制裁，要洗心革面，重新做人。在当下社会，非但好人难做，而且往往是好人做了好事后就要作难。南京市一位轿车司机将一名在农贸市场门口跌倒的老太太扶起，不料竟遭老太太冤枉，诬称是撞了她。幸亏有众多围观者纷纷站出来向警方作证，为好人叫屈，这位司机才未被讹住。要是没人看到，那司机就是浑身长满嘴，恐怕也难说清了。因此，用法的权威让思恶者无利可图，而且还要受到应得的惩罚。诬告见义勇为者，不能诬告完了什么事都没有，他们不但要受社会道德谴责，更要负法律责任，这样社会正气才能不断弘扬。

法上"土"下"厶"，揭示了执法者必须秉公执法，不谋私利。

法从"土"，从"厶"，"土"具载万物之公心，"厶"为私省，"土"在上，"厶"在下，土把一己之私压在下面，意为执法、司法者要执法为公，坚持公正、廉明。"法"为"去""水"，也寓意执法要去掉水分，去掉私心，公心

185

为上,铁面无私,执法如山,维护法律的尊严。下面的这个故事,说明法律是公平正义的化身。

美国总统林肯出生在一个农民家庭,小时候,家里很穷,他没机会上学,但一直坚持自学。1836年,他通过考试当上了律师。由于他精通法律,口才很好,在当地很有声望。很多人都来找他帮着打官司。但是他为当事人辩护有一个条件,就是当事人必须是正义的一方。许多穷人没有钱付给他劳务费,但是只要告诉林肯:"我是正义的,请你帮我讨回公道。"林肯就会免费为他辩护。一次,一个很有钱的人请林肯为他辩护。林肯听了那个客户的陈述,发现那个人是在诬陷好人,于是就说:"很抱歉,我不能替您辩护,因为您的行为是非正义的。"那个人说:"林肯先生,我就是想请您帮我打这场不正义的官司,只要我胜诉,您要多少酬劳都可以。"林肯严肃地说:"只要使用一点点法庭辩护的技巧,您的案子很容易胜诉,但是案子本身是不公平的。假如我接了您的案子,当我站在法官面前讲话的时候,我会对自己说:'林肯,你在撒谎。'谎话只有在丢掉良心的时候,才能大声地说出口。我不能丢掉良心,也不可能讲出谎话。所以,请您另请高明,我没有能力为您效劳。"那个人听了,什么也没说,默默地离开了林肯的办公室。

法谐音为"罚",揭示了法律一方面要对违法行为给予处罚,另一方面要用法律维护自身的权利。法是刚性的,它通过处罚违法的人起惩戒作用,这种处罚有经济的处罚,也有肉体的处罚,这种处罚就是犯罪的成本。在法国还有与众不同的处罚,这就是精神的处罚。很久以前,法国有一座特殊的监狱。这座监狱的一切都与别的监狱不同。实际上,这是一座辉煌壮丽的教堂,庄严、肃穆。这里除了神职人员外,没有任何看守,只有四周的高墙让人生畏。囚犯们都是经过百般讯问而不得其口供的江洋大盗。他们在这里伴随着终日不断的深沉的钟声和唱诗班的祈祷。日久天长,一个个罪犯都向神父忏悔了自己的罪恶。因为他们宁愿接受法律的判决,也不想终日忍受良心的折磨,聪明的法国人用活生生的事实证明,敲响心灵的钟声,有时会比严刑酷律更能奏效。

"法"的谐音还有"发"。某公司生产一种产品,十分畅销。但不久市场上就出了冒牌劣质产品,这家公司濒临破产,危机重重。后来,这家公司诉诸

> 筑室松下近江边。
>
> 谜底:法

法律，结果法院判决冒牌厂家停止侵害，赔偿经济损失。这家公司由此挽回了损失，挽回了形象，不久生意又重新红火起来。这说明用法能发。

 智慧树下

法如水，水平静，法平等；水清澈，法透明；水流淌，法有道；水无情，法严明。

法有去，止恶去邪；法压私，厚德去私。

法罚同音，犯罪必罚；法守正理，用法能发。

 格言集锦

赏必当功，罚必当罪。（吕祖谦）

法律不能使人人平等，但是在法律面前人人是平等的。

（波洛克）

犯罪总是以惩罚相补偿，只有处罚才能使犯罪得到偿还。

（达雷尔）

法官是法律世界的国王，除了法律就没有别的上司。

（马克思）

法者，天下之准绳也。（《文子·上义》）

法之功莫大于使私不行。（慎到）

为治而去法令，犹欲无饥而去食也。

（《商君书·定分》）

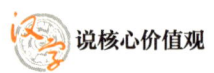

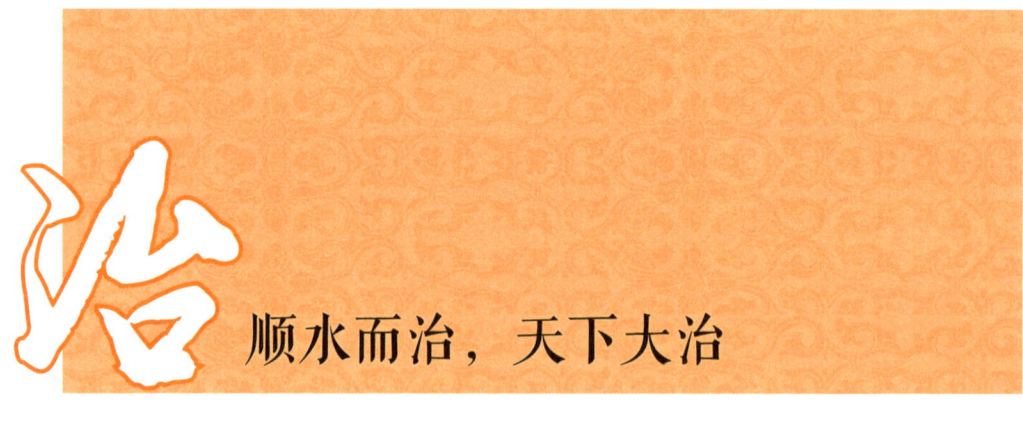

顺水而治，天下大治

"大禹治水"是人所皆知的一个典故。相传禹的父亲叫鲧，也是我国古代有名的治水英雄。当尧还在世的时候，中原地带洪水泛滥，给人民带来了无边的灾难。于是，尧派鲧去治洪水。鲧治水治了九年，失败了。尧又派禹去治水。禹为治水三过家门而不入。他治水讲究的是智慧，采取疏导的办法，咆哮的河水失去了往日的凶恶，驯驯服服地平缓地向东流去。大禹治水一共花了13年的时间，昔日被水淹没的山陵露出了峥嵘，农田变成了米粮仓，人民又能筑室而居，过上幸福的生活。人们感念他的功绩，为他修庙筑殿，尊称他为"禹神"，整个中国也被称为"禹域"，也就是说，这里是大禹曾经治理过的地方。

治　形声字。小篆为 治，从"水"，台声。"氵"，表示水，洪汛。"台"通"臺"，用土石堆筑的坝堤。《玉篇·水部》："治，修治也。"造字本义为开凿水道，修筑堤坝，引水防洪。治也延伸有整治、治理、管理好等义，如"治标不治本"，"禹以治，桀以乱，治乱非天也"。有关"治"的典故和成语有："无为而治""半部论语治天下""励精图治""治国安民""治乱存亡"等。天下大治，是国家兴旺昌盛、人民安居乐业的标志。当前，我国的改革进入深水期，社会矛盾进入了凸显期，社会治理成为摆在我们面前的一个极为严峻、艰巨的任务。"治"字从一定程度上揭示了社会治理之道。

要顺水而治。

"治"含水，可见治国、治家、治理一个单位，都要如水的特性去治理。一是作为领导者，要像水一样态度谦逊。因为水一心向下不争高，才能融汇溪流,以成滚滚长河;因为十分谦逊不挑剔,方可广纳百川,以成浩浩湖海。二是水是柔和的。水,可方可圆,可直可弯,可聚可散,可有可无,随机则变,随遇而安,似乎水永远都是舍己从人。当水遇到障碍物时,要么运用能量,使障碍物随波逐流;要么委屈自己绕行,并与障碍物化克为生,共存共荣。于是,水遇山陵时,往往傍山而行,或形成怀山襄陵的旖旎风光,或出现高峡出平湖的壮丽景致。水无常形。水从来都是因势利导,因地制宜。一切都自然而然,恰到好处。水的随和积蓄了水的能量,水的温柔成就了水的刚强。也就是说,作为领袖,在面临危机的关头,要发挥水一般的特性,柔和,借力打力,寻求别样的解决办法。三是水有清澈透明的特性,说明领导者的决策要公平无私、公道,所谓一碗水端平。政务要公开,办事要在阳光下操作。四是水由点滴构成,积水流成江河,治理要从小事做起,从点滴做起。五是水具有渗透性,"润物细无声",治理不能急于求成,要持之以恒,慢慢深入。六是水喜疏不喜堵。俗话说:"水火无情",人尽皆知,洪水具有很大的破坏力,治水要顺应水的本性,让水有宣泄的渠道。社会治理也一样,应疏堵结合,以疏为主。顺应人的本性,提供表达民意,宣泄情绪的渠道。这样,才能避免对社会造成的破坏,扬利避害。

要从萌芽而治。

"治"字从"水",从"台"。"台"的本义为喜悦,是"胎""始""怡"的本字。它有四层含义:一是任何治理要从萌芽开始,从初始开始。俗话

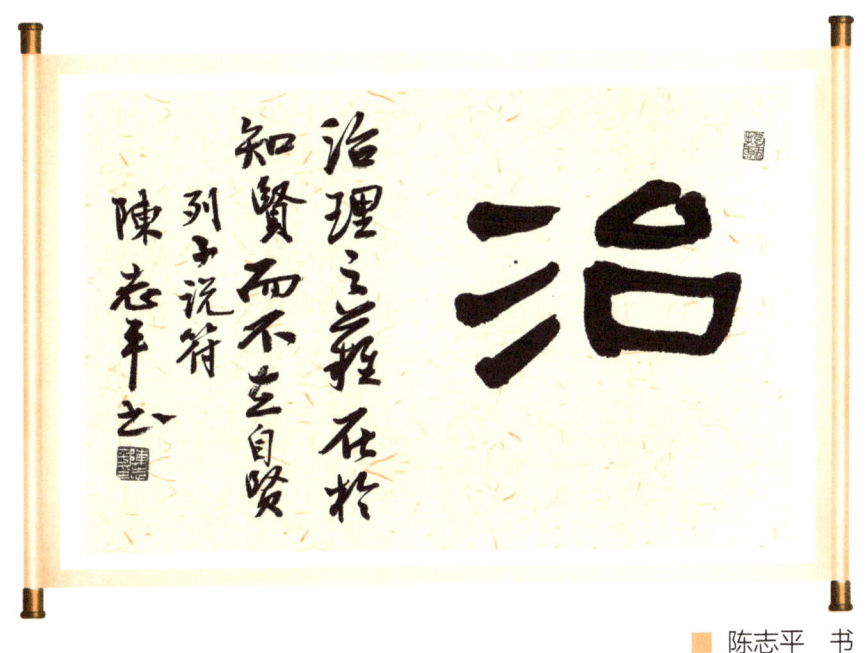

■ 陈志平 书

说:"千里之堤,溃于蚁穴。"一点火苗,往往会酿成一场大火。因此,要把问题解决在萌芽状态。成语"防微杜渐"说的就是这样一个道理,当错误的思想和行为刚有苗头或征兆时,就加以预防与制止,坚决不让它继续发展。《后汉书·丁鸿列传》记载:东汉和帝即位时仅十四岁,由于他年幼无能,便由窦太后执政,她的哥哥窦宪官居大将军,国家的军政大权实际上落入窦宪等人手中,他们为所欲为,骄横跋扈。看到这种现象,许多大臣心里很着急,都为汉室江山捏了把汗。大臣丁鸿很有学问,对经书极有研究,对窦氏专权十分气愤,决心为国除掉祸根。几年后,天上发生日食,丁鸿就借这个征兆上书和帝,建议趁窦氏兄弟权势尚未成气候时,早加制止,以防后患,这样才能使得国家长治久安。他在奏章里说:"'杜渐防萌'则凶妖可灭。"和帝本来早已有这种打算,很快采纳了他的意见,并任命他为太尉兼卫尉,进驻南北二宫,同时罢掉窦宪的官。窦宪兄弟后来畏罪自杀,从而避免了一场可能发生的宫廷政变。二是任何治理都要有始有终,不能虎头蛇尾,半途而废。三是任何治理都要以人民群众高兴不高兴作为标准,要务实事,见成效,要令人满意。四是任何治理都应刚柔相济,胡萝卜加大棒。水是柔和顺畅的,水具有水滴石穿的韧性。"台"则为建筑物,具有坚固、刚硬的特性。因此,治理要用法,又要讲理,让人心服口也服。

要依制而治。

"治"音通"制"。寓意社会治理要有法制、制度、规则。任何社会秩序的形成,离不开规则,正如中国谚语所云:"没有规矩,不成方圆。"在传统社会,传统习惯确立的惯例,宗教规则、文化模式、道德规范都是规矩。在现代社会,法律和制度成为社会治理最主要的工具。在治理一个国家、一个行业的过程中,制度是更带有根本性的东西。科学规范的制度对经济文化快速有效的发展有着十分重要的作用。制度起决定作用的情况随处可见,为了调动农民的生产积极性,提高农业生产的效率,推动农业经济的快速发展,十一届三中全会之前,我们从提高觉悟、克服资产阶级懒汉懦夫观念、净化集体经济环境甚至创造新人入手,耗费了那样大的精力,农民群众更是付出饥饿和贫穷的代价,效果却不尽如人意。三中全会之后,分田到户的大包干体制一推行,仅两三年工夫,我国农业生产的效率、农业经济增长速度、农民生产积极性、进而整个中国农业的面貌,就发生了翻天覆地的变化。这充分说明,就提高农产品产量、调动农民生产积极性、提高农业经济效益而言,十一届三中全会前那种顽固守旧的生产关系体制,总在非制度因素上下工夫打主意的思维方式与工作方法,比起从制度入手,以制度的改革调整为中心的思维及其方法来，效果要差一大截。"制"还包含相互的制度。孟德斯鸠说："一切有权力的人容易滥用权力，这是万古不易的一条经验。有权力的人们使用权力一直到遇有界限的地方才休止。""以事物的性质来说，要防止滥用权力，就必须以权力约束权力。"权力在社会中产生又往往凌驾于社会之上，具有强烈的排他性和扩张性。因此，对权力的制约要以权制权，防止权力的过度集中和滥用，要以德制权，以法制权，还要以社会舆论制权，特别是当今互联网的发达，网络已经成为反腐的利器。

要用智善治。

"治"音也通"智"。任何治理，要以法治理，也要以智治理，这才是明智之道。只有用文明去教化，为人民明德向善，才能从根本上把国家治理好，这才是治国的智慧。司马光在《资治通鉴》中归结东汉历史的得失，说："教化，国家之急务也，而俗吏慢之；风俗，天下之大事也，而庸君忽之。夫唯明智君子，深识长虑，然后知其为益之大而收功之远也。"用现代话去说，就是唯有远见卓识的为政者，才明白要长治久安，必须以教育文化为先，培育社会良风善俗、讲究文明为首。司马光认为东汉初启的光武、明、章三朝，"武功既成，文德亦洽"，"教立于上，俗成于下"。意思是说，经过最初三朝的治理，东汉不仅国力富强，而且社会文明道德。所以东汉前期，司马光再指出，即使到了东汉末世，"是以政治虽浊而风俗不衰"，"忠义奋发""亦光武、明、章之遗化也"。谓虽然到东汉末世，政治衰落奢败，而社会风气依然良好，忠勇坚贞之士不断涌现，义无反顾，奋发拯国救民。他认为这跟光武、明、章三朝所奠定重视教化、培养良风美俗的施政遗留下来的风气有关。

"治"，少一点"水"为"冶"，也就变成冰，表凝固义，"冶"字本义是将金属溶液浇铸在泥坯里成型。可见治理少一点水，少一点变通，那么治理的道路便困难重重。"治"，"水"换为"月"，为"胎"。"月"，表示肉的意思；"台"，金文 为倒写的"了"，尚未出生的胎儿。 为"女"，母亲，表示母体内的小生命，指包裹在母体的薄膜组织里，尚未出生的小生命。也就是母亲怀胎三月的意思。

字谜廊

含远山吞长江。

谜底：治

 **智慧树下**

治

以水为道，
顺水则安，逆水则乱。
要如水的清澈透明，
如水的铁面无情，
如水的润物无声，
如水的刚柔相济，
治要从萌芽开始，
防微杜渐。
治靠法制，
以法治理。
法治，
国之权衡也，
时之准绳也。
在法治慈母般的眼神中，
每个人就是整个国家。

 格言集锦

- 治理之难在于知贤，而不在自贤。（《列子·说符》）
- 治家忌宽，而尤忌严；居家忌奢，而尤忌啬。（《格言联璧》）
- 古之欲明明德于天下者，先治其国；欲治其国者，先齐其家；欲齐其家者，先修其身；欲修其身者，先正其心；欲正其心者，先诚其意；欲诚其意者，先致其知，致知在格物。格物而后知至，知至而后意诚，意诚而后心正，心正而后身修，身修而后家齐，家齐而后国治，国治而后天下平。（《礼记·大学》）
- 治身莫先于孝，治国莫先于公。（苏轼《司马温公行状》）

关于社会　自由　平等　公正　法治

众目睽睽，阳光运行

　　古希腊神话中有个金苹果的故事，讲的是纠纷之神厄里斯在参加一个婚宴之后，扔下一个写有"给最美丽的女神"字样的金苹果，结果在众女神之间引起一场争夺金苹果的纠纷。为解决这一纠纷，众神之王宙斯授权帕里斯做裁判，由他将金苹果判给他认为最美丽的女神。为了得到金苹果，众女神纷纷许诺给帕里斯好处，天后许诺让他获得世界上最富有的地方，智慧之神许诺让他成为最有智慧者，爱神许诺让他娶到世界上最美丽的女子为妻。在财富、智慧和美女面前，帕里斯对美女动了心，不顾宙斯确定的裁判准则，将金苹果给了爱神，后来爱神真的帮助他从希腊抢到世界上最美的女人海伦。这个故事启示人们，权力易导致腐败是一个普遍的规律，并不在于由谁掌握权力，即使是神，一旦获得权力，如果没有制约，也会滥用权力。因此，欲避免权力被滥用，唯有加强监督，别无他法。

　　督　形声字。小篆为 ，从"目"，"叔"声。"目"是一只眼睛的形象，意为观看、观察、审视。从出土的战国青铜器纹样上看，"叔"字是一个弯腰拾取东西的样子。"叔"的本义是"拾取豆子的果实"，"目"的本义是"用眼睛看"，两者组合起来，意思是要拾豆子就得仔细地看，督就是察看。

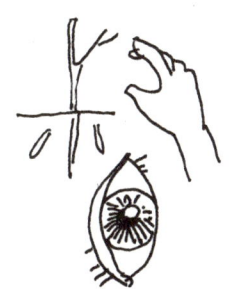

　　"督"为形声字。目表意，表示用目（眼睛）察看；叔表声，叔本指拾取豆子的果实。拾取豆子需仔细看，表示察看也需仔细：故"督"本义是察视。

193

《说文·目部》："督，察也。"本义是察看、监督，如监管、监督、督办、督导、督促；后延伸为责罚、古代将官的官名，如督责、都督、提督等。今天，"督"字用得最多的是监督，即监督权力、监督政府。监督是民主制度重要的一个方面，从古到今，从中到外，如何建立一个科学、有效的监督机制，一直让人们伤透脑筋，不断地探索。古人造"督"字，对于今天我们如何开展监督，很有启发。

督是要让权力在阳光下运行。

"督"字有一个"目"字，这是众人的眼睛看着"叔叔"，监督是双向的，有长辈或上级"目"幼者，观其成长，察其行为，规整行为，勤德修行，也有晚辈或下级"目"长辈或上级，使之常自省言行，威信常存，这是在日常生活中一种相互的监督，这种监督做起来还容易些。当今，监督最难的还是对权力的监督。监督是一种特殊的权力制约关系，由于不受制约的权力必然产生腐败，绝对的权力必然产生绝对的腐败。官员只有置身于阳光之中，众目睽睽之下，才不敢为所欲为。这就要让人民群众享有知情权，要让权力的运行公开化和透明化，让社会公众和舆论进行监督。官员财产的公开以及政府"三公"消费的公开，是当下监督的重要内容。在上任时和卸任时公布财产，这是两个关键的节点。世界上许多国家都能做到，其实我们也不难做到。官员腐败是群众最痛恨的事情，阳光是最好的反腐剂。因为许多腐败的行为，都是在阴暗的角落里操作的，只有公开、透明，才能受到众人的监督，这是民主政治的一个关键问题。1945年，黄炎培在延安向毛泽东坦率地提出了历史"周期率"的问题，即"大凡初时聚精会神，没有一事不用心，没有一人不卖力，也许那时艰难困苦，只从万死中觅取一生。继而环境渐渐好转了，精神也渐渐放下了。一部历史，'政怠宦成'的也有，'人亡政息'的也有，'求荣取辱'的也有。总之，没有能跳出这个周期率。"针对黄炎培的诤言和期望，毛泽东说："我们已经找到了新路，我们能跳出这个周期率。这条新路，就是民主。只有让人民来监督政府，政府才不敢松懈；只有人人起来负责，才不会人亡政息。"

督是要有独立权力和自己慎独。

"督"谐音为"独"，这个"独"，首先是独立地行使监督权。有人将目前官员监督存在的问题概括为："上级监督下级太远，同级监督同级太软，下级监督上级太难，组织监督时间太短，纪委监督为时太晚。"纵观世界，有些国家已

关于社会 自由 平等 公正 法治

经形成一套行之有效的措施,建立了异体监督,监督部门能够独立地行使权力,这样才能有效地进行监督。目前,我们的监督权难以独立行使,尤其是没有足够的力量对同级领导人实施监督,形不成对权力的制衡。这有两种情况:一是决策权、执行权、监督权集中于领导人一身。所谓监督是自我监督,监督力刚性不足。另一种情况是监督权置于决策、执行权的领导之下,反过来,又要监督权去制衡决策权、执行权,这在实际工作中是难以进行的。因此,必须建立决策、执行、监督的适度分开,赋予监督权的独立运行,对一个官员来说,能得到全面有力的监督是福,这可以适时地纠正错误,防止越走越远,越陷越深。除此以外,个人的自律,即慎独也很重要。约翰·阿特金森说:"如果不能掌握自己的生活,就会被他人控制。"

慎独是儒家的一个重要概念,慎独讲究个人道德水平的修养,看重个人品行的操守,是儒家风范的最高境界。体现为有人监督和没人监督一个样,具有自律意识和自制能力,能够控制自己的欲望。美国石油大亨保罗·盖蒂是知名大富豪,年轻时他酷爱抽烟,是个有名的大烟鬼,有一次,他去外地办事,住在一个小城的旅馆里。半夜醒来,想抽一根烟,打开烟盒一看,空的,而此时旅馆的餐厅、酒吧早已关门,唯一的办法是到几条街外的火车站去买。按照一贯的做事风格,盖蒂立即脱下睡衣,穿好了衣服准备出门,一切准备停当。然而就在他伸手去拿雨衣时,他突然停住了,一个问题不经意间占据了他的头脑:我这是在干什

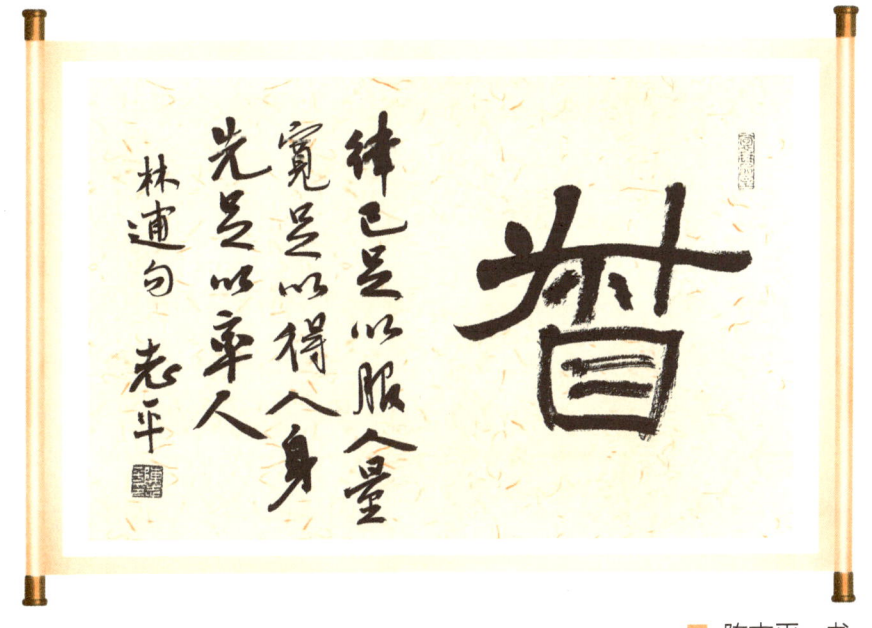

■ 陈志平 书

么？难道自己竟是如此懦弱，让一支烟主宰自己？而自己对这个懦弱的自我，甚至只有屈膝投降吗？"另一个他则说："去！为什么不去？既然自己想抽烟，就去买，不管有什么困难，想做就做，不就是下着雨吗？"他犹豫不决，不知道到底应该怎么办，这种情况是以前从来没有发生过的。他的心受到从未有过的震撼，他对自己有了更深刻的认识，很快盖蒂下定决心，将烟盒揉成一团愤愤地扔进了纸篓，他怎么能为了一支烟做出这样的蠢事呢？于是他换上睡衣回到床上，酣然入睡。不仅如此，经历这次事件后，保罗·盖蒂再也没抽过烟。此后，他以坚强的意志将事业越做越大，成为世界顶尖富豪之一，身体也很好，80多岁时还能通宵加班。

督可以选择以毒攻毒。

"督"音通"毒"，毒可以杀人，但适度的毒则可以治病。中药里的附片是有毒的，但用得适量却可以大补阳气。鸦片是有毒的，用得少可以作为麻醉剂。有些制度和权利监督不了的事情，用以毒攻毒的办法则能奏效。如有些地方整治城市的"牛皮癣"，往往洗干净了，又有人张贴。后来，他们承包给保洁公司，保洁公司派人跟踪，凡抓到张贴者，就让张贴者逐张去清理，结果，一段时间以后，"牛皮癣"就绝迹了。春秋时期，楚国令尹孙叔敖在荀陂县一带修建了一条水渠。水渠又宽又长，足以灌溉沿渠的万顷农田，可是一到天旱的时候，沿堤的农民就在渠水退去的堤岸边种植庄稼。等到雨水一多，渠水上涨，这些农民为了保住庄稼，便偷偷地在堤坝上挖开口子放水。这样的情况越来越严重，一条辛苦挖成的水渠，被弄得面目全非，常因决口而发生水灾，变水利为水害了。面对这种情形，历代行政官员都无可奈何。每当渠水暴涨成灾时，便调动军队去修筑堤坝，堵塞漏洞。后来到了宋代，李若谷出任知县时，也碰到了决堤修堤这个头疼的问题，他便贴出告示说："今后凡是水渠决口，不再调动军队修堤，只抽调沿渠的百姓，让他们自己把决口的堤坝修好。"这布告贴出以后，再也没有人偷偷地去决堤放水了。这是一个有趣的故事，但是故事背后的寓意却值得深思。

以人管理，总是有漏洞可循的，因为人都有弱点，有感情。动物之间哪怕是猫和老鼠相处久了也会有感情也会相安无事。而制度呢？却能起到人所不能起到的作用。当制度都不能发挥作用的时候，就只有利用李若谷的办法，"以子之矛攻子之盾"，当发现这样做得到的好处还不如损失的多的话，他自然也就不会再去做这样的事情了。

关于社会　自由　平等　公正　法治

智慧树下

○ 督有如人的一双眼睛，盯住"叔叔"。

提醒是爱，监督是福。

要接受他人的监督，更重要的是慎独。

众人的眼睛是雪亮的，众目睽睽，权力才能在阳光下运行。

格言集锦

○ 不受监督的权力必然产生腐败，绝对的权力必然产生绝对的腐败。

○ 监督须有独立的权力和自己严格的自律。

○ 律己足以服人，量宽足以得人，身先足以率人。（林逋）

○ 不能正其身，如正人何？（《论语》）

○ 自律不严，何以服众。（张养浩）

○ 求仁之方，无过克己。（陈确）

权杖之威,制衡之秤

在中国历史上,权力的争夺是非常残酷的,往往是血与火的较量,而"杯酒释兵权"可以说是一次巧妙的权力和平移交。宋太祖即位后,丞相赵普建议,解除武将兵权,以免重蹈晚唐五代灭亡之覆辙。建隆二年(961),太祖召侍卫马步军都指挥使石守信、殿前都指挥使王审琦等宿将饮酒,劝谕他们释去兵权。开宝二年(969),太祖又宴请节度使王彦超、武行德、郭从义、白重赞、杨廷璋,劝使辞官,以消除藩镇割据的隐患。这个历史事件是宋朝加强中央集权的举措。历史上,开国皇帝都有杀功臣的行为,宋太祖"杯酒释兵权"却用和平手段就解除了大臣的军权,有效地防止了军队的政变,创造了一种新的权力过渡模式,体现了权力的"双刃剑"属性和运用的智慧,既显得有人性,又巩固了自己的政权,不失为明智之举。

权 形声字。小篆为 㩲,从"木",藋声。繁体为權。"木"为木杖,"藋"为勸,即上级勉励下级,表示上对下的支配资格。造字本义为:手杖所代表的决策、支配的资格,影响环境的势力。简体的权,从"木",从"又"。权是权力、权威、权势,如"故明君操权而上重,一政而国治"。"大权在握""有职有权"。权后来延伸为称重量、衡量、权利、变通等。如:"权,然后知轻重;度,然后知长短。""人固难全,权而用其长者,当举也。""男女授受不亲,礼也;嫂溺援之以手者,权也。""通权达变"。有"权"字的成语,大都与以上的意义相近。如:"权变锋出",指随机应变,锋芒毕露;"权豪势要",指有权力的豪门,有势力的要人;"权衡轻重",指衡量轻和重,比较主次得失;"权均力齐",指齐心协力用权,不专权;"权倾

关于社会　自由　平等　公正　法治

金文　　　　　　篆书

天下"，形容权力极大；"权宜之计"，指为应付某种需要而暂时采取的变通办法。"权"字，揭示了权的本质以及权力的运行。

权，是手握具有主宰百姓命运的权杖。

简化字的"权"，从"木"，从"又"。"木"是指权杖，象征着君权和神权的木杖。在古代，权力都有一个象征物，权杖是其中之一。皇帝有玉玺，圣旨要盖上玉玺才能生效。将军有兵符。"又"的甲骨文是一只手的象形，表示掌管、掌控。"权"体现了人赋予自身主宰万物的权力。在古代，这种权力往往是天赋、神赋，如皇帝自称为"天子"，是天神派到人间统治子民的。权杖往往是权力的象征。一个人的权力大小，往往与职位高低相联系。当然，影响权力大小的，还有其他因素，如自身的实力、威望、人脉等。中国的宫廷史，可以说是一部权力争夺史，为了获得支配他人、控制他人的权力，展开你死我活的角逐，上演了许多惊心动魄的悲喜剧。武则天为了攫取皇权，亲手掐死自己两岁的女儿以陷害皇后，之后又残忍地毒死两个有条件继承王位的亲生儿子。可见，权力是可以泯灭人性的。我们熟悉的信陵君"窃符救赵"的故事，其中之符，就是兵符。《史记》记载，公元前257年，秦国发兵围困赵国国都邯郸，赵平原君因夫人为魏信陵君之姐，乃求援于魏王及信陵君，魏王使老将晋鄙率10万军队救援赵国，但后来又畏惧秦国的强大，又命令驻军观望。魏国公子信陵君无忌为了驰援邯郸，遂与魏王夫人如姬密谋，使如姬在魏王卧室内窃得虎符，并以此虎符夺取了晋鄙的军队，大破秦兵，救了赵国。

权，是一个明察秋毫，决定祸福的人。

繁体为權，从"藿"。"藿"在甲骨文像一只头顶长有毛角，瞪着两只大眼睛的猫头鹰。"木""藿"可以理解为，在黑夜里，猫头鹰停在树上，高高在上，目光锐利，审视四方。这实际上是对掌权者的要求，就是要高瞻远瞩、远见卓识。康熙皇帝可以说是一个明察秋毫和富有远见的人。按照惯例，皇位的传递一般传给长子，长子一般是王位的继承者。当时，有一位大臣说，选好一个皇孙能保大清三百年的江山。康熙通过细心的观察，看到第四子雍正之子乾隆是可造之才。虽然雍正不是长子，但他把皇位传给了雍正，雍正把皇位传给了乾隆。清朝从顺治之年（1644年）入关到1912年"中华民国"成立，清帝退位，清代统治全国共268年。应该说，这个朝代的时间还是比较长的，这与康熙的远见是分不开的。

权，是一杆秤，一把双刃剑。

"权"为形声字兼会意字。从木（树），蒦（guàn）声。表示權是一种树木。简体字从木（本质秤杆），从又（手），表示手移动秤杆上的秤锤。本义是树名，指黄华木。假借为秤锤。

从"权"的字形看，"权"是以手握杖，木长则易失，紧则易断，施政不善，民必遭殃。"权"音通"全"，意为权衡全面。《广雅·释器》解释："锤，谓之权。""锤"具有衡量判断轻重的功能。可见，"权"的本义是"衡量审度"，引申义是"制约别人的能力"。在现代意义上，权力一般是指在国家范围内由政权机构统一掌握行使，对社会具有普遍约束和强制的影响力或支配力。人类社会的演进史表明，权力无论是作为政治上的强制力量，还是作为职权上的支配力量，都是一柄双刃剑：如果运用得当，它可以为人类社会的进步带来巨大利益；如果运用不当，对权力的制约和监督缺失，则会给社会民众造成深重灾难。权力是一把双刃剑，一方面，权力具有公共性、等级性、整合性、工具性、有限性等，权力运用得当能够维护公共秩序，实现社会民众的公共利益。另一方面，权力又具有扩张性、干预性、支配性、诱惑性、腐蚀性等，不受制约和监督的权力极易蜕变为少数专断者谋取私利、损害公益的工具。清朝的历史学家在总结明朝的历史教训时得出一个富有哲理的结论——"贿随权集"，意思是指贿赂腐败总是跟随权力而聚集起来，谁权重势大，那些"贿者"就会蜂拥而至。因此，有识之士提出，要加强对权力的约束。人类社会文明发展的过程，就是一个把权力不断关在笼子里的过程。

字谜廊

十八罗汉去海边。

谜底：权

关于社会　自由　平等　公正　法治

　　这是一个难以想象的死囚家人告倒监狱的故事，但是它真实地发生在美国的弗吉尼亚州。54岁的美国籍无业游民乔·哈里斯，因为持枪抢劫银行并且打死一名试图反抗的银行职员，被法庭判处死刑，执行死刑的时间是一周后的下午两点。在这之前，乔被收押在一座戒备森严的监狱里。谁也没想到的是，就在乔即将被押赴刑场的前半小时，他却意外死亡了——喝酒引发脑中风！原来，按照美国刑法的规定，死囚在临死之前，狱方将尽可能地满足死囚对美食的需求。于是，乔要求狱方给他提供分量足够多的美食，外加一瓶红酒。2012年11月27日中午11:30，乔开始享用美食和美酒。13:30当狱警进来提乔时，却发现他已经僵硬地躺在地上——死了！为此，乔的家人对此不依不饶，还专门请来律师，一纸诉状将狱方告上了法庭，并且要求赔偿乔40分钟的"活价"——350万美元！结果，乔的家人胜诉，并且将狱方赔偿的350万美元全部捐给了美国的公益事业。他们表示，只想通过此事，警醒和告诫美国的执法部门，应该尊重法律赋予每个犯人的生存权，哪怕他们是即将被执行死刑的囚犯。

　　权力可以造福于民，也可以祸害百姓。因此，必须加强对权力的制约、监督，防止权力滥用、权力"寻租"。对于手中握有权力的官员来说，同样有利有弊。权力越大职责越重，受到权力的腐蚀的机会也越多，因此，位高权重同时也意味着风险大。

智慧树下

手握权杖，主宰万民。
高瞻远瞩，造福黎民。
无限的权力，无限的祸害。
以权制权，以德制权，以法制权，让权力在阳光下运行，才能给百姓带来福音。

格言集锦

两害相权取其轻，两利相权取其重。（梁启超《中国国会制度私议》）
为之权衡以称之，则并与权衡而窃之。（《庄子·胠箧》）
智者通权达变，愚者刚愎自用。
权为民所用，情为民所系，利为民所谋。

苦口婆心，敢于承担

周恩来总理不仅严格要求别人，更严格要求自己，并且身体力行。他带头做到公私分明，绝不占公家一分钱便宜。他到各省考察或开会时，都吃工作餐，且如数付钱、交粮票。他外出经常自带茶叶。有一次，他要到人民大会堂接见外宾，先坐车从中南海西花厅去北京饭店理发，再到人民大会堂。从北京饭店理完发出来，他提醒司机说，从西花厅到北京饭店算私事，从这里到人民大会堂才是公事，不要搞错了。原来，总理对自己外出用车，早就立下一个严格的规矩：凡坐车到饭店理发、到公园散步、到医院看病以及私人访友，都属于私人用车，由司机记账入册，车费月底从他工资中一并扣除。

严 形声兼会意字。金文为 ▨，▨ 即"岩"，表示坚硬，▨ "帚"是体罚用的竹鞭，▨ "又"，是抓持，▨ "口"为训斥，造字本义：训斥、体罚，用苛刻的硬性标准要求。有的金文 ▨ 误将"岩"▨ 写成 ▨。篆文 ▨，▨ 岩加 ▨ 竹鞭，▨ "月"，肉体，▨ "殳"，手执器械。会教令紧急俨然不可侵犯之意。《说文·口部》："嚴，教令急也。"本义为教令紧急，如申严号令。后延伸紧急、严厉、严格、威严等意。如"寒风摧树木，严霜结庭兰"。有"严"字的成语大都有严格、威严的意思。如"严惩不贷"，指严厉惩罚、决不宽恕；"严刑峻法"，指严酷的刑法；"严阵以待"，指做好充分准备，等待着来犯者；"壁垒森严"，原指军事戒备严密，现也用来比喻彼此界限划得很分明；"义正词严"，道理正当公允，严肃的措词。我们的父母教育孩子总是声色俱厉，所以，把父亲成为"严父"；如果家中母亡而父在，则称父亲为"严待"。一个社会只有严格管理，才能井然有序，一个人只有严格要求自己，才能有所作为。"严"字告诉我们如下三个方面的道理：

严是苦口婆心，谆谆教诲。

繁体"嚴"有双口，表明"严"具有苦口婆心、谆谆教诲之意。在中国，素有"严师""严父""严母"的典故，可见，"严"是用来形容地位相对比较高，而且对于自己非常亲近，在自己的人生中有着重要地位的人物。严是关于爱的表现，只有爱到深处，才会有语言上的劝导，就像网络语言所说，对于不关心的人，看也懒得看，说也懒得说。世界上最爱自己的人永远都是父母。在儿时犯错误的时候，父母亲流着眼泪痛心地和自己说的道理一定会在内心留下深刻的印象，并且永远不会再犯类似的错误。

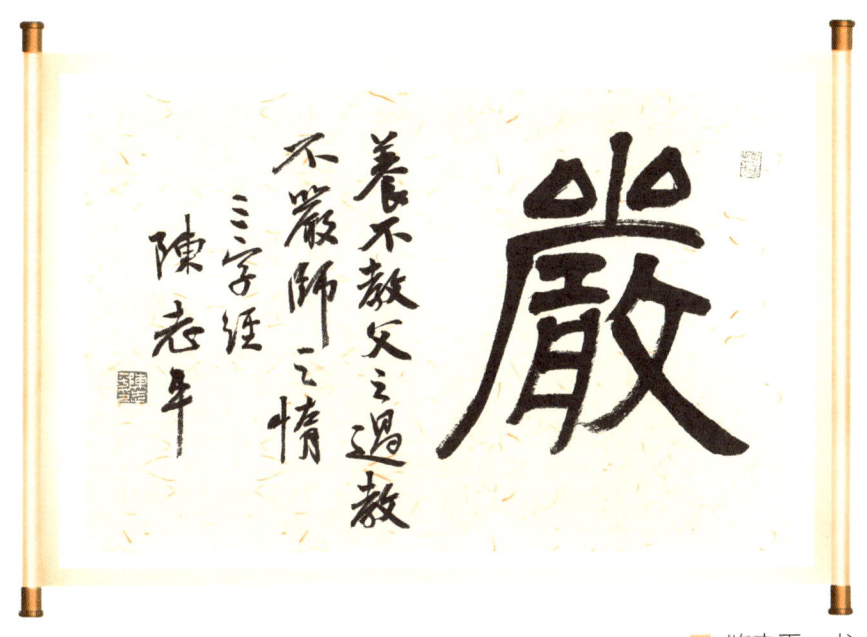

■ 陈志平　书

严是敢于承受，敢于承担。

"嚴"中有"敢"，"敢"为有勇气，有胆量。"严"是敢于严格，敢于承受，敢于承担。严而有度，严而有界，严而有理。"严"是地位较低者对较高者、较为敬佩者的性格或者印象描述。可见，"严"者是要具有一定的资本和地位的。严格并不是贬义，相反，更多的是褒义。在工作中，常常听到：某某经理对他的部下真的好严格，这次的案子他们部门才完成得这么好；或者在学习中，也常常会谈论起某位老师：她的课堂纪律还有作业要求都很严格，所以她班上的尖子生才这么多。可见，"严"是对自己工作对象的一种负责，是自己勇敢承担的一种表现。

唐朝贞观年间，允许人们自报在隋朝的资历，对谎报资历的，唐太宗李世民下令：限期自首，否则以死罪论处。之后不久，一个叫柳雄的人谎报资历的事败露了，时任大理寺少卿的戴胄依法判其流放。唐太宗很生气，召见戴胄说："我已颁发诏书，对谎报资历而不自首的人处以死刑，而你只判他流放。这不是明明告诉天下人，皇上说话不算数吗？"戴胄平静地说："皇上如果抓到柳雄当场杀了，大理寺管不着，现在你既然把他交给大理寺，我就得依律判刑。"太宗大怒："你守法，却让我失掉信用。"戴胄说："法律是朝廷向百姓公布的最高信条，皇帝因一时喜怒惩罚他人，不应效尤，如今依法惩治柳雄，这是皇帝舍小信而存大信。是真正的取信于百姓啊！"唐太宗深感戴胄的良苦用心，遂收回了成命。

严是维护尊严。

"严"谐音"颜面"的"颜"。所谓人要脸，树要皮。生活的尊严是活着的必备品。因此，"严"是维护尊严，是威严。在古代，天子的威严不仅仅要通过各种森严的戒律来维持，还表现在生活的各种细节，例如天子穿衣的颜色要为黄、紫等，代表地位的高贵；天子的金銮宝座要面南坐北等等。可见，威严就是要维护自身的尊严。

尊严首先是国家的尊严。国家的尊严靠的是个人尊严的维护。例如出国旅游不给国人丢脸，时刻铭记中国人的身份，时刻铭记自己代表国家的尊严。尊严还关系到个人的人格。有这样的一个故事：有一天，阳光明媚，大师带着小沙弥下山化缘。二人路过一片野果林，小沙弥摘了许多野果。不想，山林里窜出一伙强盗，将小沙弥摘下的野果全部抢走，消失在山林中。强盗走远，大师双手合十，问小沙弥可有感悟，小沙弥愤怒之极，说："掠人财物，最恶之人。"大师不语。师徒二人奔走多处亦无收获，小沙弥神情沮丧，已经十分饥饿。就在此时，前方几匹快马急驰而来，一路风尘，很快来到了眼前。几个人勒住马，其中一人用马鞭指着师徒二人，大声叫喊："快快散开，一会这里有要客通过。"大师听后不悦，说："我师徒二人化缘走在路上，你我互不相干，为何要走开？"

> **字谜廊**
>
> 辗转无正业，与人鸣不平。
>
> 谜底：严

关于社会　自由　平等　公正　法治

"行了，不要说了！不就是要吃的吗！"一个当差的边说边从背包里拿出一些干粮，甩给小沙弥，然后快马加鞭远去，边跑边回头喊："速速离开，否则，后果自负。"小沙弥得到了食物非常高兴，大师看了看他，又问他说："徒儿可有感悟。"小沙弥笑着对大师说："幸亏遇上了他们，他们是好人，师傅。"大师听后摇头，对小沙弥说："此乃最恶之人。"小沙弥一愣，忙问大师何出此言。大师叹了口气，说："方才的强盗仅掠走了我们的食物，可这伙人却掠走了我们的尊严。"小沙弥顿悟。

"严"加"亻"为"俨"，"亻"为大人，表示高标准地教训孩子。"俨"为自律、恭敬、庄重。"酽"，"酉"，甲骨文在一个大缸中间加一横，表示缸里有液体，酒汁，像伸进酒坛、过滤酒糟的酒篓。"酉"表示酿在大缸里的酒。"酉"加"严"为"酽"，表示液体的味道浓厚，如浓茶为酽茶。

智慧树下

严有两个口，苦口婆心，谆谆教诲。
严有两只眼，严格督促，严厉警醒。
严中有放，是处事坚决、果断。
严谐音"颜"，意味着做人的尊严。

格言集锦

宽而栗，严而温。（《淮南子》）
养不教，父之过。教不严，师之惰。（《三字经》）
责人要宽，责己要严。（谚语）
爱之深，责之严。（谚语）
家不严招贼，人不严招险。（谚语）

关于个人

爱国 敬业 诚信 友善

爱 国

爱国是基于个人对自己祖国依赖关系的深厚情感，也是调节个人与祖国关系的行为准则。它同社会主义紧密结合在一起，要求人们以振兴中华为己任，促进民族团结、维护祖国统一、自觉报效祖国。

中正之心，有始有终

楚汉相争的时候，有一个人名叫纪信，效力于汉王刘邦。有一次，楚霸王项羽攻打荥阳城，很是厉害。到了极危急的时候，汉王逃脱不了。纪信就自己请求和汉王换了衣服，坐上汉王的车子，堂堂皇皇出东城门去诳骗楚国。汉王就乘这个当儿，扮成一个普通人，从西城门逃走了。纪信因为这事，竟被楚国人用火烧死。后来汉王称霸天下，做了汉高祖皇帝，替纪信造了一座庙，叫做忠佑庙。汉高祖在诰词里面说：以忠殉国，代君任患，实开汉业。

忠 形声字。金文为 ，上面是一面直立的旗帜，上下都有旗帜的飘带，中间的"口"形表示"中间"之意。小篆简化为 ，把"旗帜"全省略了，书写上更加美观。"忠"从"心"，从"中"。《说文·心部》中解释："忠，敬也，尽心曰忠。"本义为严肃认真，尽心尽力，忠贞不贰，坚守正道。忠字有心居中，正直不偏，即把心放在正中，无论对待什么，都把心摆正。孔子对"忠"给予了高度的重视，在《论语》中出现了18次，他把文、行、忠、信作为对弟子授课的四门必修课。忠是人们津津乐道的好字眼，如忠烈、忠良，成语中的"忠贯日月""尽忠竭力""忠臣烈士""忠孝节义""忠孝两全"，都对"忠"加以褒扬。

"忠"是忠心、忠厚、忠诚，是中华民族的传统美德。自古以来，对忠义的行为和人物，历史都给予高度评价，如忠义耿耿、忠肝义胆、赤胆忠心、忠臣孝子、忠心贯日等。忠孝观念在民间根深蒂固，很多宗祠和古宅常有"忠孝传家久，诗书继世长"的对联。"忠"是为人处世坚持公正立场、永不变心的品德，也是评价人品的标尺之一。忠义的人必然是可信赖之人。那么，什么是忠？怎样

关于个人　爱国　敬业　诚信　友善

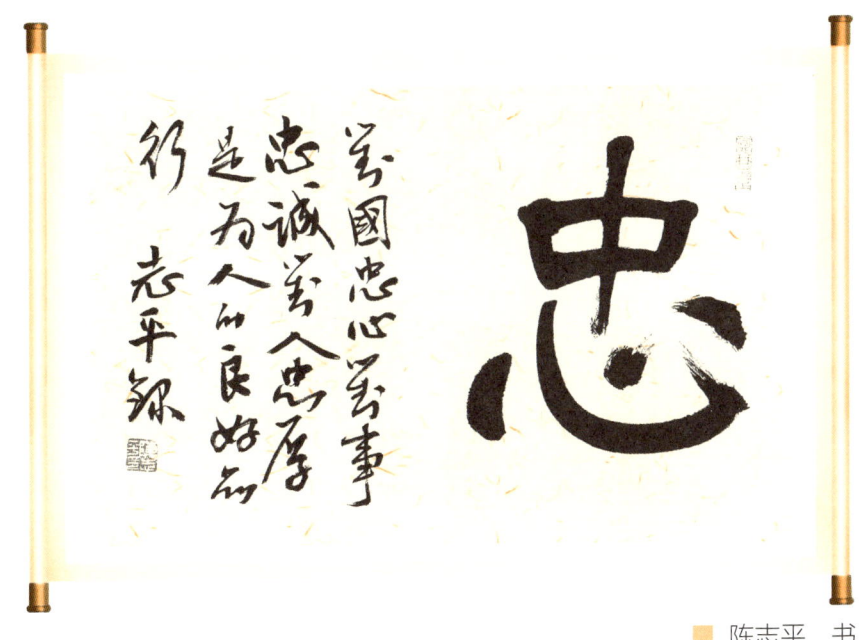

■ 陈志平　书

做才算是忠？"忠"字告诉我们如下的哲理。

忠是忠贞，乃夫妻之道。

东汉的宋弘做官清廉，深得光武帝刘秀器重。宋弘的结发妻子一直未有子嗣，亲朋好友纷纷劝他再娶一个，以续香火。宋弘都拒绝了，并道出他与妻子的深厚情谊。原来当年宋弘随刘秀打仗时不幸负伤，在一户郑姓人家养伤。郑家的女儿虽不漂亮，但聪明大方，对宋弘嘘寒问暖，关怀备至，宋弘十分感动，伤好后两人便结为夫妻，多年来一直相敬如宾，十分恩爱。当时，刘秀的姐姐湖阳公主丧夫后整日闷闷不乐，刘秀便想在大臣中为她挑一个郎君，湖阳公主说："我看宋弘气度威正，品德高超，朝中官员都不如他。"刘秀很高兴，决定为姐姐做媒。他特意召见宋弘，对他说："俗语说，人地位高了要换掉旧日之交，人富了会另娶一个年轻漂亮的妻子，这是人之常情吧。"宋弘一听，知道另有他意，便正色道："我知道的是，人地位高了不可以忘掉贫贱时结交的朋友，人富了不可以抛弃曾经一起用酒糟、米糠度日的妻子。"刘秀见宋弘态度坚定，只好转头对躲在屏风后的公主说："这件事不能成了。"宋弘对爱忠贞，成为夫妻之道的楷模，"糟糠之妻不下堂"的故事也流传开来。

忠是忠心，乃义士之道。

"忠"，一"中"，一"心"，立心中正，忠贞不贰。如两中一心，则成为

"患"。"豫让复仇"说的就是这样一个忠心不渝的故事。公元前403年，赵、魏、韩三家分了智氏的领地，赵氏首领赵襄子将智氏首领智瑶的头骨涂上漆，制成了酒器。智瑶的家臣豫让立志为主人报仇。他化装成罪人，到宫殿打扫厕所，伺机刺杀赵襄子，可惜没有成功。后来，他又自残，用漆涂满全身，乘机刺杀赵襄子，又不成功，最后为赵襄子所杀。曾有朋友劝豫让说："以你的才干，如果投靠赵襄子，一定会得到重用，过上好日子。"豫让说："我这样做，是为了让天下为人臣子却怀有二心的人感到羞愧。"豫让死的时候，整个赵国的侠士都为他痛哭流涕，就连赵襄子对他也赞赏有加，后人更是推崇备至。清朝康熙年间，太原令殷峰写了一首诗刻在豫让桥上："卧波虹影欲惊鸥，此地曾闻手戮仇。山雨往来时涨涸，岸花开落自春秋。智家鼎已三分裂，志士恩凭一剑酬。返照石栏如有字，二尽臣子莫经由。"此诗高度赞扬了豫让一心为主、毫无二心的忠义精神。

忠是忠诚，乃国士之道。

"忠"是中正不偏之心，秉持正道，公正处事，赤诚无私。《忠经·天地神明章》："忠者，中也，至公无私。天无私，四时行；地无私，万物生；人无私，大亨贞；忠也者，一其心之谓矣。为国之本，何莫由忠。""比干死争"的故事，就是国士尽忠的一个典范。商汤灭夏，建立商朝。汤是一个贤明的君王，以仁道治天下，开创了商朝的兴盛。期间历经29个国君，到了纣王时代。纣王天资聪颖，臂力过人，但荒淫游佚。纣王的叔父叫比干，在纣王身边做少师官，叹着气说："皇上暴虐得这个样子，不去劝谏，那就是不忠了。为了怕死，不敢说话，就是不勇敢了。皇上有过失就应该去劝谏，做臣子的不用死去争，那么就对不起天下的百姓。"于是，比干就到纣王那里去强谏。纣王生气地说："听说圣人的心上有七个窍。"就剖开比干的胸膛，挖出心脏来看。纣王暴虐至此，周武王率领诸侯讨伐纣王。纣王兵败，自焚而亡。忠言逆耳啊，纣王要是听得了比干的意见，也不至于落到如此下场。而心中秉持正道，想解救天下百姓的比干，被

"忠"字是形声字，本义是忠诚无私、尽心竭力。在金文中，"忠"字上边为"中"，表示字音；下边为"心"，表示字义。古人以尽心任事为忠，又因为"中"有正直不偏之义，所以"忠"又被视为中正之德。

关于个人　爱国　敬业　诚信　友善

金文　　　　　小篆

孔子称为仁人志士，成为忠臣的表率，千古流芳。

"忠"，上"中"下"心"，意为"中"是建立在"心"之上的。这个心是崇敬之心、感恩之心。我们忠于帮助过我们的人，因为他是我们人生中的贵人，相扶相携。豫让复仇，不仅仅是出于为臣之道，更主要是报答智瑶的知遇之恩。我们忠于职责，是感恩于有一个施展才华的平台。我们忠于人民，是感恩于人民给予我们的权力、利益和义务。我们忠于祖国、故乡，是感恩于这块养育自己的土地。因此，才有岳飞的精忠报国、文天祥的宁死不降、钱学森的冲破重重阻拦回国。

"忠"音通"终"，意为始终如一，善始善终。"疾风知劲草，世乱识忠臣。"危难之际，最能考验一个人的忠诚度。一个人春风得意的时候，身边簇拥着一帮人。而当失意的时候，往往门庭冷落。这是因为许多人并非忠诚之人，而是势利之徒。忠诚的反义词是背叛，背叛比敌人更可恶。因此，我们对"汉奸"和"叛徒"深恶痛绝。我们通常所说的"反骨仔"，就是卖身求荣之人。当然"忠"不是个人崇拜，更不能愚忠。"文革"时候，我们早请示、晚汇报，跳"忠字舞"，是个人迷信的表现。如果主人是一个愚昧无知、残忍暴虐的人，就应该尽早离开为好，更不能助纣为虐，害人害己。岳飞就是一个"愚忠"的例子。在今天的现实生活中，我们要赋予"忠"新内涵，这就是忠于祖国，忠于人民，为民谋利，为民造福，忠于职守，兢兢业业，勤奋工作。天下兴亡，匹夫有责，像文天祥那样"人生自古谁无死，留取丹心照汗青"，像林则徐那样"苟利国家生死以，岂因祸福避趋之"。

字谜廊　倒勾传中，连进三球。

谜底：忠

智慧树下

忠是一面植根于人心之上，高高飘扬的旗帜；
对国忠心，对事忠诚，对人忠厚，是为人的良好品行；
"忠"音通"终"，忠就是始终如一，善始善终。

格言集锦

忠为尽心尽力，内在精神与外在行为的统一。
内尽其心而不欺。
居处恭，执事敬，与人忠。
忠源于感恩之心，持于中正之道。
理智之忠是真忠，盲目之忠是愚忠。
忠于真理，忠守诚信。

关于个人　爱国　敬业　诚信　友善

力大不惧，有胆有识

　　老板招聘雇员，有三人应聘。老板对第一个应聘者说，楼道有个玻璃窗，你用拳头把它击碎。应聘者执行了，幸亏那不是一块真玻璃，不然他的手就会严重受伤。老板又对第二个应聘者说，这里有一桶脏水，你把它泼到清洁工身上去。这位应聘者提着脏水出去，找到那间小屋，推开门，果见一位女清洁工坐在那里。他也不说话，把脏水泼在她头上，回头就走，向老板交差。老板此时告诉他，坐在那里的不过是个蜡像。老板最后对第三个应聘者说，大厅里坐着个胖子，你去狠狠击打他两拳。这位应聘者说，对不起，我没有理由去击打他；即便有理由，我也不能击打他。我因此可能不会被您录用，但我也不执行您这样的命令。此时，老板宣布，第三位应聘者被聘用了，理由是他是一个勇敢的人，也是一个理性的人。

　　勇　会意兼形声字，籀文为"惥"，从"心"，从"甬"，突出表示心气十足。小篆为𢎧，从"力"，从"甬"，表示力量充实。隶变后，楷书写作"勇"。《说文·力部》中解释："勇，气也。从力，甬声。"勇的本义为有勇气、能力，表示果敢、胆大、勇敢之义。"见义不为，无勇也。""勇"就是见到合乎道义的事就坚决去做。孔子在《论语·宪问》中说："仁者不忧，知者不惑，勇者不惧。"《中庸》说："知、仁、勇三者，天下之达德也。""勇"是有力量，狭路相逢勇者胜。勇是不推诿，如勇于改过。勇是人的优良品德，在今天尤其要大力地加以倡导。

勇是一种胆识和勇气。

　　"勇"的上半部为"甬"，形如倒挂的钟形，本义为乐钟；下半部为

"力"。"甬"在"力"上,表示有勇之人力大无穷,能把乐钟抱起来,举过头顶。也表示将乐钟举起来还需要胆识。《三国演义》里写的关羽、张飞、黄忠等都可以称之为神勇之人。但仅仅有武力,只不过是"匹夫之勇"。真正的勇敢是"大智大勇",有一个美国女孩玛丽的真实故事,就是这种勇敢的体现。有一天,玛丽打开门时,发现一个持刀男子凶狠地站在门前。不好,遇到劫匪了!这一念头骤然跃进玛丽的脑海,但她迅速冷静下来,微笑着说:"朋友,你真会开玩笑,你是来推销菜刀的吧?我喜欢,我要一把。"接着,便让男子进屋,对他说:"你很像我以前一位热心的邻居,见到你我真的很高兴,你要咖啡,还是茶?"刚才还满脸杀气的男子竟有些拘谨起来,结巴地说:"谢谢!"片刻,玛丽买下了那把菜刀,男子拿着钱迟疑了一下,便走了。在他转身离去的一刹那,男子对玛丽说:"小姐,你将改变我的一生。"玛丽的勇敢,乃是通过自己的沉着、冷静和智慧,拯救了自己,也挽救了别人。

勇是敢于否定自己,敢于认错。

人往往缺乏自知之明,特别是中国人,很爱面子,死不认错。敢于否定自己还真的需要勇气,经济学家薛暮桥是这方面的勇者。薛暮桥是"中国计划经济的缔造者",但他也是计划经济的最早批判者。他在《中国社会主义经济问题研究》中指出,"过去20多年我国社会主义建设多次受挫折,是因为违背社会主义

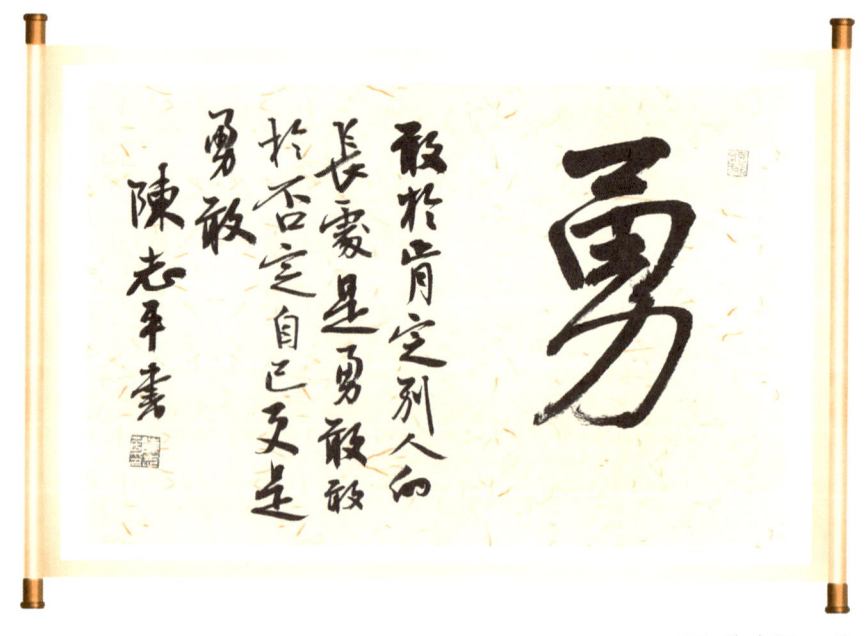

■ 陈志平　书

客观经济规律"，并提出了经济体制改革的方案。正是因为他有勇于否定自己的精神，才提出了以市场为导向的改革方略。

勇是舍生取义，视死如归。

战国时期，"好名轻死，尚侠重义"是人们最为推崇的品格。侠士荆轲为报答太子丹的知遇之恩，不惜赴死刺秦。"风萧萧兮易水寒，壮士一去兮不复还。"在咸阳宫的大殿上，荆轲一腿被折断，身中八刀，却依然倚柱而笑，慷慨陈词。鲁迅先生说："真的猛士，敢于直面惨淡的人生，敢于正视淋漓的鲜血。"荆轲无疑是一名勇士。

勇是忠正耿直，敢于诤言。

唐初，魏征做过太子李建成的侍从官，那时，他就经常劝李建成早日除掉李世民。李建成事败后，太宗李世民召见魏征，问他："你为何离间我们弟兄？"众大臣都十分畏惧，魏征却坦然道："倘若建成太子早听我的话，断不会有今日之祸。"太宗敬重魏征的为人，不但既往不咎，还任命他做了谏议大夫。由于魏征经常犯颜直谏，即使在太宗大怒时也面折廷争，从不退让，以至于太宗在他面前也尽量收敛自己。公元643年，魏征病故，太宗痛哭不止，亲自为魏征写了碑文。《旧唐书》评价魏征"身正而心劲，上不负时主，下不阿权幸，中不侈亲族，外不为朋党，不以逢时改节，不以图位卖忠"。正是因为有了正直的品格和对国家的忠心，魏征才成为一个千古诤臣。

勇是在大是大非面前，旗帜鲜明，敢讲真话，坚持真理，顽强不屈，大义凛然。

马寅初就是这样的勇士，20世纪50年代马寅初写了《人口论》，受到了批判，但他没有屈服，公开发表《附带声明》，文章仅有500字，却是针对他的政治讨伐的勇敢回答。他说："在论战很激烈的时候，有几位朋友力劝退却，认一

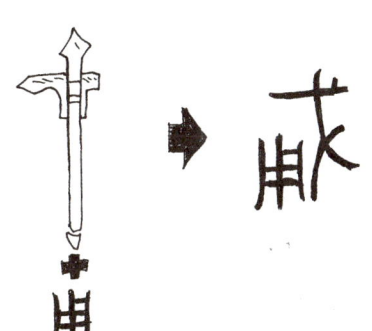

"勇"是会意兼形声字，"甬"既是声旁也是形旁表示使、操作。本义为力大胆大，敢作敢当，无所畏惧。

个错了事，不然的话，不免影响我的政治地位。他们的劝告，出于诚挚的友爱，使我感激不尽，但我不能实行。我认为这不是一个政治问题，是一个纯粹的学术问题。学术问题贵乎争辩，愈辩愈明，不宜一遇袭击，就抱'明哲保身，退避三舍'的念头。相反，应知难而进，决不向困难低头。我认为在研究工作中事前要有准备，没有把握，不要乱写文章。既写之后，要勇于更正错误，但要坚持真理，即于个人私利甚至于自己宝贵的性命，有所不利，亦应承担一切后果。"马寅初的思想是一座山，人格也是一座山，他是置真理于生命之上的勇者。

"勇"音通"用"，有勇有用，无勇无用。养兵千日，用兵一时。如果到了用兵之时，将士无勇，那真正是无用。在当今时代，我们要倡导尚武精神，不但当兵的要勇敢，作为一个普通的老百姓，也要敢于见义勇为。而作为知识分子，要"铁肩担道义"，为捍卫真理和正义而生。勇敢是一个人的优秀品质，更是一个国家和民族的希望。

"勇"字加"水"为"涌"，表示水奔涌而出，难以压制。"勇"字加"足"为"踊"，即踊跃，跃跃欲试，勇敢十足。

智慧树下

担道义，闯难关；智勇全，意志坚。
身体之勇敢，是动物的本能；道德的勇敢，是人性的光辉。
有勇无谋，仅为帮手；智勇双全，独当一面。
肯定别人，是一种勇敢；否定自己，更是勇敢。
勇敢是一个人的优秀品质，更是一个国家和民族的希望。

格言集锦

你若失去了财产，你只失去了一点儿；你若失去了荣誉，你就丢掉了许多；你若失去了勇敢，你就把一切都失掉了！（歌德）
勇敢源于信心，信心产生力量。
知耻近乎勇。（孔子）
不轻易发怒，胜于勇士。（所罗门）
命运喜欢光顾勇敢的人。（维吉尔）

关于个人　爱国　敬业　诚信　友善

功

以劳定国，马到功成

　　一个人在高山之巅的鹰巢里，抓到了一只幼鹰，他把幼鹰带回家，养在鸡笼里。这只幼鹰和鸡一起啄食、嬉闹和休息。它以为自己是一只鸡。这只鹰渐渐长大，羽翼丰满了，主人想把它训练成猎鹰，可是由于终日和鸡混在一起，它已经变得和鸡完全一样，根本没有飞的愿望了。主人试了各种办法，都毫无效果，最后把它带到山顶上，一把将它扔了出去。这只鹰像块石头似的，直掉下去，慌乱之中它拼命地扑打翅膀，就这样，它终于飞了起来！置之死地而后生，只有磨练，才能一展雄姿，收获成功。

　　会意兼形声字。金文𢻆，小篆㓛，从"力"，从"工"，声亦工。"功"与"工"同源，金文从"攴"（表操作），从"工"（表筑墙），会从事盖房等各种各样的工作之意。篆文改为从"力"，突出用力做功。《说文·力部》中解释："功，以劳定国也。"功是指花力气使国家有法度、中规矩，而国泰民安，运转自如。本义指从事建筑等各种各样的工作。"力"是功的基础，"工"是功的手段。"工"和"力"正如鸟之双翼，不可分离，既要下大力气，又要抓准方向，善于运用技巧，才能成功，故有"功到自然成"之说。对有成就的称为"功成名就"，对只顾眼前利益的称为"急功近利"，对为国家和社会作出贡献的称为"丰功伟绩"。

　　立德、立言、立功是圣人的追求，在当代许多人把功成名就当作人生的夙愿。"功"字告诉我们要成功，必须用尽全力。爱因斯坦说："成功＝艰苦的劳动＋正确的方法＋少说空话。"柏杨则用简洁的语言表达："成功＝天才＋努力。"爱迪生说："天才是百分之一的灵感和百分之九十九的汗水。"美国哈佛大学心

理学教授乔治·赫华斯博士经过多年的研究指出,成功人物最重要的因素是高尚的品格和健康的身心,事业上的失意者大都是由于品格低劣及不能自我调节。他列举了成功的九大要素:为人有幽默感;待人处事温文尔雅;注重友情、热心;与同事真诚合作;仪表大方;人格平衡发展;富有想象力;有克服任何困难的勇气;有必胜的坚强毅力。同时,他也列举了失败的九大因素:言行孤僻,不善于与人合作;言而无信;脾气古怪无常;处事敷衍,工作丢三落四;自负,目空一切;惹是生非,胆大妄为;看不起别人,自诩天下无双;不求进取,懒惰;不尊重别人建议,亦不接受别人的意见。成功的因素是很多的,但"功"字告诉我们,要想成功,必须具备如下的基本功力:

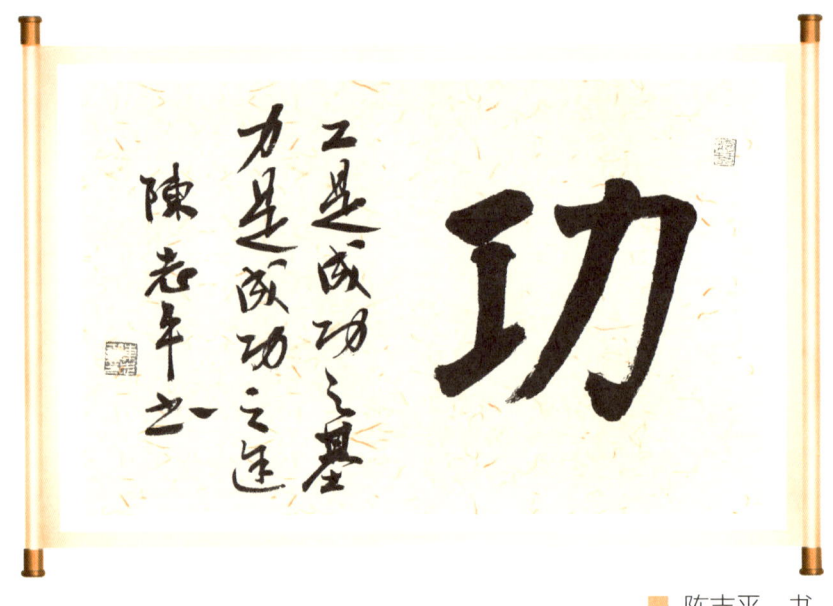

■ 陈志平　书

一是专心致志的毅力。

最有希望的成功者,其实并不是才华最出众的人。"骐骥一跃,不能十步;驽马十驾,功在不舍;锲而舍之,朽木不折;锲而不舍,金石可镂。"成功要靠坚韧不拔,持之以恒。荷兰小镇上,有一个只有初中文化程度的人叫列文虎克,他的工作是为镇政府守大门,一干就是60年。他在工作之余,不下棋不打牌,只爱磨镜片。为了钻研磨镜技术,他到处求师访友,向眼镜匠学习,向炼金家请教,常在寂寞的深夜磨个不停。功夫不负有心人,他磨出的复合镜片的放大倍数超过了专业技师,最终制成了当时无与伦比的精细显微镜,揭开了当时科技领域尚未知晓的微生物世界的"面纱"。为此,他被授予巴黎科学院院士的头衔。法国微生物家巴斯德说:"告诉你使我达到目标的奥秘吧,我唯一的力量就是我的坚持精神。"要想成功，应该有顽强的毅力、耐力，几十年如一日，认准目标，持之以恒走下去，没有不成功的。

二是善于合作的亲和力。

成就大事者，必须集大众之智，大众之财，大众之力，单靠个人单打独斗，是很难达到目标的。这就要善于合作，运用好集体的智慧。有一个故事，讲的是一个瞎子和一个跛子，被大火围在一座楼房里，眼看着只有坐以待毙了，但四肢健全的瞎子和眼睛明亮的跛子，聪明地组合成一个完整的"身体"，瞎子背起跛子，跛子指明路子，终于从大火中死里逃生。金无足赤，人无完人。我们每个人难免在某些时候或是"瞎子"或是"跛子"，都需要与他人合作以弥补自身的缺陷。一项事业的成功往往是众人精诚合作的结果，事业愈是伟大，就愈需要群体的合作。

三是抗挫力。

成功，是任何人都羡慕的；失败，是任何人都害怕的。然而，在现实五彩缤纷的生活中，任何人都不可能只拥有成功，也不可能只拥有失败。月有阴晴圆缺，人有悲欢离合，事有顺境逆境。在通向成功的道路上，不要怕挫折，跌倒了，爬起来，昂起头，挺起胸，继续顽强开拓。1914年12月的一个深夜，伟大发明家爱迪生的制造设备被一场大火尽毁，损失了约100万美元和绝大部分难以用金钱计算的工作记录。但爱迪生认为，灾难的价值，在于我们的错误全部被烧掉了，现在可以重新开始。这位发明家的成就实在令人佩服的是他面对挫折的勇气。当代作家贾平凹刚开始创作时，面对一百多封退稿信，一气之下将它们全粘在墙上，以激励自己，经过的奋斗，终于一举成名。人生的路途，有挫折、失败、欢乐、成功，这些本身就是丰富多彩的人生组合元素。苦难也是人生的一笔财富，有一位哲人说过："失败留给你的一切，请细加回味，失败一经过去，成功即可到来！"

"功"字告诉我们，要取得成功必须努力，再努力。"功"字有"工"，

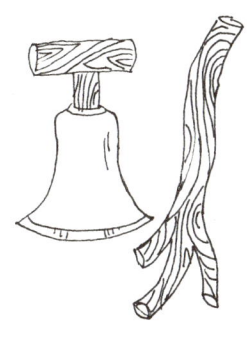

"功"为会意字。从力、从工，工（gōng）兼表声，表示努力工作。本义是劳动、做事。引申为做工的成效、功效。

"工"代表工具，代表着诀窍。求学问道，不要只顾刻苦而忽视了技巧，抓住了诀窍，就能收到事半功倍的效果。"庖丁解牛"的故事，说明了这个道理。庖丁为文惠君解牛，手之所触，肩之所倚，无不得心应手，合乎韵律。文惠君问："你的技术怎么会高超到这种程度呢？"庖丁说："我所追求的，是事物的规律。我依照牛的结构，顺着缝隙入刀，以无厚入有间，所以游刃有余啊。"有一个寓言叫"小鱼的悲哀"，说的是渤海口有一条小鱼，它下决心一路逆流而上到山顶。终于，它凭借精湛的泳技以及坚定的信念，历经千险到达梦想的山顶。可是，它却不能适应山顶的寒冷，甚至没来得及吸一口山顶的空气就冻成了冰。这说明只有伟大的精神，而没有正确的方向，也会失败。很多人为了成功，拼命地奔波劳碌，但由于方向错了，结果一事无成。在这个脚步急促的时代，我们应该做一个忙而不"茫"、忙而不"盲"的现代人。

"功"音通"工"，"工"上横为天，下横为地，中间一竖代表人屹立于天地之间。要立功，要舍得下苦工，专心致志钻研、实践、探索，一个人要想有所作为，一定要摒弃功利之心，久久为功，持之以恒，才能成功。"功"音也通"公"，只有一心为公，不怕辛苦，才能为国、为民建功立业。

智慧树下

功到铁杵成绣针，勤能补拙贯古今。
天赋助人一臂，还须脚踏实地。
工是成功之基，力是成功之途。
立德、立言、立功是圣人的追求；
用尽全力办一件事，平凡人也能收获成功。

格言集锦

有功利之心，必无成功之业。
成功，第一靠天赋，第二靠努力。
不自强而成功者，天下未之有也。（刘安《淮南子》）
立志欲坚不欲锐，成功在久不在速。（张孝祥）

关于个人　爱国　敬业　诚信　友善

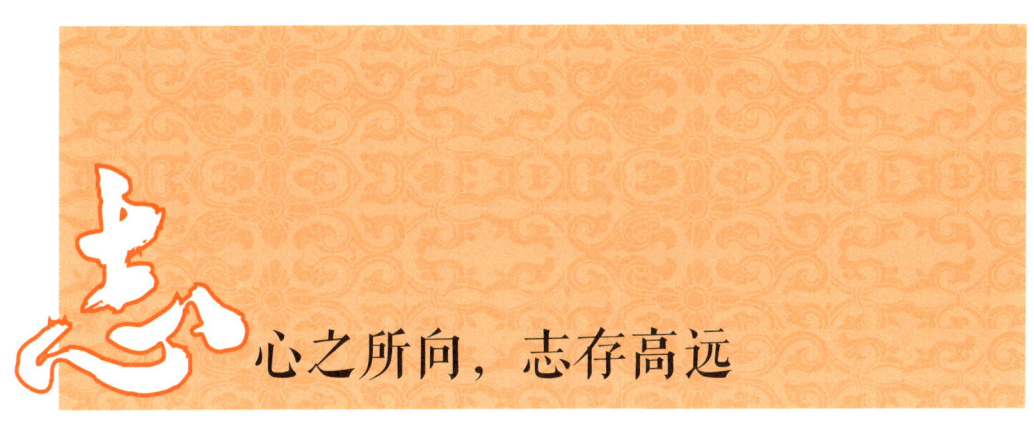

心之所向，志存高远

　　有一个小男孩，他的父亲是位马术师，他从小就跟着父亲东奔西跑去训练马匹。读中学时，一次，老师叫全班同学写作文，题目是长大后的志愿。他洋洋洒洒写了7张纸描述他的志愿，那就是想拥有一座属于自己的牧马农场，他仔细画了一张200亩农场的设计图，标有马厩、跑道等的位置，还建造了一栋占地400平方英尺的巨宅。两天后，他拿回了作业本，上面写了一个又红又大的F（最差等级）。他去找老师："为什么给我不及格？"老师回答道："你年纪轻轻，不要老做白日梦。你没钱，没家庭背景，什么都没有。盖座农场可是个花钱的大工程，你能实现吗？"老师接着又说："如果你肯重写一个比较不离谱的志愿，我会给你想要的分数。"男孩回家后反复思量了好几次，他决定原稿交回，一个字都不改，他告诉老师："即使拿个大红字，我也不愿放弃梦想。"

　　20多年以后，这位老师带领他的学生来到那个曾被他指责的男孩的农场露营一星期。离开之前，他对男孩说："说来有些惭愧，我曾泼过你冷水。这些年来，也对不少学生说过相同的话。幸亏你一直坚持自己的目标。"一颗种子可以孕育出一大片森林。立定志向，是一个人走向成功之途种下的重要的一颗种子。

志　会意兼形声字。小篆为𢗑，从"心"，从"之"（往），用心所向往，会意向、意念之意。《说文·心部》："志，意也。从心，之声。"本义为志气、意愿，是心之所向，未曾表露出来的长远打算，如"诗言志，歌咏言""志同道合"。后延伸到志向、立志，如"燕雀安知鸿鹄之志""吾十有五而志于学"。志多用于对人的赞美，如用"志诚君子"赞扬志行诚笃的高尚人士，用"志士仁人"指有志气节操和有仁爱道德的人，用"志在千里"形容志向远大的人,用"志在四方"形容立志在天下、远行以建功立业的人。志气,首先是做人的基本要求,"志"字也告诉我们一些做人的道理。

有志之人大都是有追求、有理想之士。

今体"志"字,从"心",从"士","士"是品德好、有学识、有技艺的人的美称,"名士"大多是有追求、有作为的人。孟子说:"得志,泽加于民;不得志,修身见于世。"墨子说:"志不强者智不达,言不信者行不果。"曹操说:"老骥伏枥,志在千里;烈士暮年,壮心不已。"南朝的范晔说:"丈夫为志,穷当益坚,老当益壮。"李白说:"大丈夫必有四方之志。"宋朝张孝祥说:"立志欲坚不欲锐,成功在久不在速。"清朝石成金说:"有志不在年高,无志空长百岁。"苏轼说:"古之立大事者,不惟有超世之才,亦必有坚忍不拔之志。"华罗庚说:"没有抱负的人,他的生活缺乏伟大的动力,自然不能盼望他有杰出的成就。"

古往今来,许多成功之名士,大多有远大的志向并为之努力奋斗。秦末农民起义领袖陈涉,出身贫穷,年轻时在农村当雇工,替人耕田种地,当时他就立志将来要干出一番轰轰烈烈的大事。在一起当雇工的伙伴都笑话他,认为替人耕田种地的下等人,想干一番大事业,真是癞蛤蟆想吃天鹅肉——异想天开。陈涉看到自己的宏大抱负,不能被一些眼光短浅的人所理解,感叹道:"燕雀安知鸿鹄之志哉!"意思是说,小小的燕雀,是不可能知道天鹅的大志的。后来,陈涉终于成为农民起义军的领袖,由他首先发难,将秦王朝推翻了。

老一辈的革命家,在青年时代就立下了远大志向,为他们后来的成功奠定了坚实的基础。毛泽东在青年时代就立志报国,献身革命。他在中学读书时,同学称他"身无分文,心忧天下"。1914年,他在长沙第一师范学校读书时,全部的费用只有几块大洋,而三分之一花在订报上,铺盖和衣服非常单薄。他与同学提出三不谈:不谈金钱,不谈身边琐事,在校期间不谈恋爱。他认为改造世界对

金文　　　　　　　小篆

关于个人 爱国 敬业 诚信 友善

学问知识的需要太迫切了，一定要把时间和精力用在有价值的事情上。周恩来也是一个在青年时代就立下大志向的人。20世纪初，在沈阳一所小学，校长问同学们："你们为什么要读书？"课堂上顿时寂静无声，停了片刻，一位同学站起来回答："读书为了寻找生路。"话音刚落，另一位同学说："为了光宗耀祖！"这时，一位浓眉大眼的同学站起来说："为了中华民族之崛起而读书。"他就是周恩来，那时年仅12岁。其实，人生的奋斗目标决定了一个人成为什么样的人。有人对富人和穷人作了比较，发现穷人有"十缺"：表面上最缺的是金钱；本质上最缺的是野心；脑袋里最缺的是观念；对机会最缺的是了解；命运里最缺的是选择；骨子里最缺的是勇气；改变上最缺的是行动；肚子里最缺的是知识；事业上最缺的是毅力；内心里最缺的是胆色。"野心"其实就是远大的目标、理想和志向，即所谓"人穷志短，马瘦毛长"。

有志之人大多是有心之士。

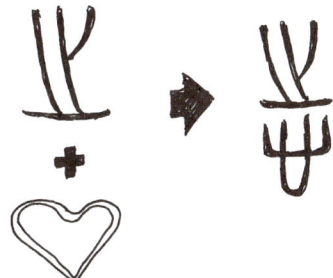

"志"，金文为"之"和"心"，"之"表示前往，"心"则为思想，表示心之所向。本义为内心追求的目标。

《鬼谷子·阴府》："志者，欲之使也。"意思是说，志向、志愿是由人内心的欲望所催生的。有志之人大都有心气即志气，这个心是雄心、恒心，这就是认定了目标，勇往直前地走下去，不达目标，决不罢休。科学家陈景润就是这样一个人。哥德巴赫猜想一直被看作数学王冠上的明珠，200多年来，有不少数学家试图征服它，并因此耗费了巨大的精力，都没有成功。陈景润从中学时代就立志摘取这颗明珠，他把它当作自己的事业和理想，拼命积累知识，奋力演算难题，草稿纸装了一麻袋又一麻袋，最后终于用自己的智慧和理想的合力，移动了数学群山，发现了以他的姓氏命名的定理。有的人虽然有远大的目标，但常常游移不

字谜廊 华夏南北心相连。

谜底：志

定,"东打一枪,西打一枪",结果一事无成。"有志之人立长志,无志之人常立志"。有野心而无恒心,最终也不能成为志士。

有志之人大多是有智之人。

"志"音通"智",一个人有志气才有理想,但要实现理想,还要靠智慧,靠本事,否则,就是志大才疏,终归一事无成。心理学上有智商和情商之说,有时情商比智商更重要,但"智"是基础,根源于"志"。长江实业董事局主席李嘉诚,14岁那年,一位会看相的同乡对他母亲说,你儿子眼眸无神,骨架瘦弱,未来恐难成大器。若安分守己,终日乾乾,勉强谋生是可以的,但飞黄腾达,怕没有福分!15岁的时候,他父亲因病去世,为了养活一家人,李嘉诚被迫中断学业,开始养家糊口,当过茶楼的跑堂,做过钟表店的店员,跑过五金店的推销员。他不甘平庸,勤于用心,把思维、想象和行动谱成乐章,在科技、人文、商业的无限机会中实现自我,用知识、责任感和目标汇成智慧,终于造就李氏的财富王国,正是智慧之舟使他驶向目标的彼岸。

智慧树下

志不立,事无成,平平庸庸过一生。
常立志,心不定,只闻雷声不见雨。
立大志,做小事,坚韧不拔靠意志。
立长志,有恒心,一如既往终有成。
立志者,有心人,能成事,靠本事。

格言集锦

非学无以广才,非志无以成学。(诸葛亮)
学贵初有决定不移之志,中有勇猛精进之心,末有坚贞永固之力。(曾国藩)
立志要远大,持身要严谨。
有志之人立长志,无志之人常立志。

关于个人　爱国　敬业　诚信　友善

士 人中之杰，处世标杆

春秋时，晋国晋灵公指派武士鉏麑去刺杀赵盾，鉏麑一早去行刺，见赵盾的卧室门已开着，赵盾正穿着朝服正襟危坐地等待天明上朝。由于起得太早，就坐在那里打一会瞌睡。鉏麑见状，感叹地说："对君主不忘恭敬，是替民众办事的好人，杀害他就是不忠于民，不杀他又违抗了君主的命令。这样进退两难，还不如死了好。"就一头向庭院中的槐树碰去，脑浆迸裂而死。鉏麑不愧是一名壮士。

士 会意字。金文为 士，小篆为 士，从"一"，从"十"。《说文》中解释："士，事也。数始于一，终于十。从一，从十。孔子曰：'推十合一为士。'"士在古人心目中是善于做事的人，本意是对男子的美称。

"士"在先秦时期成为特定的社会阶层，"士、农、工、商"，士居首位，其社会地位较高。"士"具有强烈的社会责任感和人生理想，是社会的中坚力量，"为天地立心，为生民立命，为往圣继绝学，为万世开太平"是其抱负和理想。《汉书·食货志》："学以居位曰士。""士"是具有学识的读书人，"士"为学识渊博、学贯中西的士人，"士"是品德高尚的人，如"仁人志士""士不可不弘毅，任重而道远"；"士"是有骨气、有尊严的人，"士可杀不可辱"；"士"又是忠义之人，"士为知己者死"。后来"士"的指称范围越来越广，有烈士、壮

"士"的称谓经历过许多变化。据古籍记载，早在五帝时代的"士"是治狱的刑官。《尚书》："汝作士，五刑有服。"金文的字形显然是一把大斧，那是刑官的象征。

士、志士、绅士、男士、女士等。"士"字笔画简单，但也充满人生哲理。

"士"者从"一"开始，为一心一意，标志着为人的忠诚，忠诚是为"士"者最突出的特质。

美国西点军校的校训是"国家、荣誉、忠诚、责任"八个字，忠诚大的方面体现在对国家、民族、人民的忠诚，小的方面则是对朋友、家人的忠诚。商朝末年，有一个孤竹国，国君生了三个儿子，长子叫伯夷，三子叫叔齐。因谦让王位，兄弟二人离开孤竹国，一起投奔周文王。文王死，武王兴兵伐纣。二人叩马劝谏，未果，后来武王克商，天下宗周，孤竹国灭亡，伯夷、叔齐便到首阳山隐居起来，发誓不吃周朝的粮食，终日以野菜为生，最后饿死在首阳山上。孔子曾高度称赞二人"古之贤人也"，以身殉国，求仁得仁，士之操也。春秋时期，晋国发生内乱，公子重耳避难流亡，随行贤士中有介子推，大家风餐露宿，颠沛流离共19年。一次，一行人断粮，重耳向附近农夫乞讨，反遭戏谑，饿得快晕过去了，子推便去山沟里摘了些野菜，又割下自己大腿上的一块肉，煮着给重耳吃了。此即著名的"割股奉君"，有士忠诚至此，天下何不可得？后来，重耳登上王位，励精图治，立下霸业，史称晋文公。

"士"者从"一"开始，为一诺千金，标志着为人的诚信。

在为人处世上，切戒随意许诺，特别是对小朋友，更应从小培养其诚实的本性。有一个"曾子教子"的故事，说的是曾子的妻子准备去集市，刚出家门，儿子闹着要跟着去。妻子便哄他："你在家等着，我一会就回来。你不是爱吃猪蹄吗？我回来杀猪给你做。"妻子从集市回来后，远远就听到院子里的嘈杂声。进门一看，原来是曾子准备杀猪。她急忙拉住丈夫："家里养猪是过节才杀的，你怎么把我哄孩子的话当真呢？"曾子说："在小孩面前是不能撒谎的。他年幼无知，父母是他的榜样，我们现在欺骗他，等于教他今后骗人。"于是，曾子便把猪杀了。做一个诚实的人，是做人的起码要求，但在当今社会却成为突出问题，假冒伪劣均源于不诚实，还导致人的双重人格，人前人后不一样，外表和内心不一样，这就是做人累的缘故。

"士"者从"一"开始，由"十"结束，标志着做人有始有终、善始善终。

虎头蛇尾在工作中是很常见的，作为一名优秀的"士"，一定要坚持，持之以恒。成功与失败，其实往往就看你能否坚持。不坚持，往往是前功尽弃，在

关于个人　爱国　敬业　诚信　友善

最艰难的时刻，往往是成功的前夕，如果放弃了，就等于白费精力。唐代高僧玄奘，有感于佛教典籍隐显有异，莫可适从，誓游天竺，以问惑辨疑，而此前因路途险阻，从未有人成功。他于贞观三年西行，孤身涉险，历尽艰难，经秦凉高昌等地，抵天竺北境，经西土耳其斯坦、阿富汗而进入印度境内，沿途瞻礼圣迹，至摩揭陀国，遂留学那烂陀寺，钻研佛经，历谒名贤，贞观十九年，玄奘东归抵长安，共请回佛经梵文原典657部，往返共历时17年，行程5万里，此即佛教史上著名的"玄奘西游"，全因大师持之以恒之功力，印度佛学遂尽传至中国。

"士"者从"一"开始，由"十"结束，标志着十全十美、完美无缺。

"士"所追求的目标，就是完美，包括人格的完美、仪容的完美。但完美其实很难达到，任何一件事情，要做到尽善尽美，确实很难，但尽心、尽力去做，也就行了。因为每一个人都受到能力、水平和客观条件的限制。同时，我们追求目标，更重要的是享受过程。

"士"的形状像飞机，搏击长空，其意喻士要有远大的志向，要敢于迎风展翅，自由飞翔。

"士"与"人"字组合，则为"仕"，其意是贤能之才可为"仕"，"学而优则仕"是指做官。凡以"士"字组合的字，往往与男性有关，如"士"与"丬"组合，则为"壮"，其意为士是学艺习武之人，身体强壮。"士"与"口"组合则为"吉"，这是说，谨防"病从口入，祸从口出"，饮食讲卫生，讲话讲道德，则会吉祥如意。"士"与"心"组合，则为"志"，意为有雄心大志的人为志士。

"士"音通"事"，士是会办事的人，孔子说："能够从众多实务中推演归纳出一个简要的道理来的人就是士。""士"音还通"世"，士由于能为人众服务，建功立业，因此，也就流芳百世。

字谜廊

鼙鼓壮志声声存。

谜底：士

 智慧树下

从一而终,威武不屈,乃真勇士;十全十美,善始善终,乃真绅士。

执著于理想,秉承于道义,做人之标杆,社会之砥柱。

为知己者死,更为理想、信仰而死。

善事者为士,建功立业,流芳百世。

 格言集锦

士别三日,当刮目相待。(《三国志·吴志·吕蒙传》)

千人诺诺,不如一士谔谔。(司马迁《史记·商君列传》)

士可杀不可辱。(《明史·王鏊传》)

敬业是对公民职业行为准则的价值评价，要求公民忠于职守，克己奉公，服务人民，服务社会，充分体现了社会主义职业精神。

敬 业

吃苦卖力,天道酬勤

有个孩子对一个问题一直想不通:为什么他的同桌想考第一就能考第一,而自己想考第一却才考了全班第二十一名。回家后他问妈妈:"妈妈,我是不是比别人笨?我觉得我和他一样听老师的话,一样认真地做作业,可是,为什么我总比他落后?"妈妈听了儿子的话,感觉到儿子开始有自尊心了,而这种自尊心正在被学校的排名伤害着。她望着儿子,没有回答,因为她不知该怎样回答。

儿子小学毕业了,虽然他比过去更加刻苦,但依然没赶上他的同桌,不过与过去相比,他的成绩一直在提高,为了对儿子的进步表示赞赏,她带他去看了一次大海。就是在这次旅行中,母亲回答了儿子的问题。他们坐在沙滩上,她指着前面对他说:"你看那些在海边争食的鸟儿,当海浪打来的时候,小灰雀总能迅速地起飞,它们拍两三下翅膀就飞上了天空。而海鸥总显得非常笨拙,它们从沙滩飞上天空总要很长时间,然而,真正能飞越大海横过大洋的还是它们。"后来,他以全校第一名的成绩考入了清华大学。寒假归来时,母校请他给同学及家长们作一个报告,他讲了小时候的这段经历,这个报告使很多母亲流下了眼泪,其中包括他自己的母亲。

形声兼会意字,从"力","堇"声。金文为,小篆为,繁体为。"堇",指火焚人牲,祭天求雨,"力"为出力。"堇""力"为"勤",意思是吃苦卖力,辛苦干活。《说文·力部》中解释:"勤,劳也。从力,堇声。"本义为劳苦,后引申为努力不懈怠,如"克勤无怠""克勤克俭""勤奋""勤勉""勤快""勤学"。也指经常不断,如"勤来勤往""春季雨水勤"。

关于个人 爱国 敬业 诚信 友善

"勤"字本义为辛劳，是一个形声字。其字形左边为"堇"（读音为qín），表示字音。同时，"堇"有黏土的含义，这里是说在黏土地上劳动很辛苦；右边为"力"，字形看上去像是农具，这里有用力之义。在黏土地上工作很辛苦，需要勤快而用心。

古往今来，名家大师对勤奋都非常欣赏，给予充分的肯定。有人认为勤奋是达到成功的必经之路，韩愈说："书山有路勤为径，学海无涯苦作舟。"爱迪生说："天才是百分之一的灵感加上百分之九十九的汗水。"有人认为勤劳是幸福的源泉。达·芬奇说："勤劳一天，可得一夜安眠；勤劳一生，可得幸福长眠。"还有人认为勤劳是致富之道，印度学者雷伊说："勤劳是财富的右手，节俭是她的左手。"天道酬勤，勤能补拙，业精于勤，都是对"勤"意义的概括。"勤"字从"力"，一个人要成就大事业，至少要具有下面四种力：

勤之力，是体力。

勤，就是辛苦，要付出劳动和汗水。杰出的科学家居里夫人说得好："走向成功的人士，从无捷径而言，不管你多么聪明都少不得一个勤字。勤奋是点燃智慧的火把，是实现梦想的基石，唯有勤劳不辍，才能直达理想的顶峰。"任何人的成功都是勤奋的汗水堆积的结果。即使出家和尚，息迹岩穴，徜徉山水之间，看破红尘，与世无争，他们也有一番精进的功夫要做，于读经礼拜之外还要勤行善法不自放逸。如唐朝开元年间有一位百丈怀海禅师，亲近妈祖时得心传心印，精勤不休，他制定了"百丈清规"，笃行"一日不作，一日不食"，一面修行，一面劳作。到了暮年仍然如此，弟子们于心不忍，偷偷地把他的农作工具藏匿起来，禅师找不到工具，那一天没有工作，但是那一天他也不吃东西。他的勤劳刻苦的精神感动了不少人。好逸恶劳，是人之常情，但正是因为人天生的惰性，才需要经常地鞭策自己。勤能补拙，勤能损欲，这是消极的说法。勤的积极意义是要人进德修业，不断地精进。体力之勤，其实也是长寿之道。许多长寿老人都有一个共同的特点，就是一辈子都劳作，使筋脉通畅，从这个意义上看，"勤"也是健康之道。

勤之力，是心力。

"勤"的繁体，写作"懃"，是以心作为基础的。心力是指对事业的追求和热爱，热爱一种事业，爱好一种工作，会乐此不疲，虽苦犹乐。法国著名作家巴尔扎

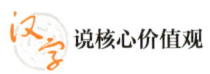

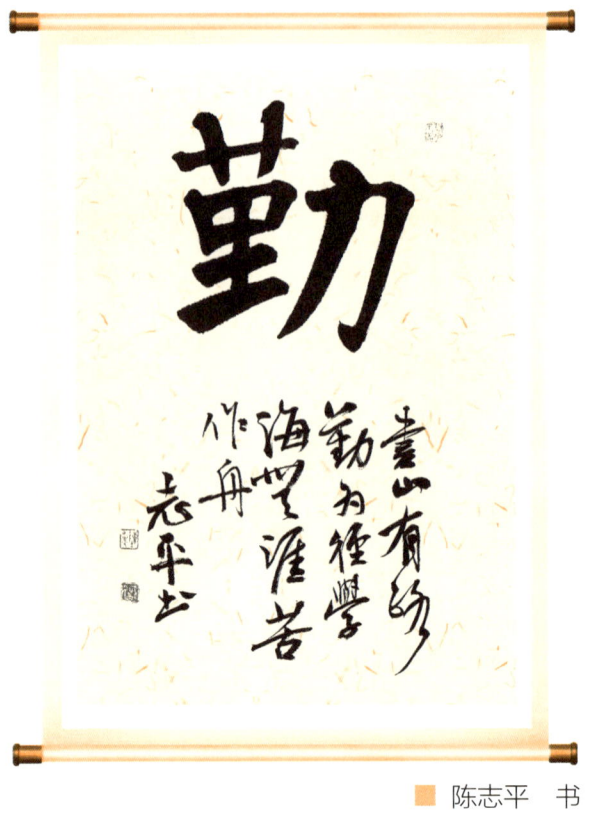

■ 陈志平 书

克在他二十年的创作生涯中，经常每天工作十二至十八小时，而当灵感来临、文思泉涌之际，竟一连数日废寝忘食，夜以继日地写作，终于完成了世界文学巨著《人间喜剧》，给世人留下了丰富的文学遗产。忠诚、热情、敬业是产生勤奋的发动机。爱一项事业，也就心甘情愿为之付出，就有源源不断的动力、激情和干劲。

勤之力，是脑力，即智力。

在农耕时代，勤主要是体力的付出，辛苦劳作，可以丰衣足食。但是，在今天的信息时代，人力、资源已经不是最主要的因素，智力，人的创造力应居首位。体力的付出固然必不可少，但善于开发自身的脑力更为宝贵。"勤"表现为善于思考，善于发现问题，善于创造和发明。在日常生活中，一些习以为常、司空见惯的东西，在善于思考的人那里，则是发明和创造。牛顿被苹果砸到了头，他会思考苹果为何会掉下来，从而发现了"万有引力定律"。洗澡时人坐在浴盆

——致力于改革。

谜底：勤

关于个人　爱国　敬业　诚信　友善

中水会溢出，人越重水溢出得越多，阿基米德从中发现了浮力的原理"阿基米德定律"。我们既要付出辛勤的劳动，也要善出巧力、找窍门，这样，就可以起到事半功倍的作用。医生、画家、工艺美术家通常都要拜师，有名师的指点，可以少走弯路，甚至不走弯路，这就是头脑的"勤"能产生智慧。

勤之力，是眼力。

这就是善于选择正确的目标并为之奋斗。勤力并不是盲干。一个人从小的方面看，要成才，要有作为，必须选择自己的努力方向，从自己的实际情况出发，否则，再努力都没有用。从大的方面看，则要判断社会发展的大趋势，认清客观的大环境，否则，越努力越会走向反面。愚公移山的故事，说明愚公很勤奋，具有锲而不舍的精神，这是很可贵的。但从另一个角度看，愚公又确实很愚钝，转变思路，搬家不是更省事吗？因此，勤还要找准方位、目标，否则，越勤奋对个人、对社会的伤害就越大。

"勤"音谐"禽"。飞禽的禀性是勤奋。小鸟练习飞翔，日白即起，反复练习，直到能够搏击长空。人也要向鸟学习，笨鸟先飞。勤快、勤奋、勤力，不怕吃苦，不怕劳碌，成功源于勤奋，勤奋造就未来。

智慧树下

勤是诚心的祈祷，是心力、体力、脑力的付出。
勤奋的人，像飞禽一样，勤奋地练习，终能搏击长空。
勤奋则博学，勤俭则富足，勤动则健康，勤思则聪慧。

格言集锦

勤能补拙是良训，一分辛苦一分才。（华罗庚）
成功的秘诀就是：理想、勤奋、毅力、虚心和科学的方法。（华罗庚）
身体勤则健康，头脑勤则聪慧。
天才是勤勉之果。（汉密尔顿）
智慧是勤奋的结晶，成就是勤劳的化身。（伏契克）

责

权责相当，恪守本职

20世纪初，有一位美国人叫弗兰克，经过艰苦的积蓄开办了一家小银行。但一次银行抢劫和其他意外事件，导致他破产，储户失去了存款。当他拖着妻子和四个儿女从头开始的时候，他决定偿还那笔天文数字般的存款。所有的人都劝他："你为什么要这样做呢？这件事你是没有责任的。"但他回答："是的，在法律上也许我没有，但在道义上，我有责任，我应该还钱。"偿还的代价是三十九年的艰苦生活，寄出最后一笔"债务"时，他轻叹："现在我终于无债一身轻了。"他用一生的辛酸和汗水完成了他的责任，而给世人留下了一笔真正的财富。

会意兼形声字。甲骨文为🙰，金文为🙰，小篆为🙰，繁体为責，从"贝"，从"丰"，会意用尖木刺取贝中的肉而食之，上古"人茹草饮水，食螺蚌之肉"，"责"字正是上古人类用锐器刺取螺蚌而剔食其肉的渔猎生活的写照，后引申为索求之意。《说文·贝部》中解释："责，求也"，本义为求取、索取。凡是与钱财货物有关的字，都从"贝"字，"责"也不例外，表示责任总与利益相挂钩，寓意激励他人完成任务需要一定的物质奖励，这就是常常说的责任和权利。与"责"相连频率最高的词是责任。我们用"责无旁贷"表示自己的责任，不能推卸给别人，用"责有攸归"表示分内的责任不容推卸，用"责重山岳"形容责任之重如山岳。

评价一个人的价值和意义，除了看他对社会的贡献以外，其实，还应该看他对上一辈、对儿女、对家庭的责任，对单位、对职业的责任乃至对国家对民族的责任。一个勇于担当的人，尽了自己的责任，其人生就有价值。在这里集中讲讲对责任的感悟。

关于个人　爱国　敬业　诚信　友善

"责"字告诉我们，要使一个人尽责，必然是责、权、利的有机统一。

美国西点军校的校训为"国家、荣誉、忠诚、责任"，我们讲一个公民必须承担责任、拥有权利、履行义务，缺乏责任感的人，不但不能成为好公民，也不能成为好职员，不值得他人依赖。"责"字上为"主"出头，"主"乃在位之人，出头者既有责，也要尽责。"责"字下部为"贝"，寓意有物质利益的激励，尽责会得到报偿。要人负责必须给予职位，给予利益，责、权、利三者必须对等。没有职权难以尽责，没有利益缺乏动力。马克思说过，人们为之奋斗的都与自己的利益有关。有多大的职权和利益，就要承担多大的责任，三者之间成正比。权力越大，报酬越高，责任也就越重。君权至高无上，要对整个国家、天下老百姓负责。领导拥有管理权，就要对单位和员工负责，"在其位，谋其政，担其责，成其事"。作为公民，享有公民的基本权利，也负有维护国家利益和尊严的责任和义务。

"责"字告诉我们，要分清界线，明白分量。

"责"字为青之头，青丝为素绢，青红皂白要分清。承担分内之事，不缺位，不越位。有这样一个故事，一个医院来了两个实习医生，男医生总是神采奕奕，白大褂一尘不染，女医生则总是马不停蹄地从一个病房赶到另一个病房，白大褂上经常沾满药水，病人的果汁和菜汤。男医生严格遵守医生的法定工作时间，女医生则经常早上班迟下班。男医生恪守自己的职责，对不属于自己职责范围内的事，总是说请护士去解决。女医生则身兼数职，为病人量体重、喂饭，还帮家属订食谱，包揽了护士、护工、营养师的活。医院评选最佳实习医生，令人意外的是，男医生当选，女医生却落选了。医院的领导对此作了解释，女医生负责过了头，她把为病人治病当作自己一个人的职责，包揽太多。世界上没有超人，缺乏休息使她疲惫不堪，情绪波动，工作容易出错。男医生严格遵守规则，把时间花在医生的职责界限内，因此精力充沛，注意力集中，很少出错。这个故事说明，现代社会的工作职责都是有限的，每个人必须学会分工合作，才是称职和出色的。一个领导如果事无巨细，通通亲自管理，不但自己很累，也很难管好。因此，如果每个人都能做好分内的事，一个单位、一个社会就会井然有序。

"责"字告诉我们，要使人负责，必须进行问责。

责从"丰"，箭是攻击的武器，具有方向性、目的性和穿透性，象征着一个人居于一定的职位，承担着一定的责任，如不能担责，就会被"问责"。美国政

235

府专门成立了一个问责局,其职能是调查、监督联邦政府的规划和支出,不仅紧盯政府的花销,保障纳税人的钱不被浪费,还监督联邦政府的所作所为,一旦发现政府有规划不当等行为,就立即叫停并启动问责制。这种做法值得我们借鉴,在我们的干部队伍中,为什么会出现"三拍"干部(即拍脑袋决策,拍胸脯表态,拍屁股走人),主要原因就是缺乏问责机制。用人失察,决策失误,工作渎职,其实都应问责,这样才能使人勇于负责,善于负责。

"责"字告诉我们,勇于负责,就是不怕被斥责。

"责"与"啧"同音,做了好事会受到啧啧称赞,但做了错事,则应勇于担责,不怕被人斥责。"一只花盆"的故事,讲的就是一个人要勇于为自己的过失负责。1920年的一天,伊利诺伊州一位9岁的小男孩正与他的伙伴玩足球,突然他飞起一脚,将足球踢到邻居的窗台,正好砸在一只花盆上,花盆顿时落地摔碎了。第二天,这位小男孩到邻居家赔礼道歉,并送来了新的花盆。邻居老人不仅原谅了这个懂事的孩子,还款待他吃了点心,并送他一袋饼干。原以为事情就这样结束了,出人意料的是,当孩子拿着那袋饼干回家之后,他的父亲却找到老人退回饼干。他对老人说,一个孩子在做错事的时候,是不应该得到奖励的。原来,孩子回家后,父亲告诉他:"你犯了错,就应该为自己过失的行为负责。这些钱暂时借给你,要赔人家一只像样的花盆。不过,你必须用劳动挣钱还给我。"从此以后,小男孩一边读书,一边用空闲时间打工挣钱,到街区送报纸,为邻居送牛奶,周末帮别人修剪草坪。经过几个月的努力,终于还清了借款。许多年以后,这位男孩成为美国第四十任总统,他的名字叫罗纳德·威尔逊·里根。这个故事说明,一个人在小的时候就能为类似一只花盆这样的生活小事负责,日积月累,责任感不断增强,长大后一定能为国家负责。

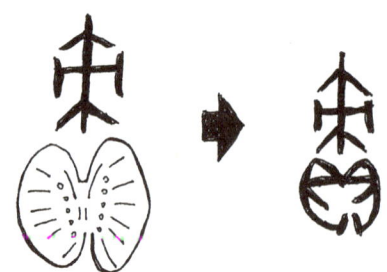

"责"字既是一个会意字,又是一个形声字。在甲骨文中,"责"字上边为"束",下边为"贝",其本义是索取财物。

"责"加"人"字,则为"债",这意味着责任也是一种债务,必须履行任务。一个不负责任的人会受到谴责,工作渎职则会受到问责。"责"加"纟"

为"绩",这意味着勇于负责,敢于担当的人,必然做出不凡的业绩。"责"加"口"字,为"啧",这意味着敢于负责,会受到人们的"啧啧称赞"。"责"加"氵"为"渍",表示负责的人总是汗渍满身。

智慧树下

责

王者出头,
人在其位,必尽其责。
责下为贝,
勇于负责,敢于担当,
是国家的宝贝。
责音通啧,
勇于负责,
自然受到称赞啧啧。
做人须知负责任的苦处,
才能知道尽责任的乐趣。
高尚的成本
是责任。
伟大的代价
也是责任。

格言集锦

- 任重者其忧不可以不深,位高者其责不可以不厚。(王安石)
- 不在其位,不谋其政,身居其职,须担其责。
- 接受责任的能力是衡量人的标准。(史密斯)
- 待人要丰,自奉要约,责己要厚,责人要薄。(吕坤)
- 人生须知负责任的苦处,才能知道有尽责的乐趣。(梁启超)

敬 ——一丝不苟，端肃恭敬

有一则关于敬业的故事，故事主角是一个利用假期到东京帝国饭店打工的女大学生，其工作是清洗厕所，勉强撑过几日后，实在难以为继，遂决定辞职。但就在此关键时刻，大学生竟发现，和她一起工作的一位老清洁工，居然在清洗工作完成后，从马桶里舀了一杯水喝下去。大学生看得目瞪口呆，但老清洁工却自豪地表示，经他清理过的马桶，是干净得连里面的水都可以喝下去的！老清洁工这个举动带给大学生很大的启发，任何工作不论性质如何，都有理想、境界、态度与更高的质量可以追寻。从此，大学生再进入厕所时，不再引以为苦，却视为自我磨练与提升的道场，每清洗完马桶，她都扪心自问："我可以从这里面舀一杯水喝下去吗？"假期结束，当经理验收考核成果时，女大学生在所有人面前，从她清洗过的马桶里舀了一杯水喝下去！毕业后，大学生果然顺利进入帝国饭店工作。凭着这简直匪夷所思的敬业精神，三十七岁以前，她是日本帝国饭店最出色的员工和晋升最快的人；三十七岁以后，她步入政坛，成为日本内阁邮政大臣！她就是野田圣子，据说每次自我介绍时她总说："我是最敬业的厕所清洁工和最忠于职守的内阁大臣！"

会意字。甲骨文为 ，金文为 ，甲骨文从"羊"，从"跪人"，大约是个羌族俘虏。俘虏在古代都用作奴隶，故金文加"口"，又加"攴"（手持棍），会督促其认真做事之意。小篆为 ，从"苟"，从"攴"。《说文·苟部》："敬，肃也。"本义为恭敬、端肃、认真做事。如《论语·学而》："居处恭，执事敬，与人忠。"后延伸为敬重，有礼貌地奉上，如相敬如宾、敬而远之、敬你一杯酒等。有"敬"字的成语很多，大多表示恭敬，如"敬

关于个人　爱国　敬业　诚信　友善

姜犹绩"指富贵不忘艰苦，不求安逸；"敬老慈幼"指尊敬长者，慈爱孩童；"敬老怜贫"形容人有恭谨慈爱的良好品德；"敬老尊贤"指敬重年老的和有社会声望的人；"敬若神明"指像敬重神明一样尊敬对方；"敬时爱日"谓珍惜时光；"敬事不暇"形容百依百顺，竭尽全力效犬马之劳；"敬授人时"指皇帝向天下颁布历书，使天下遵行，不违农时，以求丰收；"敬天爱民"指尊重天命，爱护百姓；"敬小慎微"指对细微的事物也采取谨慎小心的态度，形容待人处世非常审慎；"敬业乐群"谓专心致力于学业，爱好与朋友探讨学问，切磋琢磨。敬，是儒家学说的一个基本范畴，孔子主张人在一生中应该勤奋、刻苦，为事业尽心尽力。他说："君子有九思：视思明，听思聪，色思温，貌思恭，言思忠，事思敬，疑思问，忿思难，见得思义。"敬的内容，包括敬天地、敬神祇、敬祖宗、敬父母、敬师长等，敬是一种自我修养的方法，一种人生态度，也是处理人际关系的准则。在当代社会，"敬"字告诉我们要敬事、敬人、敬业。

敬事要一丝不苟。

敬，从"苟"。苟，就是一丝不苟，认真负责。北宋理学家程颐说："所谓敬者，主一之谓敬；所谓一者，无适（心不向外）之谓一。"敬就是对所从事的职业认认真真，尽职尽责。把职业当成事业的人，往往能取得成功。有这样一个人，她的名字叫任小萍。1972年，任小萍作为第一届工农兵大学生，毕业于北京外国语学院，被分配到英国大使馆当接线员。做一个小小的接线员，很多人都会觉得没出息，但她却把这一工作做得非同凡响。她把使馆所有的名字、电话、工作范围，甚至连家属名字都背得滚瓜烂熟。有些电话进来，有事不知找谁，任小萍就会多问问，尽量帮助人家准确地找到人。慢慢地，使馆人员有事要外出，都委托她代办。一时间，任小萍成为使馆的留言处、大秘书，成了使馆的"全权代办"。没多久，她就因工作出色而破格出任美国某大报记者处的翻译。在那里，她同样干得非常出色。不久，她又被破例调任美国驻华联络处。再后来，她被提拔为北京外交学院副院长。她说："在我的职业生涯中，每一次都是组织上安排的，自己并没有什么自主权。但在每一个岗位上，也都有自己的选择，那就是要比别人做得更好。"有的人把事业当成混一碗饭吃的职业，最终将一事无成，遗恨终生。还有的人好高骛远，挑精拣肥，无所用心，最终也一样碌碌无为。只有把职业当成事业，兢兢业业，才能一步步地迈向成功的巅峰。这是"敬"的正面意义。"敬"的反面意义是"马虎"。鲁迅先生早在20世纪20年代就指出，中国4亿人得了一种病，名叫马马虎虎。胡适先生也写过《差不多先生》，批评当时的国人缺乏认真的精神。马虎,小则害己,大则害国。马虎对事业的损害是非常严重的。1962年,美国发射了一艘飞往金星的太空飞船"航行者一号"。根据预测,飞船起飞44分钟以后,9800个太阳能装置会自动开始工作;80天后,电脑完成对航行的矫正工作;100天以后,飞船就可以环绕金星航行,开始拍照。可是,出人意料的是,飞船起飞不到4分钟,就一头栽进大西洋里。这是什么原因呢?后来经过详细调查,发现当初在把资料输入电脑时,有一个数据前面的负号给漏掉了,这样就使得负数变成了正数,以致影响了整个运算结果,使飞船计划失败。牛顿曾经说过:"在数学中,最微小的误差也不能忽略。"我们平时学习,就应该有这种谨慎细心、一丝不苟的态度,严格要求自己,今后在工作和生活中才能避免犯更大的错误。

"敬",会意字。金文左边是口,中间是牧羊人,右边是手执鞭,合起来表示牧羊人手持鞭子,口中吆喝,敬告羊群不要乱跑。本义是警告,慎重。引申为尊重。

敬人要端肃恭敬。

"敬"字,从"苟",从"攴","攴"表示鞭策、敲打。敬可以理解为通过教训,督导改正不敬、不端正的行为,以达到端肃的要求。清同治十一年(1872年)二月初四,晚清大儒、理学大家曾国藩用发抖的手指着桌子,那是他早已写好的遗嘱,床前站满了儿孙弟子。当是之时,他已生命垂危,即将离开人世,长子曾纪泽把纸展开,用颤抖的声音念道:"余通籍三十余年,官至极品,而学业一无所成,德行一无可许,老人徒伤,不胜悚惶惭赧,今将永别,特立四条以教汝兄弟。一曰慎独则心安,二曰主敬则身强,三曰求仁则人悦,四曰习劳则神钦。此四条为余数十年人世之得,汝兄弟记之行之,并传之于子子孙孙,则余曾家可长盛不衰,代有人才。"一纸遗嘱成就了曾氏一家,曾氏后裔遵守遗训至今家门和顺,兴旺发达。曾国藩之所以成功,皆因他一生致力于"主敬存诚"。我们看"敬"字,左边是"苟"字,右边是"文"字,意思是不苟于文,不随意,严谨、认真。《弟子规》中是把学文放在孝悌谨信、仁爱亲仁后的最末端的。由此可以看出,连末端的学文都不"苟"的话,那么其他方面都理应做到恭敬、严肃、认真了,所以圣贤能够做到"见嫌而不苟免""见利而不苟得"

关于个人　爱国　敬业　诚信　友善

"不苟言笑"。因此，我们应该努力做到事事恭敬、时时恭敬、处处恭敬，敬人、敬事、敬物乃至恭敬一切，久而久之，我们的整齐严肃、聪明睿智和智慧品德都会因此而生发出来。民国著名高僧印光大师也反复强调："欲得佛法利益，须向恭敬中求，有一分恭敬，则消一分罪业，增一分福慧；有十分恭敬，则消十分罪业，增十分福慧；若无恭敬而致亵慢，则罪业愈增而福慧日减矣。"又说："入道多门，唯人志趣，了无一定之法，其一定者，曰诚，曰恭敬。"佛法如此，世间各门学问也是如此。《礼记》开宗明义即讲"曲礼曰：毋不敬"。可见无论求学经商、学文习武等皆由"毋不敬"入门，亦有"毋不敬"成就也！

敬业要忠诚热爱。

敬是一种行为，一种态度，但它是根植于心的，忠诚从内心发出来就是敬。内存恭敬心，外有谦卑意。敬而无失，恭而有礼。敬业源于对事业的忠诚与热爱。由洛克菲勒创办并经营的美国标准石油公司是当时世界上最大的石油供应商，那时每桶石油的售价是4美元。推销员阿基勃勒，仅是公司一个名不见经传的职员，但他无论外出、购物、吃饭、付账，甚至给朋友写信，但凡有签名的机会时，都不忘写上"每桶4美元的标准石油"，同事、朋友都开玩笑叫他"每桶4美元"。尽管受到各种嘲笑，阿基勃勒都不为所动。四年后的一天，洛克菲勒无意中听说了此事，马上请阿基勃勒吃了一顿饭。饭间，他问阿基勃勒为何要这么做，阿基勃勒说："这不是公司的宣传口号吗？每天写一次就可能多一个人知道。"五年后，洛克菲勒卸任，阿基勃勒继任董事长。这个故事说明，只有对自己从事的职业和工作有一种近乎偏执的忠诚和热爱，尽心尽责，乐此不疲，才能做出不俗的业绩。

许多从"敬"的文字都有警戒、警醒的意思。如"憼、儆、警、擎"等。"憼"，表示"敬之在心者"。"儆"，是使人警醒，不犯过错，儆戒，如"儆省""惩一儆百""以儆效尤"。"警"，表示警告，从"敬"，从"言"，表示发出讯息，提醒危机。"擎"，从"敬"，从"手"，表示高举、支撑，如"擎台"，指支持；"擎天架海"比喻能担当重任；"擎天"形容坚强高大有力量。

字谜廊

潦草成章只恭维。

谜底：敬

 智慧树下

敬

杨 克

敬天是因为它给我们阳光雨露，
敬地是因为它给我们奉献沃土，
敬圣人是因为它高山仰止。

敬父母是因为它给我们肤发血肉，
敬师长是因为它给我们长智增慧。
敬老是因为有一天我们也会老，
老人受尊敬，
是人类最美好的一种特权。

敬田得谷，尊老得福。
尊敬老人，就是尊重自己的未来

 格言集锦

君子敬以直内，义以方外，敬义立而德不孤。（《周易·子辞》）
言忠信，行笃敬，虽蛮貊之邦，行矣；言不忠信，行不笃敬，虽州里，行乎哉？（孔子）
敬业者，专心致志以事其业也；乐群者，乐于取益以辅其仁也。
（朱熹）
世界上没有卑贱的职业，只有卑贱的人。（林肯）

关于个人　爱国　敬业　诚信　友善

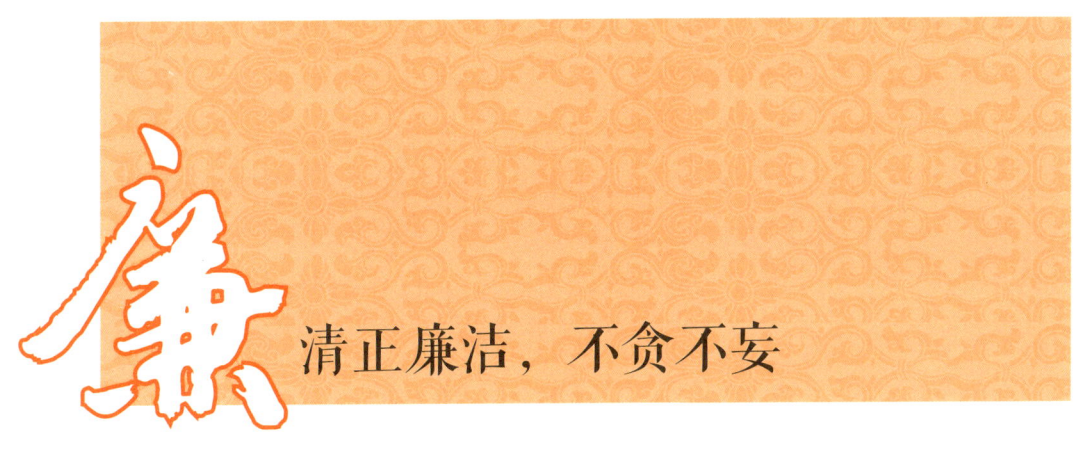

清正廉洁，不贪不妄

子罕是春秋时期宋国的贤臣。宋国有个人得到了一块美玉，把它献给了子罕，子罕不肯接受。献玉的人说："我已经拿给玉工看过了，玉工认为它是宝物，所以我才敢进献给您呀！"子罕说："我把不贪婪当作宝物，你把美玉当作宝物。如果把玉给了我，那么我们两个人都丧失了宝物，不如各人保有自己的宝物吧。" 献玉的人叩头，然后对子罕说："小人怀中藏着宝玉，到哪里都不安全，还是把它送给您吧。这样就可以免于被人谋财害命了。"于是子罕就把美玉放在自己住的地方，让玉工雕琢它，然后又卖了出去，把钱给了献玉的人，让他成了富翁，然后送他回家去了。

廉 形声字，从"广"，"兼"声。小篆为 ![]。《说文》中解释："廉，仄也。"注释曰："按，堂之侧边曰廉，故从广。天子之堂九尺，诸侯七尺，大夫五尺，士三尺。堂边皆如其高。""廉"的本义为厅堂的侧边，其长度与高度相同。《玉篇·广部》："廉，清也。"廉，就是清正廉洁。做一个清廉的官员，建设一个廉洁政府，是时下老百姓最关注的问题之一。"廉"字告诉我们如何做一个清廉的人。

"廉"是不谋私利，拒绝诱惑。

"廉"从"广"，"广"为远大、高大，其意为一个为人正直而胸怀宽广、目光远大的人，具有成就一番伟业的目标和愿望，其德行必然超越市井之人，把广大老百姓装在心中，不被眼前利益所诱惑，更不会被私利遮住了双眼。《吕氏春秋》说："临大利而不易其义，可谓廉矣。"明代有一位宰相叫于谦，是一位两袖清风的官员。他写了一首以石灰为主题的诗表明自己的志向:"千锤万凿出深山,烈火焚烧若等闲。粉骨碎身浑不怕,要留清白在人间。"他所得的俸禄,多用来救济他人,衣不锦绣,食不兼味。"夺门之变"后,他遭诬告、抄家时,竟"家无余财",其清白可对苍天。民国时期,南京市长王英对老百姓和蔼可亲,急人之急,被称为"布衣市长"。他历任要职,可谓官高禄厚,但他拒绝接受蒋介石推荐的黄埔毕业生,反对林森扩建中山陵园,怒打孔祥熙,他布衣粗食,坐车坐三等,乘船乘统舱,廉洁奉公,安贫如素,不拿公家一针一线,被誉为"民国第一清官"。

金文　　　　　篆书

"廉"是清心寡欲,两袖清风。

清代的金缨说:"人之心胸,多欲则窄,寡欲则宽。人之心境,多欲则忙,寡欲则闲。人之心术,多欲则险,寡欲则平。人之心事,多欲则忧,寡欲则乐。人之心气,多欲则馁,寡欲则刚。"这就是说,没有过度的私欲,才能做到廉。宋代的包拯说:"廉者,民之表也;贪者,民之贼也。"包拯在肇庆离任时,"不携一砚归"被传为美谈。诸葛亮可以说是清廉的典范,被人评价为"盖世清员,鞠躬尽瘁"。诸葛亮长期担任蜀汉的丞相,身为一国之宗臣,统理一国之政务,总揽大权而不失为臣的礼度,兢兢业业恪守为臣的本分,鞠躬尽瘁耗尽最后一丝心血。他去世以后,家里只有八百株桑树,四五十顷薄田。身为辅国忠臣,没给后代留下财物,却留下了品德和精神财富,为人们所称颂。明代的海瑞更是一位清官,去世的时候,连棺木都没有,还是朋友凑钱把他安葬了。方志敏是共产党员清廉的代表。读读《清贫》,总让人感动。方志敏从事革命斗争十多年,先后担任过中国工农红军第十军政委、闽浙赣省委书记、省苏维埃主席,经手的款项,总有数百万元。他被捕后,两个国民党兵以为可以发一笔横财,谁知在他身上,只搜到工作所用的一块怀表和一支钢笔,此外分文没有。方志敏在《清贫》中说:"这在国方的伟人看来,颇似奇迹,或认为夸张;而矜持不苟,舍己为公,却是每个共产党员具备的美德。"叶剑英元帅当年赞诗吟道:"血染东南半壁红,忍将奇迹作奇功。文山去后南朝月,又照秦淮一叶枫。"廉是评价一个官员品质的重要方面,每年领导干部都要述职述廉,主要内容就是"五个字",即德、勤、能、绩、廉。俗话说:"公生明,廉生威。"一个清正廉洁的官员自然有威望和权威。云南省保山地委书记杨善洲同志退休后,放弃进省城安享晚年的机会,扎根家乡山区兴办林场,植树造林3700多公顷,还带领群众修建18公里的林区山路,架设4公里多的输电线路,始终保持艰苦朴素的本色,廉洁奉公,全心为民,当地传唱着一首民谣:"杨善洲,杨善洲,老牛拉车不回头,当官一场手空空,退休又钻山沟沟……"唱出了群众对一名优秀共产党人的敬重之情。

"廉",形声字。广表意,篆书形体像房屋,"廉"本指堂屋的侧边;兼(jiān)表声,其形像手持两棵禾,表示廉是堂屋的两侧。本义是堂屋狭窄的侧边。"廉"现多指廉洁不贪。

"廉",从"兼","兼"为兼顾、超越、胜过,其意为兼顾老百姓的利益,兼听老百姓的心声,从而在自己的施政举措上,以老百姓的利益为出发点,公私兼顾,水涨船高,在为老百姓、为社会、为国家做出贡献的同时,也获得个人合理的利益。人,是一个社会的人,有合理、正当的欲望是再自然不过的,关键在于节制和取之有道。老百姓最敬仰公而忘私的官员,最希望的却是能公私兼顾的官员。曾经有过一个调查,问老百姓是希望干部像孔繁森那样,还是像王宝森那样。老百姓的回答令人意外:"这两种干部我们都不希望有。"理由是:"王宝森是贪得无厌的大腐败分子,我们固然不欢迎;但像孔繁森那样一点私心也没有,全心全意为人民服务的干部实在太少了,可遇而不可求,况且我们老百姓不忍心他那么苦。我们希望的干部是能公私兼顾,大家能在一个锅里吃肉喝汤。"这可是一个大实话。

字谜廊

不计前嫌团结广。

谜底:廉

"廉",音通"莲",官廉誉莲。

人们通常用莲花的高洁来赞誉官员的清廉。莲出淤泥而不染,气味芬芳,象征着官员洁身自好,拒腐防贪,清白做人;同时,莲全身是宝,莲藕、莲子、莲房、莲须均能食用或入药,象征着官员实实在在,为民谋利,甘于奉献;此外,莲藕藏身于地下,莲蓬低垂于池塘,象征着官员朴实无华,求真务实。莲是花中君子,若天下官员皆能以莲自居,则普天之下岂不是佛教所称的"莲界",也就是人间的天国了。

智慧树下

一个眼光远大的人,不会被私利蒙住双眼。

清心寡欲,两袖清风,求真务实,百姓心连。

"廉"谐音字为"莲",即官廉誉莲。

政府廉洁,官员清廉。

用制度来保障,请舆论来监督,让民主来实践。

格言集锦

义士不欺心,廉士不妄取。(刘向)

廉者常乐无求,贪者常忧不足。(王通)

国侈则用费,用费则民贫,民贫则奸智生,奸智生则邪巧作。(包拯)

清而不污,廉而不贪,世所崇敬,荣无加焉。

廉者,民之表也;贪者,民之贼也。(包拯)

唯公则生明,唯廉则生威。(洪应明)

我们应当有勇气来抵抗诱惑,有勇气来说真话,有勇气来表现正义,有勇气来过廉洁生活。(冰岛·拉克斯内斯)

关于个人 爱国 敬业 诚信 友善

手牵大象，有为有位

　　1824年5月的一天，贝多芬指挥着他的乐队演奏着他自己创作的《第九交响曲》。演奏完时，他们所在的演出地区——维也纳的晚会会场响起了震耳欲聋的掌声，而贝多芬却一点也没有感觉到全场那么热烈的气氛。这是怎么回事？原来贝多芬已经听不见声音了。早在1796年，贝多芬就患上了耳疾，可他还不注意，总认为自己的耳疾很快就会好。可不怕一万，只怕万一，偏偏他的耳疾不仅没有好转，还更加严重起来。直到1819年，贝多芬彻底丧失了听觉。但在命运的严酷打击之下，贝多芬并没有屈服，他再一次从痛苦和折磨中站了起来，他的心又重新倒在了希望和坚强这边，他还发誓说："我要向命运挑战！我要扼住命运的咽喉，不要让它毁灭！"从此，他便努力编写乐曲，奋发向上。就这样，贝多芬在受着耳疾的巨大煎熬下，战胜了病痛，创作了大量令人满口称绝的交响乐，成为了一位举世闻名、大有作为的大音乐家和作曲家。

　　会意字，甲骨文为 ，其形状是一只手，牵着一头大象，是手牵大象之形，会役使大象以帮助劳动之意。金文为 ，小篆为 ，是母猴的象形。繁体为"爲"，简化字为"为"。本义为役象以助劳。"为"字是一个常用汉字，用于表示原因，如"天行有常，不为尧存，不为桀亡"，表示作为，也用于表示"为人"等方面的修养，如"为人师表"。从这个字的源流和结构看，它告诉我们如下的主要道理：

　　一个人要有所作为，也应该有所不为。

　　"为"字的甲骨文是用一只手牵着一头大象，大象是庞然大物，表明能驯

247

服大象的人是一个很能干的人，是一个本领高强的人，是一个英雄，也就是"有为"的人。古今中外这样的人是很多的，至今仍为人们所称道。如帝王有秦始皇统一中国，汉武帝开创西汉鼎盛时代，唐太宗开创了"贞观之治"；著名的将帅有霍去病退匈奴，岳飞抗金，戚继光抗倭；著名的科学家如瓦特发明了蒸汽机，引发了工业革命，贝尔发明电话，改变了通讯方式，乔布斯（他本人并不懂技术）的创新改变了电脑的应用方式。这些都是有作为的人。这种"有作为"其实是通过"无所为"达到的。老子主张"无为而治"，讲的是对一个国家的治理。"无为"的本意是劝统治者对老百姓少一些干涉和骚扰，遵循自然规律和经济规律，对社会和经济采取顺其自然的政策。庄子则把"无为"引向自由人格和精神世界的超脱。汉代以黄老之术治国，"萧规曹随"就是这种思想的产物。《史记》记载，汉代贤相萧何去世后，曹参继任，曹参在相府中日夜喝酒，不理政事。汉惠帝忍不住责备他，曹参答道：高皇帝（指刘邦）和萧何平定天下，法令已经明确，现在陛下垂衣拱手（指无为而治），我这样一类人恪守职责，遵循前代之法不要丢失，不也可以吗？"无为"其实不是什么事都不做，庸碌无为。俗话说，针无两头利。人的能力各有长短，精力和时间也是有限的。因此，应该"有所不为"，防止什么事都做，什么都浅尝辄止，要专注于某一领域，某一项工作，这样，才可能成就事业。当然，假如"明知不可为而为之"，不自量力，这只能以失败告终，更是不可取。

"为"要付出辛勤的劳动。

"为"从"力"，从"丶"，"力"表示出力气，付出精力；"丶"既是汗水，也象征要有点头脑、智慧。一个有作为的人应该具备三个基本的条件，即智慧、用心和勤奋。有一个"推销有道"的故事，讲的就是这个道理。某公司招聘营销主管，出的题目是：想办法把木梳卖给和尚，谁卖得多，谁胜任。应聘者认为不可思议，大多拂袖而去，最后只剩下三个人。半个月过去了，甲回来说，他卖了1把，历尽千辛万苦，在下山的途中遇到一个小和尚在一边晒太阳，一边使劲

上下一齐出点力。

谜底：为

挠头皮,灵机一动,递上木梳,小和尚用后很舒服,于是买了一把。乙回来说,他卖了10把,他去了一座名山古寺,看到香客的头发都给风吹乱了,便找到寺庙的住持说:"香客蓬头垢面进香,这是对佛的不敬啊!应在庙门外设一处梳理间并配木梳,供善男信女梳理鬓发。"住持接受了建议,于是买下了10把。丙回来说,他卖出了2000把。他说他到了一个深山名刹,那里朝圣者络绎不绝,他找到住持说:"凡来进香者,大多怀有一颗虔诚的心,宝刹应该有所回赠以作纪念。您的书法超群,我有一批木梳,用您的墨宝题上'积善梳'三个字,便是最好的赠品。这样一来,那些得到'积善梳'的人一定很高兴,一传十,十传百,朝圣的人一定会越来越多,香火会更旺。"住持高兴极了,立即买下2000把。这个故事说明,有些看起来不可能的事,只要转换一个思维,就能创造出奇迹。这就是智慧、用心和勤奋的成功范例。

"为"要以"位"为前提条件。

"为"与"位"关系密切。有位才能有为,因为有位才能有权力,才能拥有支配资源去办成事。但这个位也要靠自己的努力,只有有作为,大家才能拥护你,才能有自己的地位。

甲骨文"为"字十分形象,是一只手牵着象让它为人们干活的样子。本义是"做"。

"为"要有奉献的精神。

"为"音通"喂"。人饲养大象,将食物喂到大象的嘴边,这就是服务、奉献的精神。儒家的人格境界就是"为天地立心,为生民立命,为往圣继绝学,为万世开太平"。"为"告诉我们一个有作为的人,必须有心甘情愿为他人服务的态度和立场,甘于付出的精神。但是,如果一个人专门俯身在某个人的身边,为达到个人的目的,人为、刻意地去巴结、吹捧,就成了"伪",这就是伪装。对于出于某种动机的阿谀奉承、投机钻营,这就要警惕了。

 **智慧树下**

- 有所为，有不为，有大为，有无为。
- 不妄求，则心安；不妄做，则身安。
- 常问"为什么"，才能求得事物的本质。
- 常问"为了谁"，才不会迷失方向。
- 有作为要靠智慧和勤奋，有为才有位，有位更有为。

 格言集锦

- 为人是一种艺术。（英·诺瓦利斯）
- 知其不可而为之。（孔子）
- 为学莫重于尊师。（谭嗣同）
- 为无为，则无不治。（老子）
- 不为良相，便为良医。（范仲淹）

诚信即诚实守信，是人类社会千百年传承下来的道德传统，也是社会主义道德建设的重点内容，它强调诚实劳动、信守承诺、诚恳待人。

诚　信

就鼎取食，求真务实

在一所大医院的手术室里，一位颇有名气的大夫正在进行一个大手术，一位年轻的姑娘第一次担任责任护士。手术已经做完，就要开始缝合伤口了。年轻的护士突然发现了一个问题："大夫，您取出了11块纱布，但是我们用的是12块纱布。"大夫不耐烦地说："我已经取出了所有的纱布，缝合吧！""不行。"小护士认真地清点了盘中的纱布，"只有11块，应该还有一块"。"这里由我负责。"大夫严厉地说，"缝合！""不，您不能这样做！您要对病人负责。"大夫笑了，他举起他的手让护士看，第12块纱布就在他的手心。他一直想物色一个优秀的助手，他认为他已经找到了。

坚持你认为正确的事情，这是一个正直的人应该具备的品质。说真的，在生活中要真正做到这一点并不容易，这正是那个护士的可贵之处啊！

真 会意兼形声字。金文为 ，从"贝"，从"倒人"，成了人取食鲜贝了。小篆为 ，将"贝"讹变为一个朝下的头，远离了原意。隶变后楷书写作眞，简体为真。《说文·匕部》中解释："眞，仙人变形而登天也。从'匕'，从'目'，从'乚'，从'八'，所乘载也。""真"的本义为美食美味，是"山珍海味"之"珍"的本字，后延伸指存养本性或修真得道的人，这样的人为真人。"真、善、美"是人类社会共同向往的东西，与"真"相关的词和成语大多是赞美的，如对真诚、真情、真理、真相的肯定，用"真才实学"赞扬一个人有真正的才干和学问，"真情实意"表示十分真实的情意，"真心诚意"说明心意真实恳切，"真知灼见"表示有正确而透彻的见解等。"真"与"假"相对立，当今社会，由于假的东西太多了，人们就越对"真"有渴求。人们既感

关于个人　爱国　敬业　诚信　友善

到"真"的可贵,也感叹实事求是难,自知之明难,敢于说真话难。尽管如此,"真"还是我们的希望,我们的追求,也是为人处世的基本原则。

"真"是人们的一种追求和信仰。

"真"字由"十""目""八"组成,可理解为养生之道首重修身养德,次及耳目,耳目为求真之阶梯,人修炼之后,依赖一定的工具升天为仙。因此,道家把修炼有成的人叫真人。真人是道士的称号,道教的修炼为"修真",道教之地为"真境"。在民间,人们崇拜"真人",建了许多道观。从这一点看,"真"是人们的向往,并成为一种信仰。许多科学家为了追求"真",不怕走上断头台。布鲁诺为坚持日心说,面对宗教裁判所的审判,毅然走向焚火台。许多仁人志士为了坚持真理,不怕抛头颅,洒热血,"只要主义真,自有后来人"。屈原说:"路漫漫其修远兮,吾将上下而求索。"这个"求索"就是对"真"的追求和向往。教育家陶行知也说:"千教万教教人求真,千学万学学做真人。"

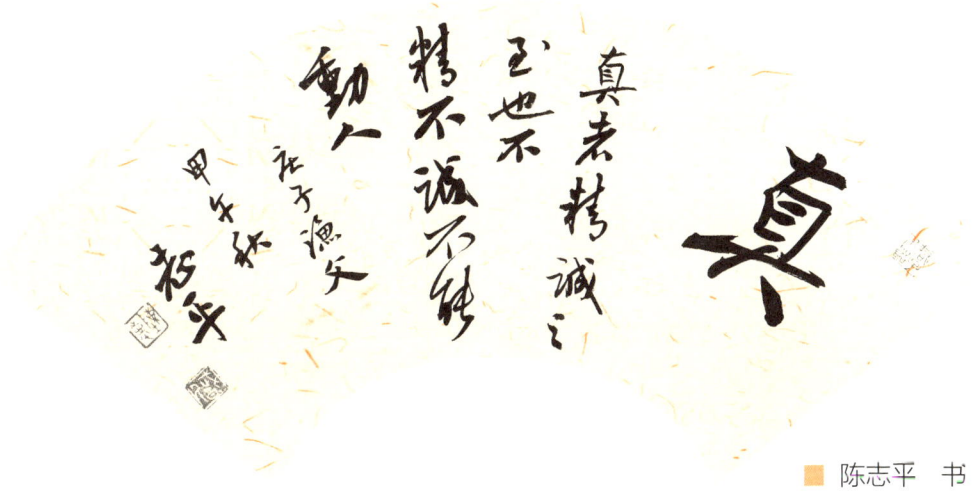

■ 陈志平　书

"真"是对客观事实的尊重,是一个人最基本的品德。

"真"字有"目",就是说要亲眼目睹,不能道听途说。一就是一,二就是二,既不夸大,也不缩小,更不能无中生有。真实、真相最有力量,最值得信赖,也是最优良的品质。马克·吐温的故事说明了真实的可贵。美国著名作家马克·吐温年轻时爱上了一个叫莉薇的姑娘,姑娘的父亲要求马克·吐温提供证明他品行的材料,谁知材料里面多是讲他坏话的。马克·吐温还是把这些材料交给了姑娘的父亲。这位父亲看了材料问:"难道你真是像他们写的那样吗?"马克·吐温答:"这就是他们对我的看法。"姑娘的父亲说:"那好吧,你和我女儿结婚吧!我对你的了解比他们多。因为你首先是一个诚实的人,不隐讳别人对你的看法;其次是一个勇敢的人,敢于把对自己不利的材料拿来求婚。"撒谎、造假是人品的一个大问题,美国前总统克林顿被国会弹劾并不是因为"婚外情",而是因为撒谎(作伪证)。尊重事实,就是"真"的基本要求。

"真"是对真理的追求。

"真"从"十",从"目"。"十""目"是深入地观察研究,去伪存真,揭示事物的内在本质及其规律。古往今来,有的人为追求真理,获得了成功,但也有的人献出了生命。1969年8月,"文革"风暴席卷中华大地,个人迷信、个人崇拜之风盛行,而张志新却敢讲真话,大胆批评"大跃进"违背了客观规律,不赞成个人迷信、个人崇拜,反对搞"三忠于",跳"忠"字舞,批评"文革"破坏了党的团结,国家的统一,混淆了两类不同性质的矛盾,削弱了党的领导等。这些看法在今天看来都是正确的,但当时则被当成反革命言论,张因此被捕入狱,并被割断喉管,处以极刑。这说明,在黑暗的年代,坚持真理是要付出生命代价的。坚持真理,讲真话,需要有一个清明、公正的社会环境和氛围。在一个虚假盛行的社会,讲真话就会吃亏,受屈甚至遭到灭顶之灾。

"真"是一种刚直不阿的风骨。

"真"字上为"直",下为"人",这就是说要做一个"直人"。做一个"直人",源于光明磊落的胸怀和刚直不屈的风骨。一贯以敢讲真话著称的钟南山院士在其传记首发式上,回答读者讨取讲真话的"真经"时直言,自己讲真话不是太顾虑,一是有事实根据;二是自己不是什么官,也不图什么;三是年纪大了。钟南山能挺直腰杆,不仅是其医术权威摆在那里,更重要的是他"不图什么",俗话说"无欲则刚""无私则无畏"。一个人要甄别事实的真假其实并不难,难就难在是否有坚持真理、尊重事实的勇气。我们在大是大非面前,要做"直人",这是一个人的优点、率直、率性、没有城府、坦荡,但是,有时也要讲技巧,看场合。一个人说话、做事直接是优点,太直接可能成为缺点。有的时

字谜廊

建起楼房皆八层。

谜底:真

候，发表不同意见，婉转地说、巧妙地说效果可能会更好。有的时候，不方便在大庭广众说，而在私人场合说会更好。这就是说，做"直人"，也要学会自我保护，也要讲技巧，既能达到目的，又能保全自己。

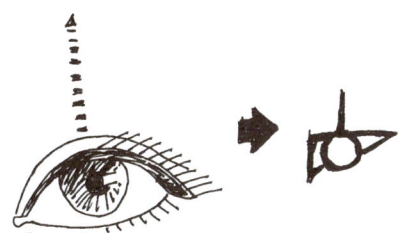

甲骨文""字的字形，是一只眼睛上面有一条直线，用视线的"直"来表示字义"直"。

"真"与"珍"谐音，寓意"真"太珍贵了。"真"音通"贞"，坚持真理，源于对国家、对人民的忠贞。真善美，是一个整体，一真元气，其质为真，其性为善，其形为美。"真"字加"页"为"颠"，不尊重事实，就会颠倒本来面目。"真"加"忄"为"慎"，意为用心之真，会慎重。

智慧树下

求真要从耳目始，不道听途说，也不一定眼见为实，要用心去体悟，去伪存真，揭示规律。
求真是一种风骨，刚直不阿，追求真理。
求真是对国家、对人民的忠贞，可敬、珍贵。

格言集锦

知人之难，莫难于别真伪。（长短经·知人）
善良的脸是一封推荐信，诚实的心是一张信用卡。
真实是人生的命脉，是一切价值的根基，是成功的秘诀。
真实是美，虚假是丑。
真实包含着道德，伟大包含着美。
真理是时间的孩子，不是权威的孩子。（布莱希特）

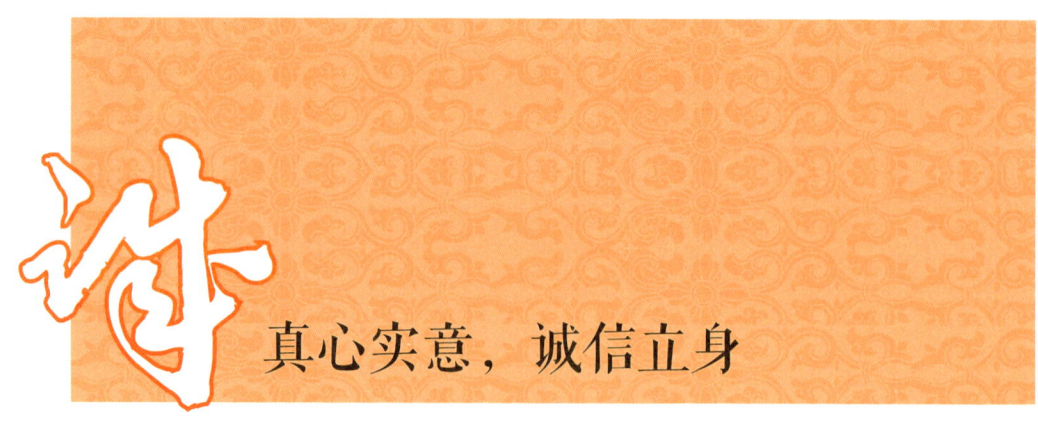

真心实意，诚信立身

  北宋词人晏殊，素以诚实著称。在他十四岁时，有人把他作为神童举荐给皇帝。皇帝召见了他，并要他与一千多名进士同时参加考试。结果晏殊发现试题是自己十天前刚练习过的，就如实向真宗报告，并请求改换其他题目。宋真宗非常赞赏晏殊的诚实品质，便赐给他"同进士出身"。晏殊当职时，正值天下太平。于是，京城的大小官员便经常到郊外游玩或在城内的酒楼茶馆举行各种宴会。晏殊家贫，无钱出去吃喝玩乐，只好在家里和兄弟们读写文章。有一天，真宗提升晏殊为辅佐太子读书的东宫官。大臣们惊讶异常，不明白真宗为何做出这样的决定。真宗说："近来群臣经常游玩饮宴，只有晏殊闭门读书，如此自重谨慎，正是东宫官合适的人选。"晏殊谢恩后说："我其实也是个喜欢游玩饮宴的人，只是家贫而已。若我有钱，也早就参与宴游了。"这两件事，使晏殊在群臣面前树立了信誉，而宋真宗也更加信任他了。

诚 形声字。小篆为 䛍，从"言"，"成"声。繁体为"誠"。"言"指言语；"成"指壮丁扛戈，已长大成人。《说文·言部》中解释："诚，信也。"《增韵》："诚，无伪也，真也，实也。"本义为真心诚意，如"诚心诚意""以诚待人""开诚布公"等。"诚"字有如一个成年人说话，斩钉截铁，铿锵有力，落地有声，说话算数，说到做到。"诚"为诚实、诚恳、诚挚。言语是思想的表露和体现，"诚"字折射出真心实意的心理状态。真诚是待人之道，诚信是做人之基，也是经商之道。诚实是市场经济的道德基石，在从熟人社会向陌生人社会的转变中，是构建人与人之间关系的基本准则。"诚实"的对立面是"欺骗"。诚信缺失对社会的危害是严重的，资料显示，我国每年因诚信缺

关于个人　爱国　敬业　诚信　友善

失的代价约5855亿元,这包括脱逃债务造成的直接损失1800亿元,合同欺诈造成的直接损失55亿元,产品质量低劣和制假售假造成的各种损失2000亿元,由于三角债和现款交易增加的财务费用2000亿元。诚信是中华民族的传统美德,是立身之本,交友之基,经商之道,为政之根。人无诚不兴,国无诚不稳。

"诚"寓意成功人士通常是诚实之人,诚者会多一份成功的机会,多一份成就。"诚"字,由"言"和"成"字组成,这就是说,要"言必信,行必果",这是成功的必要条件。同时,诚实是成功之人必备的道德品质。美国第一任总统华盛顿从小就以诚实作为立身处世之本,并一直保持着,因此,得到民众的信赖。小时候,他家里有一个果园,种了樱桃树。有一天,华盛顿发现了一把斧子,出于好奇,他想试一试斧子的锋利,就往身边的树木砍了几下。树干虽然没被砍倒,却留下了几道深深的伤口。第二天,他父亲发现了,责问:"谁把樱桃树给砍伤了?"华盛顿犹豫片刻,主动承担了责任。父亲知道以后,没有责骂他,而是说:"好儿子,虽然你砍了我那棵良种的樱桃树,但你诚实的行为已经超过它的价值了。"诚实,是人最宝贵的品格。陈嘉庚、李嘉诚经商致富之道,都是以诚为本。李嘉诚说:"做人处世则应忠诚努力,遵守诺言,且要不断充实自己,追上瞬息万变的社会。你必须以诚待人,别人才会以诚回报。"对一个人来说,诚信是做人之本。对一个政府来说,诚信则是治理之基。历史上商鞅变法"立木取信"的故事也说明了这一点。商鞅颁布新法时,为了取信于民,在都城

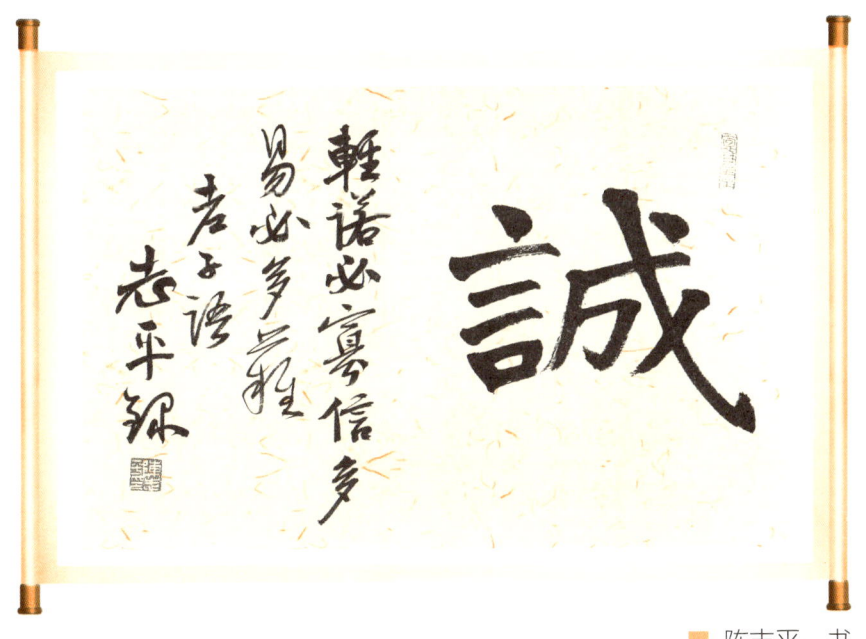

■ 陈志平　书

南门外立了根三丈木杆，并张贴布告：谁能把木杆搬到北门，赏金十两。老百姓看了布告都不敢相信，谁也不动。商鞅又下令：把木杆搬到北门者，赏金五十两。这回有人动心了，真的把木杆搬到了北门，商鞅当众赏了他五十两金。因此，商鞅树立了威信，得到老百姓的信任。商鞅以此昭示新法的严肃性，使得百姓不敢怠慢新法。由此可见，诚实不但关系到人际关系的和谐，还关系到治国安邦的大事。

"诚"表现为心眼实。

"诚"，与之相联者有真诚、诚实、诚信、诚挚、诚恳，其内涵体现在如下几个方面：一是真实，不说假话，不说违心话，不干违心事。1958年"大跃进"年代，党向民拒放卫星，就是一个典型的例子。1958年夏秋，全国到处争放"高产卫星"，从河南省某地小麦亩产7300斤开始，一路飙升，到水稻亩产5万斤、10万斤，无所不有。当时，广东省的领导打电话给新会县委书记党向民，"你们的自然条件好，带头放一个卫星吧！""实在对不起，我们放不上去。""别人都能，你们为何不能？""我们没本事啊！""闲话少说，到底放不放？""不放。""不放就撤你的职！""没办法，撤职就撤职吧。"后来，党向民真的被撤职。可是，仅过了一年左右，到处喊粮荒，有的地方还饿死了人。但不放卫星的新会，由于粮食没有被超额征购，没人挨饿。这以后，省里的领导承认了错误，说："党向民是个诚实的好干部。"不久，他还被提拔使用。党向民确实是一个实心眼的干部，由于他不屈从于权威，求真务实，不但造福人民，也成就自己。二是本色。有人说：本色，含有山的赤诚，流着泉的激情，映着天的纯净。鲁迅先生把作文的秘诀，概括为："有真意，去粉饰，少做作，勿卖弄。"这就是说，只有发自内心的文章，才最有真情，最有力量，也最能感染人。写文章如此，做人也是这样。当金钱和权力、虚伪和浮华把人冲击得眼花缭乱的时候，本色日渐淡薄，取而代之的是各种包装和雕饰。结果，人变得言行不一，表

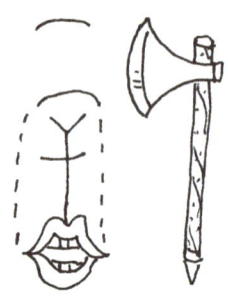

"诚"由"言"和"成"组成。"言"是谈话之意，"成"既是声旁也是形旁，表示停战和解。本义为彼此信任谈和，如实遵守协约。

里不一，失去本色。如果生活中多的是这类口是心非，难见庐山真面目，看什么都觉得真假难分，担心陷入圈套，这个世界将是多么可怕！三是厚道。这就是与人为善，不陷害人，更不落井下石。黄克诚在庐山会议时，支持彭德怀的观点，有人动员他揭露彭德怀，但他即使丢了"乌纱帽"，也不做害人的事。始终心地善良、厚道，和他的名字一样，恪守真诚。四是自尊。诚实的人是以自尊为前提的。在英国，人们崇尚绅士风度，这个风度除了礼让以外，还有一个重要的特征，就是自尊。一个人只有诚信，才能得到尊严和信誉，才能得到社会的接纳。在英国，上火车是没人检票的，你只要去窗口买好票就行了，站台绝对开放，但却没有人逃票。一个人只有自尊，别人才会尊重你。只有诚实了，别人才能对你诚实。一个社会如果视名誉高于金钱的话，那么，诚实就成为必然了。

"诚"蕴含着无限的能量。

俗话说，"心诚则灵"。"诚"是专心、专一、忘我，因此，往往会产生神奇的力量，出现超常的现象。这就是所谓的"精诚所至，金石为开"。西汉名将李广善于骑马射箭，人称"飞将军"。有一天，李广出猎，突然发现草丛中伏着一只老虎。李广张弓搭箭，用足力气射去，但老虎一动也不动。等了一会，李广走近一看，原来草丛中不是老虎，而是一块形状很像老虎的大石头。刚才射出的箭连头带尾嵌进了石头里。李广不相信自己会有那么大的力气，往后退了几步，把弓拉得满满的又向石头射去，但一连几箭怎么也射不进去。可见，诚心诚意，就连金石那样坚硬的东西也会受到感动的。禅宗六祖惠能同样有一个"心诚则灵"的故事。惠能24岁时，执意要到湖北东禅寺五祖弘忍大师处出家求法，他的母亲和舅舅坚决反对，说：除非石头开花，你就去吧。惠能为表达他意志的坚定，向上天祈祷了七七四十九天，终于，感动了上天，一个霹雳把石头炸开了花。他的母亲看是天意，只好让他去求法。这就是今天还在云浮新兴县的"别母石"的来历，这就是真诚的力量。

字谜廊

评论周武后。

谜底：诚

智慧树下

◎ "诚"字有如一个成年人说话,斩钉截铁,铿锵有力,落地有声,说话算数,说到做到。

◎ 诚实是成功之人必备的道德品质。诚,人之信用,既是无形的力量,也是无形的财富。好比是每个人心头的岗哨,它在那里值勤站岗。

格言集锦

◎ 真诚、心态、天赋、选择是成功的基本要素。

◎ 真实的生活轻松自在,戴着面具的生活疲惫不堪。

◎ 诚信是一个人的第二生命,失去了这重生命,活着无异于行尸走肉。

◎ 诚实是成功的前提,自尊是诚实的基础。

◎ 维系诚实的四种力量:良好的职业道德,广泛的舆论监督,健全的法制及严厉的惩处。

◎ 真诚可贵,虚假可耻。

◎ 轻诺必寡信,多易必多难。(《老子》)

◎ 诚者,天之道也。思诚者,人之道也。(《孟子》)

◎ 马先驯而后求良,人先信而后求能。(《淮南子》)

关于个人　爱国　敬业　诚信　友善

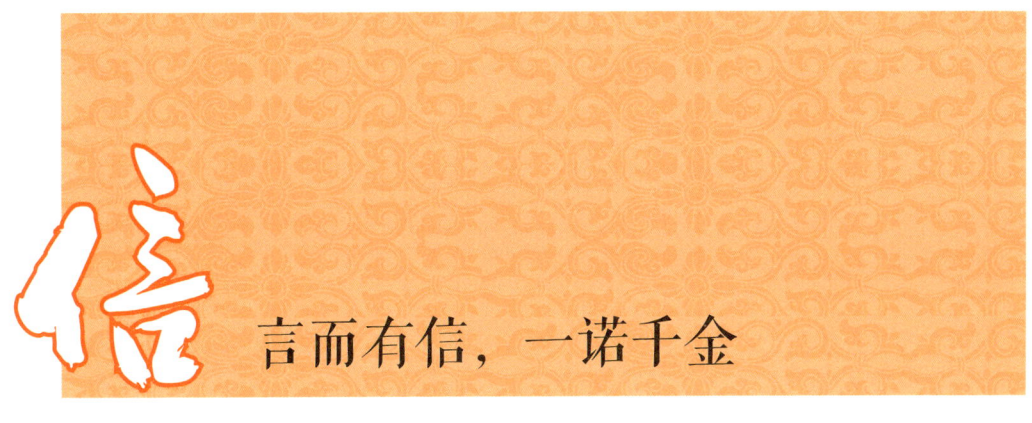

言而有信，一诺千金

　　宋濂是明初有名的政治家、文学家，曾被明太祖朱元璋誉为"开国文臣之首"。他小时候喜欢读书，但是家里很穷，也没钱买书，只好向人家借，每次借书，他都讲好期限，按时还书，从不违约，人们都乐意把书借给他。一次，他借到一本书，越读越爱不释手，便决定把它抄下来。可是还书的期限快到了，他只好连夜抄书。时值隆冬腊月，滴水成冰。母亲劝他说："明天再抄吧，人家又不是等这书看。"宋濂说："不管人家等不等这书看，到期限就要还，这是个信用问题。如果说话做事不讲信用，失信于人，怎么可能得到别人的尊重？"

　　又一次，宋濂要去远方向一位著名学者请教，并约好见面日期。谁知出发那天下起鹅毛雪，当宋濂挑起行李准备上路时，母亲惊讶地说："这样的天气怎能出远门呀？再说，老师那里早已大雪封山了。你这一件旧棉袄，也抵御不住深山的严寒啊！"宋濂说："今天不出发就会误了拜师的日子；失约，就是对老师不尊重。不管风雪再大，我都得上路。"当宋濂到达老师家里时，老师称赞道："年轻人，守信好学，将来必有出息！"

信　会意字。金文 𝌀，从"人"，从"口"，小篆为 𝌀，从"人"，从"言"，用人口所言会真实之意。隶变后楷书写作"信"。《说文·言部》中解释："信，诚也。从人，从言，会意。""信"的本义为语言真实，真心诚意。"信"字由人、言组成，表示诚实不欺，说的是人话，说到做到。《论语·为政》："人而无信，不知其可也。"孔子的弟子曾子每天都从三方面进行自我反省，其中之一就是"与朋友交而不信乎"。"信"被引申为诚实不欺，如守信用、信物；诚实可靠，如信托、信任。极度相信和尊崇就成为"信仰"。我们常用"信而有征"表示可靠且有证据,用"信及豚鱼"形容信用极好,用"信誓旦旦"表示誓言极为诚恳可信。诚信、信任、信仰是当今社会最稀缺的精神道德资源,也是我们建立一个和谐文明的社会要努力的目标。

"信"和我们的日常生活息息相关,对社会而言,信任就像空气一样不可或缺。如果没有起码的信任,我们的生活就可能寸步难行。我们打开自来水时,要相信流出来的水没有毒;我们每天买的菜,要相信是安全的;我们过马路时,要相信汽车会在红灯前停下来。因此,信任是一种非常冒险的事情,一个理性的人在决定信任他人之前,必须权衡潜在的受益与损失孰轻孰重,考量对方失信的可能性有多大。一个没有信誉的人,一定不能做朋友;一个没有信任的社会,一定混乱不堪。

金文　　　　　　　小篆

"信"是诚实,不作假。

诚实是一个人的优良品德,值得依赖,使人放心。从前有一个方丈,他准备传位给两个弟子中的其中一个,有一天,他把两个弟子叫到跟前,分别给他们一把稻种,叫他们明年收成的时候把稻子带回来,然后决定谁为方丈。第二年,一位弟子挑着满满一担谷子回来,另一位弟子两手空空,方丈却把位子传给了两手空空的弟子。原来,方丈给他们的种子是煎过的,不可能有收获,方丈以此测试哪位是诚实的。李嘉诚能成为成功的企业家,与他的诚实也有关系。他在为人处世上坚持诚实待人,诚信经商,生意也越做越大。

"信"是守诺,不食言。

"信"的谐音字为"心","信"字主张人与人之间讲心里话,心口一致,言行一致,真心待人,必须"言必信,行必果"。凡是做不到的事情,不轻易许诺,不要夸海口,说话留几分余地,不能过满,满则损。春秋时期吴国有位公子

关于个人 爱国 敬业 诚信 友善

叫季札,一次他出使晋国,途经徐国时,受到徐国国君的热情款待,两人谈古论今,十分投机。徐君设宴为季札送行,喝到酒兴处,季札抽出宝剑起舞。宝剑十分精美,徐君连声称赞。佩剑出使是当时的外交礼仪,季札心想:等我出使归来,一定将宝剑送给徐君。几个月后,季札完成使命,归途中又来到徐国。出乎意料的是,徐君不久前暴病身亡了。季札坚持要履行诺言,随从想阻止他,季札说:"我怎么可以因徐君的死就背弃我心的信用呢!"他把宝剑挂在徐君墓前,方才离开徐国。季札重诺守信,深受世人敬重。后人为了纪念他,在徐君的墓前筑了一个高台,名为"挂剑台"。

《说文》:"信,诚也。从人,从言,会意。""人"表示个人,"言"表示说话,即用千言万语保证。本义为许诺、发誓。

"信"是担责,不推脱。

当今社会,农民工工资被拖欠事件屡见不鲜,那些缺乏诚信的老板,往往携款逃遁、一走了之。但却有这样一个故事,讲述了信义值千金的道理。有孙氏两兄弟,名字叫孙水林、孙东林,武汉市黄陂区人,工程承包商,多年来带着一支农民工队伍在北京建筑工地干活。2010年2月9日(农历腊月二十六),孙水林决定先回武汉给农民工发工钱。春节前发放工资,是他对工友的承诺。当晚,孙水林提取26万元现金,带着妻儿驾车出发。不料,路途中发生重大车祸,孙水林一家五口全部遇难。弟弟孙东林见到哥哥的遗体时,他含泪决定:先替哥哥完成遗愿,发工钱。腊月二十九,孙东林赶回黄陂,通知农民工上门领钱。就这样,在新年来临之际,60多名农民工如愿领到工钱,孙东林如释重负。新年不欠旧年账,今生不欠来生债。孙氏兄弟以朴素的行为,恪守道义良知,弘扬着社会信义的正能量。

字谜廊

一笔写就成千言。

谜底:信

"信"的培育，不能单纯依靠道德，要靠法律和制度。

传统的乡土社会，是"熟人社会"，没有陌生人的社会。假如一个人有欺诈行为，不但会受到批评，没面子，而且没有人愿意与之交往和发生经济联系，这个人便会陷入孤立和蒙受经济利益的损失。但现代社会，人们生活在一个开放的环境里，人际交往超越了家庭和血缘，逐步形成了一个"陌生人的社会"，信任多由契约产生，受法律保护。我们要建立一个信用社会和形成信任机制，一方面是诚实人格的培养，另一方面还是要靠法律的健全，每一个人都守住道德和法律的底线。当今社会，信任已经成为一种稀缺资源，如何把它变成丰富的资源，这就要学会信任。信任要从自身做起，先要他人信得过，不说假话，不做假事。信任是一笔财富，你拥有它，就先把它分给别人，和别人分享。信任是这样一笔财富，你越是不断地施舍给别人，不断地把它送出去，你得到的就越多。

"信"字由"人"和"言"组成，信要从说真话开始，有一说一，实事求是，如果随口乱说，就成为"信口雌黄""信口开河"；如果一个人毫无主见，随外力而转移则是"信马由缰"。

智慧树下

信则立，诚则通，贵似金，洁如云。
车无辕不行，人无信不立。
不作假，不食言，不推脱，立身之本，契约之基。
无信之人，不能友；无信之国，不能久。

格言集锦

让损人者得到公正的惩罚，信任自然产生。
话多不如话少，话少不如话好，话好不如做到。
事非宜，勿轻诺，苟轻诺，进退错。
海岳尚可倾，口诺终不移。（李白）
君子于信，义不食也。（《易经》）
信言不美，美言不信。（老子）

关于个人　爱国　敬业　诚信　友善

善美之头，情深义重

　　春秋时期，鲁国制定了一道法律，如果鲁国人在外国看见同胞被卖为奴婢，只要他们肯出钱把人赎回来，那么回到鲁国后，国家就会给他们赔偿和奖励。这道法律执行了很多年，很多流落他乡的鲁国人因此得救，得以重返故国。

　　孔子有一个弟子叫子贡，他是一个很有钱的商人，从国外赎回来很多鲁国人，却拒绝了国家的赔偿，因为他自认为不需要这笔钱，情愿为国分担。孔子知道后，却大骂子贡。孔子说：世上万事，不过义、利二字而已，鲁国原先的法律，所求的不过是人们心中的一个"义"字，只要大家看见落难的同胞时把其带回国，那他就可以完成一件善举。事后国家会给他补偿和奖励。让这个行善举的人不会受到损失，长此以往，愿意做善事的人就会越来越多。所以这条法律是善法。孔子还说，子贡的所作所为，固然让他为自己赢得了更高的赞扬，但是同时也拔高了大家对"义"的要求。圣人说，子贡此举是把"义"和"利"对立起来了，所以不但不是善事，反倒是最为可恶的恶行。自子贡之后，很多人就会对落难的同胞装作看不见了。因为他们不像子贡那么有钱，而且如果他们求国家给一点点补偿的话反而被人唾骂，很多鲁国人因此而不能返回故土。

　　义　会意字，从"羊"，从"我"。甲骨文为羲，表示用刀锯宰牛羊以祭祀。金文为羲，小篆为羲，繁体字为義。《说文解字》中解释："义，己之威仪也。从我、羊。""义"从"羊"，即与善、美同义。"义"从"我"，即谓义出于己，由己决定。《释名》中："义，宜也。""宜"为适宜。"义"的本义为公正合宜的言行或道理，是做人应该遵循的最高道义。义者，德之宜（道德的准则）、事之宜（立身处事的依据）、天理之所宜（顺乎天道自然的法则）。"义"还有情谊、恩谊之意，包括人与人之间的关照、提携。古人造这个字寄予很深的寓意，给我们许多启发，它告诉我们，在正义、道义、大义面前，要敢于见义勇为，在生死与正义的抉择面前，要能舍生取义。儒家把仁与义并用，提出"仁义道德""仁至义尽""杀身成仁""舍生取义"等主张。义，是历来为人们所推崇和赞赏的美德。如用"义夫节妇"谓忠义气节双全的夫妇，用"义海恩山"形容恩义深重，如山高海深；用"义形于色"谓伸张正义的心情露在脸上；用"义薄云天"谓义举之高远。

"义"是人间的一种美德，是对善良的追求，对邪恶的抑制。"义"的繁体字，上面是一个"羊"字。"羊"是食草动物，性情温驯而不侵扰他类，聚群而不内讧，有跪乳之美行，是善良的代表、大善之表率、美好的展示、吉祥的象征。"羊"是"美"之首、"善"之首、"祥"之依，"羊"在"我"之上，即是我把自己最美好、最善良的东西顶在头上，这就是"义"。因此，我们把做善良之事称为义举，把行为纯正称为义行。义人就是美善之人，吉祥之人。

金文　　　篆书

"义"是忠义、节义。

《三国演义》中的关羽之所以受人们的崇拜，就在于他是"义"的化身，如桃园结义，千里走单骑，义释黄汉升，华容道释曹操，虽高官厚禄不背叛旧主，感曹操之恩放了曹操，都说明关羽是一个忠义之人。充分表现了一个"义士"忠诚、感恩的品质。《三国演义》正是因为"义"而使人荡气回肠、震古烁今。

"义"是仁义、情义。

战国时期，齐国孟尝君派门下食客冯谖到分封的薛城收债，冯谖问："收完债，您需要买些什么东西呢？"孟尝君随口答道："先生看我家里缺什么，就买些什么吧！"冯谖来到薛城，把所有欠债之人召集在一起，核对完账目后，他便假传孟尝君的命令，免去所有的欠款，并当面烧掉了债券，百姓感激不已。冯谖空手回来后，向孟尝君报告："您家里什么都有，缺少的只有'义'，因此我为您买'义'回来了。"一年后，孟尝君因失宠被赶出国都，回到薛城。当孟尝君的车子距薛城还有上百里远时，薛城百姓扶老携幼，夹道欢迎，孟尝君好生感慨，对冯谖说："先生您为我所买的'义'，今天终于看见了。"千金易得，仁义难买，冯谖焚券市义，孟尝君看似损失很多，实则他的仁义之举得到百姓温暖的情义回报，这是义的佳话，也是义的魅力。

"义"是知恩图报，滴水之恩，涌泉相报。

韩信"一饭千金"的故事就是这样的例子。韩信自幼父母双亡，跟着兄嫂生活，白天干活，晚上读书，但刻薄的嫂子还是非常讨厌他，经常不给他饭吃，韩信只好流落街头，忍饥挨饿。当地有一位当佣人的老婆婆很同情他，每天趁洗衣时带一个饭团给他吃。韩信感激地对老人说："我长大了，一定报答您。"老婆婆笑着说："等你长大后，我就入土了。"后来，韩信成为著名的将领，被刘邦封为楚王，他仍惦记着这位给他帮助的老人，于是找到这位老人，接到自己的宫殿里，像对待母亲一样对待她。

"义"是危难相救。

在生死攸关的时刻，肝胆相照，甚至不惜舍弃自己的生命或亲生骨肉去搭救，如"赵氏孤儿"的故事。春秋时期，晋国奸臣屠岸贾欲除忠烈名门赵氏，他率兵杀掉了赵朔全家老小，唯一漏网的是赵朔有身孕的妻子。赵朔有个门客叫公孙杵臼，还有一个好友叫程婴。赵朔死后，孙杵臼和程婴聚到一起商议救孤。不久，赵妻生下个男孩。屠岸贾闻之，带人来搜索，恰好程婴有一个刚出生不久的儿子，程婴含泪采取了调包之计，眼睁睁地看着亲生儿子死在乱刀之下。随后，程婴身负"忘恩负义，残害忠良"的"骂名"，带着赵氏孤儿"寄仇人篱下"，培养孤儿赵武长成顶天立地的汉子。终于苍天不负有心人，程婴与赵武，在朝中大臣的帮助下，里应外合，灭掉了权臣屠岸贾。赵氏冤情大白于天下，程婴之忠义亦光耀千古。

"义"是舍命相救，为朋友所托付的事情，赴汤蹈火在所不辞。

战国末年，秦王嬴政一心想统一中原，不断向各诸侯国进攻。燕国的太子丹原来留在秦国当人质，后来偷偷逃回燕国。为复仇，太子丹物色到了一个很有本领的勇士，名叫荆轲。公元前228年，秦国大军占领了赵国都城邯郸，一直向北逼近燕国。燕太子丹十分焦急，就去找荆轲，要他去刺杀秦王。荆轲知道无论成败，必死无疑，仍毫不犹豫地答应了。公元前227年，荆轲从燕国出发，太子丹和宾客穿上白衣白帽，到易水边送别。荆轲唱道："风萧萧兮易水寒，壮士一去兮不复还"，甚为悲壮。最终，荆轲刺杀秦王失败，为秦王所杀；但他慨然赴死的义举，却千古流传。

"义"是"我"对自己的掌控，不能受制于人。

人不应该因取悦他人而委屈自己，必须拥有独立的人格，自我意识，自我价值。人应该有主见，该做什么，不该做什么，应听从自己内心的决断，既不盲动也不盲从，更不能做他人的傀儡和走卒。遗憾的是，许多人仿佛生来就不是为自己生活，他们或依傍于他人或听命于他人，却迷失、丢失了自己，这是可悲的。

简化字"义"，从"丶"，从"乂"，一点是主见，是正确的标准，"乂"的本义是割除杂草，也就是纠正邪恶、恶行，我们要伸张正义，就必须剪除邪恶。义的弘扬，与恶的抑制其实也是相辅相成的。

"义"繁体字下面是一个"我"字，"我"字是"手"拿一把"戈"，其意思是正义要用武器去维护和捍卫。

"义"的谐音为"宜"，意为讲合时宜的道理，这就是讲情义，更要讲道义。人间的道义，高于朋友的情义。为朋友两肋插刀，要看是否遵循法律、道德。江湖义气有时只是一种小圈子的私利纠结，是拉帮结派，是为达成和保护自

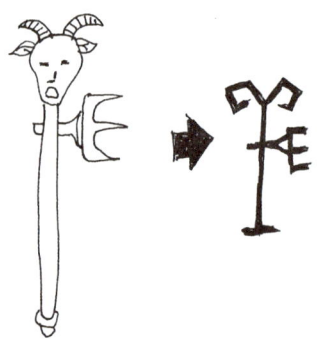

"义"是"仪"的本字。金文铭文"皇考威义"句就是以"义"作"仪"。字形是把羊头放在长柄的三叉武器上面，表示一种"威仪"（显示威严的礼仪）。

字谜廊

错误只因不检点。

谜底：义

己私利而纠结在一起的乌合之众。而友谊是一种真挚的情感，是双方不存在特殊目的的一种支持和信任。

"义"字加"人"字为"仪"，表示为义之人，姿容、举止、风度端正、有礼，仪表堂堂，仪态万方。"义"字加"言"字则为"议"，意为有义之人，作风要民主，善于听取众议，善于讲符合正义的话。

智慧树下

- 善良之心，美丽之表构成义的形象。
- 忠诚之心、感恩之意，表达义的勇气。
- 讲情义，更要讲道义。
- 义是知恩图报，义是危难相救。
- 义举最美，义举最乐。
- 义加"人"，有威"仪"；义加"言"，采众"议"。

格言集锦

- 仁者不以盛衰改节，义者不以存亡易心。
  （《三国志·魏志·何晏传》）
- 万事莫贵于义。（墨翟）
- 多欲亏义，多忧害智。（刘安《淮南子》）
- 养生治性，行义求志。（苏轼）
- 见利思义，见危授命。（孔子）

扪心自问，知耻后勇

古代有苏秦知耻而发愤的故事。说的是洛阳人苏秦很想有所作为，他变卖了家产，东奔西跑了好几年，也没做成官。后来，他用光了钱，趿拉着草鞋狼狈地回了家，被父母狠狠地骂了一顿。妻子不理他，嫂子不给他饭吃。苏秦受了很大刺激，深以为耻，决心争一口气。从此以后，他发愤读书，钻研兵法，天天到深夜。有时候读书读到半夜，又累又困，他就用锥子扎自己的大腿；还将头发用带子系起来拴到房梁上，一打瞌睡，揪得头皮疼，但却来了精神，他就接着读下去。这就是"头悬梁，锥刺股"，用来表示读书刻苦的精神。就这样，苏秦刻苦读书一年多，知识比以前丰富多了。后来，他到六国游说"合纵"的主张，六国诸侯订立了合纵的联盟，苏秦终于挂了六国的相印。

耻 形声字。异体字为"恥"，因羞愧乃心有所惭，故从"心"，又以"耳"为听觉器官，人每因闻过而耳赤面热。小篆为 ，从"耳"、"止"声。《说文·心部》："耻，辱也。""耳"为听觉器官，"止"为停止、止息。"耻"为止于耳，既表示耳朵听不进去，也表示不该让耳朵听到。耻的本义为羞耻、侮辱。如"恭近于礼，远耻辱也""其心愧耻，若挞于市"。以这个意思组成的成语很多，"鲜廉寡耻"指无廉洁操守且不知羞耻；"耻与哙伍"指不愿与粗鄙庸碌之人为伍；"卑鄙无耻"形容品质恶劣，不顾羞耻；"耻居王后"指在文名上耻于处在不及己者之后等。管子讲："礼义廉耻，国之四维，四维不张，国乃灭亡。"他把"耻"放在族群和国家生死存亡的高度去看待，可见知"耻"之重要。耻辱教育是当今道德教育的重要组成部分，"耻"字也揭示了为人处世之道。

关于个人 　爱国　敬业　诚信　友善

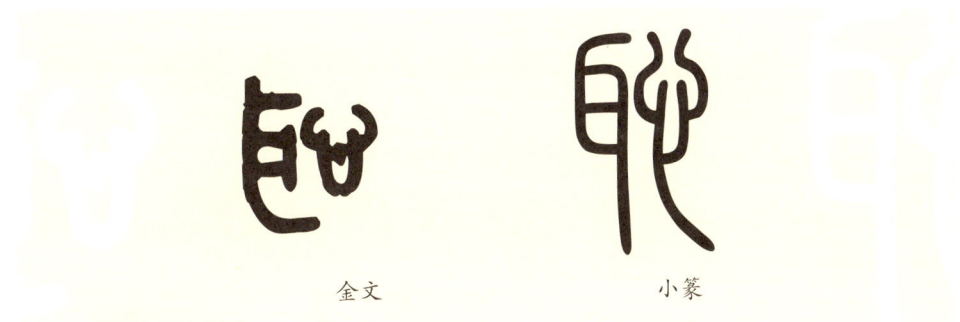

金文　　　　　　　　小篆

知耻之心是人之天性。

异体字"恥",从"耳",从"心",意思是说,凡人心生惭愧,不觉会面红耳赤,这是人性本善使然。孟子认为,耻是区别人与非人的标准,"耻之于人大矣""无羞恶之心非人也"。"耻"字强调羞耻之感来自于内心,没有心的人是不会感到羞耻的。一个人做了错事,既不感到惶恐,也不内疚自责,是因为没有羞耻之心。一个人假如起一恶念,便生羞耻之心;行一恶事,便感愧恐,又耻又恐,自必速止其恶。知耻是保全人心念、行为不离正道的护栏。古人说:"耻可以全人之德。"有这样一个故事:明朝儒学大师王阳明有一次捉得一贼,他给贼讲了有关良知的道理,贼不以为然地说:"请你告诉我,我的良知在哪里?"王先生说:"照我说的去做,我告诉你在哪里。"于是,王先生让他脱衣服,先后把外衣、内衣一层层地脱掉,直至剩下最后一条裤衩时,盗贼喊道:"不行呀,这个不能再脱了!"王先生说:"知耻,就是你的良知啊!"其实,连盗贼也有羞耻之心。

在当今社会,有些人丧失了耻辱感,主要的原因有两个:一是信仰的式微,由于复杂的因缘际会和力量博弈,传统的道德观和奉献精神均受到了冲击、解构和遗忘。这样,导致人的价值取向的错位,功名利禄成了人们唯一的追求。二是"胜者为王,败者为寇"的丛林法则支配着一些人,使人对"耻"与"荣"的标准混淆,专注于输赢,以输为耻,以赢为荣,如有些大学生论文抄袭,他会说:"天下论文一大抄,凭什么我不能抄。"医生收了红包,他会说:"付出与报酬不相符,凭什么不能堤内损失堤外补。"这些背后是对名利的关注和对善恶的漠视,也造成对"耻"的忘却。知耻之心人皆有之,只是由于人的信仰、价值取向和评价标准的偏移,导致知耻之心的丧失。

知耻即止则能免于耻。

孟子说:"羞恶之心,义之端也。"康有为也说过:"人之有所不为,皆赖有耻心。""耻"这种道德感体现着人性的尊严，是社会正义的心理基础。凡是为善之心，皆来自人的正确的荣辱观念；凡是为恶之念，皆源自人羞耻感的丧失。"耻"字从"耳"，从"止"，意思是说，听到耻辱之言，行为要及时停止，这就能免于耻辱。在中国历代封建帝王之中，最有"羞耻"意识的，莫过于唐太宗李世民。据《大唐新语》记载：唐太宗拟出游南山，因怕他人指责而作罢。事后，唐太宗非常羞愧地向魏征坦言："当时实有此心，畏卿嗔，遂停耳。"至晚年，唐太宗"羞耻尤甚"，深感有愧于民，所以临终前告诫太子："吾居位以来，不善多矣。锦绣珠玉不绝于前，宫室台榭屡有兴作，犬马鹰隼无远不致，行游四方，供顿烦劳。"知耻则止对于一个帝王来说太重要了，假如一个帝王不知耻，发展下去必然会亡国。如果一个人具有正确的荣辱观，知善知恶，知是知非，知荣知耻，就会有所为，有所不为。一个民族也是如此，其社会成员有正确的荣辱观，守道贵德、崇仁尚义，弱小也能变得强大，国民的知耻感绝不是一件小事，它关系到一个国家的生灭，关系到一个民族的存亡。举国之人皆知有耻，中华民族才会避免蒙受耻辱。

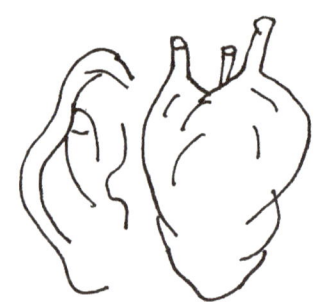

"耻"本为"耳"和"心"组合而成。本义为耳听批评，内心羞愧。在古人看来，"耳朵"和"心脏"都是敏感的器官，能分辨是非。

知耻而后勇。

孔子说："好学近乎知，力行近乎仁，知耻近乎勇。"这是儒家对知、仁、勇的一种"三达德"的阐发。"知耻近乎勇"的意思是说一个人只有懂得羞耻，才能自省自勉，奋发图强。有羞耻心的人，才能勇敢地面对自己的错误，战胜自我，这是"勇"的表现。春秋时期，吴越交兵，越国兵败。越王勾践入吴宫，做了吴王夫差的奴隶，一天到晚锄草、养马，生活很苦，饿得只剩下皮包骨，甚至还亲尝了吴王的粪便。勾践含羞忍辱，终于获释回国，回国后他卧薪尝胆，冬天

字谜廊

使老有所终。

谜底：耻

抱冰，夏天烤火，任用贤才，发展生产。十年生聚，十年教训，国家终于富足，军队精壮，一举灭掉吴国，勾践也成了春秋霸主。这就是"知耻而后勇"。

"二战"以后，德国与日本同为战败国，但他们对于自己国家所犯罪行的态度却截然不同。德国一直致力于检讨纳粹犯下的罪行，德国总理在华沙犹太人死难者纪念碑前的一跪让世人原谅了德国；而日本却一而再、再而三地否认战争罪行，美化其侵略行径，右翼力量为掩盖罪行而修改教科书，政要多次参拜靖国神社，无一不使亚洲其他国家的人民难以接受。一个是知耻而反省、检讨和认罪，这是一个有良知、勇敢的民族。一个则是不知耻，不认耻，甚至万般抵赖，这是一个无良知、懦弱的民族。前者知耻而后改从而赢得别国的尊敬，后者却不知耻而耍赖，终究为世人所唾弃。"知耻近乎勇"，"知耻"是前提。只有"知耻"，才能唤起洗刷耻辱、捍卫尊严的勇气，激发出改造自我与社会的巨大力量，从而战胜脆弱、委琐与渺小，为自我、群体乃至国家、民族赢得伟大与光荣。

"耻"的谐音字为"侈"，挥霍奢侈是可耻的行为，不但应感到耻辱，而且要及时悔过、改正、制止。

智慧树下

- 明荣辱，有良知，天下人，皆知耻。
- 有则止，无则勉，天下事，皆可取。
- 知耻则止能免耻，知耻则改有勇气。
- 知足常足，终身不辱；知止常止，终身不耻。

格言集锦

- 奢侈富而不足，节约贫而有余。（《中华圣贤经》）
- 礼义廉耻，士君子居身之本系焉。（黄宗羲）
- 得失一朝，而荣辱千载。（《后汉书》）
- 溺私利者则伤名。（李延寿）
- 人不可以无耻。（《孟子》）

友 善

友善强调公民之间应互相尊重、互相关心、互相帮助,和睦友好,努力形成社会主义的新型人际关系。

关于个人　爱国　敬业　诚信　友善

子敬老人，善事父母

　　曾子小的时候，有一天跟着父亲到田里干活，锄草时不小心把一棵瓜秧给铲断了。他的父亲曾晳脾气非常暴躁，看到后大怒，拿起一根大棒就朝曾子劈头盖脸打去。曾子经常听孔子讲孝，心想：假如逃跑的话，父亲打不到会更生气，那怎能说是孝呢，就等在那里，一动不动。结果他父亲曾晳一棒子下来，就把曾子打倒在地，昏了过去。过了好一会儿，曾子才慢慢苏醒过来，起来第一件事情不是喊疼，而是问候父亲道："刚才您那么费力地教育我，该不会累坏吧？"曾子干不了活了，留在家里休养，每听到父亲回来的脚步声，都要忍痛爬起来，弹琴唱歌，装出自己已经没事的样子。

　　这事传到了孔子那里，他告诉手下的弟子说："曾参来了，不要让他进来！"曾子赶忙找孔子问原因，孔子说："你知道舜帝的故事吧？舜的父亲叫瞽瞍，眼睛是瞎的。舜非常孝顺他的父亲，父亲要使唤他，他总是在旁边；但父亲想杀掉他时，他却每次都会想办法逃掉。父亲用小棍子打他，他就默默忍受，但用大棍子打他，他就会逃走。舜这样做的结果，使瞽瞍没有犯下不行父道的罪责，而舜也没有丧失孝道。可你呢，父亲大发雷霆时，你宁死也不躲避。表面上像是尽了孝道，但万一你被打死了怎么办？不仅会给你父亲留下一辈子的痛苦和歉疚，而且会让父亲陷于杀子的不义之中。有哪一种行为比这更不孝呢？"曾子一听，惊出了一身冷汗，一下子顿悟了。

孝　会意字，像一个长着长头发的老人。金文为 ，上部是面朝左、长头发的驼背老人，老人之下有"子"，像孩子搀扶着老人的样子，表示孝敬老人。小篆为 ，形状和意思与金文基本一致。隶书和楷书写为"孝"。孝是一种家风，一个家庭子孝孙贤，必然其乐融融。

《说文·老部》中解释:"孝,善事父母者。从老省,从子;子承老也。"本义为孝顺父母。孝,是善于侍奉父母的人。由"老"省,由"子"会意,表示子女承奉父老。"百善孝为先",孝为德之本。《孝经》:"夫孝,天之经也,地之义也,民之行也。"这是说,孝是天经地义的事,是最基本的人伦,是顺乎天道的自然法则。《论语·为政》:"君子务本,本立而道生。孝悌也者,其为仁之本与?"意思是说,君子专心致力于做人的根本,根本确立了,道就产生了。孝顺父母,兄弟相睦,这就是仁的基础吧。孔子的思想是按照孝、仁、义、礼的理论构造去建立的。即从孝开始,推己及人,产生仁爱,而仁爱必须合适,这就是义。义的合理性又通过礼的外在形式表达出来。

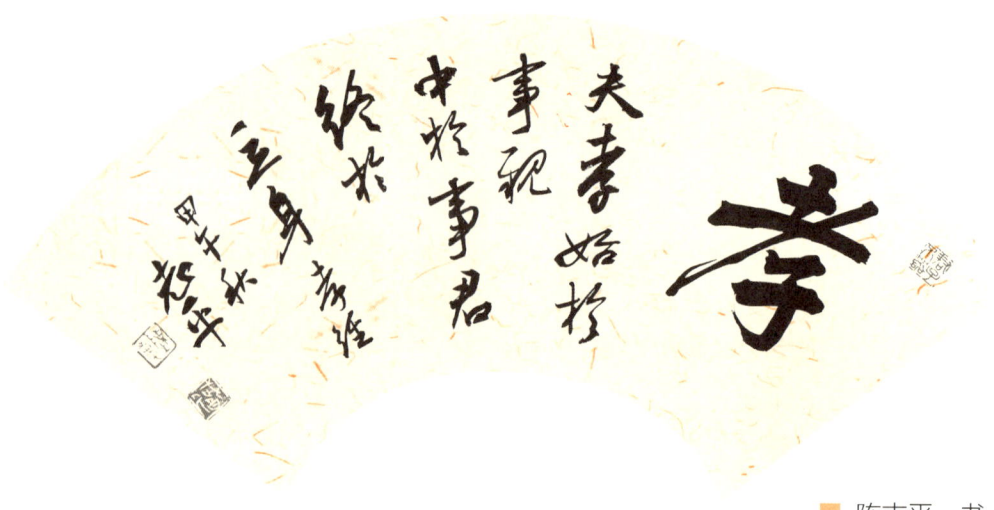

■ 陈志平　书

"孝"的内容包含两个方面,一是对活着父母的孝,一是对已故父母或祖先的孝。对在世父母的孝主要包括奉养、尊敬、服从等。对已故父母及祖先的孝,通常又叫追孝。"孝"字"老"为上,"子"为下,体现子孙为老人所生、所养、所教;子孙要以老人为上、为先、为本。尊敬老人,赡养老人,解老人之忧,承老人之志。日常生活要悉心照料,精神生活要关怀体贴。《礼记·祭义》中曾子说:"孝有三,大孝尊亲,其次弗辱,其下能养。"《孝经》对"孝"提出了具体的要求:"居则致其敬,养则致其乐,病则致其忧,丧则致其哀,祭则致其严。"孝可以分为基础、小、中、大四个层次。

第一个层次是自珍自爱。

《孝经》引用了孔子的说法:"身体发肤,受之父母,不敢毁伤,孝之始也。"这就是说爱护自己的身体，是孝的开始。孟子说"好勇斗狠，以危父母"是不孝的表现。孝子最起码的要求是珍爱生命。珍爱生命，不但让自己快乐，也让父母放心。一个人不珍惜身体，患了疾病会让父母担忧，给父母增加负担，自然是不孝。而自杀更是不孝的表现，因为会给父母带来深重的悲伤。

第二个层次是关怀，这是小孝。

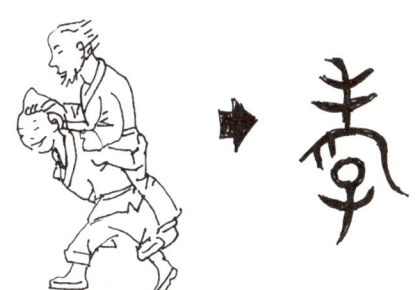

一个小孩搀扶或背负着一个头发稀疏的老人走路，这就是"孝顺"的表现。

即对父母生活起居的照料，让老人衣食无忧，安享晚年。"羊有跪乳之恩，鸦有反哺之义"。历史上，有"二十四孝"的典故，如仲由负米、老莱斑衣、郯子鹿乳、黄香温席等，而"李密拒官养老"的故事，更令人感动。西晋时，晋武帝诏李密应诏赴任，李密以祖母年迈为由请求辞官终养祖母，写下了流传千古的《陈情表》："臣无祖母，无以至今日；祖母无臣，无以终余年。母孙二人，更相为命……"文章叙述了祖母抚育自己的大恩以及自己应该报养祖母的大义，情真意切，感人至深。在当代，我们也看到无数这样的孝子，特别是照顾年老多病的父母，俗话说："久病床前无孝子"，有人照顾生病的父母十几年如一日，非常难得，其中的辛劳不必言说。除了关心父母的衣食住行，还要使父母精神愉悦，这就是"精神赡养"。其实，随着物质生活水平的提高，老人不缺吃穿，缺的是心理的慰藉，特别是"空巢"老人。孤独、无聊，常常是困扰父辈的问题。工作繁忙之余，陪父母吃一餐饭，聊一会天，听老人倾诉，就是实行一种孝道。"二十四孝"中，"老莱七十，戏彩娱亲，作婴儿状，烂漫天真"。善解亲意的老莱子体恤父母的心情，装出活泼可爱的样子来逗双亲高兴，可谓用心良苦。孔子在《论语》中有许多地方讲孝，如"子游问孝。子曰：今之孝者，是谓能养。至于犬马，皆能有养。不敬，何以别乎？"意思是，孔子的弟子请教孔子什么是孝。孔子说："现在的所谓孝，是指能够侍奉父母。就连狗与马，也都能做到。如果少了尊敬，又怎么能区别两者呢？"孔子在这里讲孝的核心是要有尊敬心。孔子的弟子子夏也问什么是孝。子曰："色难。"这就是说要保持和悦的脸色是最难的。孝顺出于子女爱父母之心，这种爱心表现为和悦的神情与脸色。要做到这一点比为父母做事与请父母吃饭要困难得多。当下许多人，能让父母温饱，但面对父

母的唠叨以及生活的拖累，有时会表现出不耐烦、不高兴，没有好脸色。许多老人到了晚年，难免有病痛，有的还患了老年痴呆症，宽容、和悦、耐心尤其重要。

第三个层次是让父母无忧、放心，这是中孝。

儿行千里母担忧，作为子女应珍爱自己，约束自己，走正道，谋正利，不让父母担惊受怕。凡是使父母感到耻辱，使父母担忧，使祖先蒙羞的行为都有违孝道。20世纪90年代，樊可同制毒案曾震惊广州知识界。樊可同在广州某医学院任教，曾任讲师、教研室副主任，还被选派到美国进修。1992年10月，在与人闲聊中，他得知加工冰毒十分赚钱，受此诱惑，便开始留意境外制作冰毒的信息，经过多次实验，他掌握了配方，并在实验室制出冰毒样品，随后开始大规模制作，至1997年4月案发，共制作冰毒500余千克。1997年11月，樊可同被判处死刑。作为一名优秀教师，本有着光明的前途，但他利欲熏心，走上了邪途，也给家庭带来巨大伤害。樊可同的母亲是一名退休医生，时年70岁，终日以泪洗面。老人曾伤心地说："一个人能吃多少用多少呢？要那么多的钱干什么？儿女走正道，平平安安，就是对老人最大的孝敬。"中孝是不但让父母生活无忧，而且让父母精神放松，对子女信赖、放心。有些人虽然让父母吃饱穿暖，却令其担惊受怕，生活在无穷无尽的忧患之中，实是不孝。

第四个层次是完志报国，这是大孝。

《孝经》说："夫孝，德之本也，教之所由生也……身体发肤，受之父母，不敢毁伤，孝之始也。立身行道，扬名于后世，以显父母，孝之终也。"这里把自爱作为孝之始，把建功立业作为孝之终，这就是说子女要"立身"成就一番事业，儿女事业上有了成就，父母就会感到自豪，这就是大孝。《礼记·中庸》说："夫孝者善继人之志，善述人之事者也。"即努力尽自己所能，完成父母的心愿。天下的父母都"望子成龙，望女成凤"，子女为家、为国争光，让父母有面子，感到光荣和自豪，这就是最大的孝。只要子女能成才，父母吃多少苦心里也是甜的。《孝经》把孝和忠联系在一起，孝是小忠，忠则是大孝。尽忠尽孝是历

字谜廊 老头得子笑声来。

谜底：孝

代仁人志士的追求，有时在忠孝不能两全的情况下，也只能舍孝取忠，因为孝是对小家而言，忠则是对国家、民族的孝。忠孝往往是连在一起说的，大孝为忠。

行孝要及时。

人生有三个事情不能等，一是孝老不能等，二是锻炼身体不能等，三是教育孩子不能等。人生无常，往往是"树欲静而风不止，子欲养而亲不在"。"孝"字老为上，子为下，也包含着爱幼。父慈子孝，天下的父母大都是爱幼的，在当代主要是过于溺爱。

"孝"谐音字为"笑"、"效"，一个行孝道的家庭，必然充满欢笑，父母孝敬爷爷奶奶，必然上行下效，孙辈也会孝敬父母。

智慧树下

百善孝为先，上老为根，下子为嗣。
尊老爱幼，做人根本。
善事父母，开心称心，常带笑颜，无忧放心。
完志报国，人间至孝。
行孝不须等，时时可报恩。

格言集锦

孝，德之始也；悌，德之序也；信，德之厚也；忠，德之正也。（孔子家语）
孝在于质实，不在于饰貌。（桓宽）
家贫出孝子，国乱识忠臣。（《名贤集》）
治身莫先于孝，治国莫先于公。（苏轼）
动天之德莫大于孝，感物之道莫过于诚。（何铸）

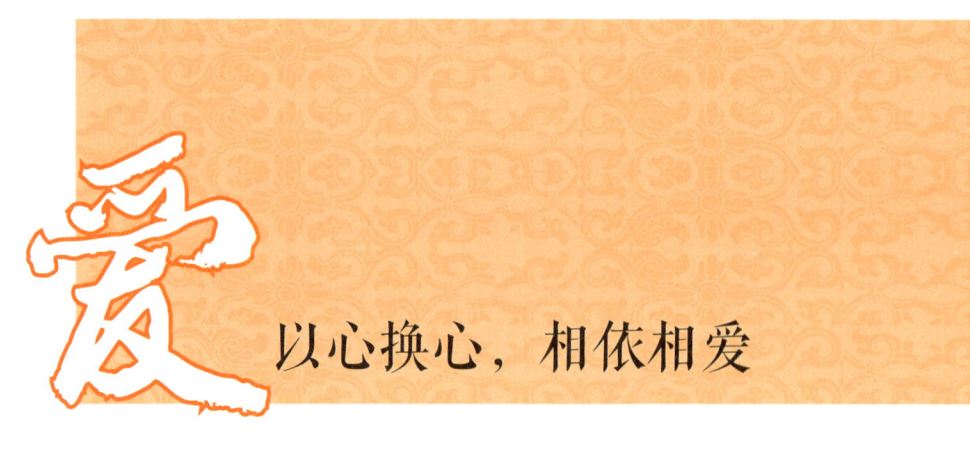

以心换心，相依相爱

他扶着盲父来到牛肉面馆，大声说：两碗牛肉面！店员正准备开票，他又忽然摇摇手指了指远处的父亲小声说：只要一碗牛肉面，另一碗是葱油面。店员会意，将两碗面端到他们面前。父亲摸索着用筷子在碗里探着，好不容易夹住一块肉忙把那片肉夹到他碗里。他并不阻止父亲的行为，只是默不作声地接受了父亲夹来的牛肉，再悄无声息地把牛肉片又夹回父亲碗中。周而复始，父亲碗中的牛肉片似乎永远也夹不完。父亲感叹：这个饭店真厚道，面条里有这么多牛肉片。他这时赶紧趁机接话：爸，您快吃吧，我的碗里都装不下了。最终店主将一盘干切牛肉端到他们桌上，对着疑惑的他说，本店周年店庆，这是赠送的。他笑了笑，夹起几片肉放进父亲碗中。他们走后，店员收碗时，突然叫起来。原来，他的碗下竟压着几张纸币。那数目，正好是价目表上一盘干切牛肉的价钱。

爱 形声兼会意字。小篆为 🀄，繁体为愛，简化为爱，小篆从"夊"（脚），从"心"（惠爱），会心有所系而行徘徊之意。本义为亲爱、喜爱，指对人或物有深厚、真挚的感情。由于喜欢一种东西，故"爱不释手"；由于爱慕贤才，故有"爱才若渴"；由于像爱护自己的家一样爱国，故有"爱国如家"之说；又由于"爱"与"恨"相对立，故有"爱憎分明"之说，爱什么，恨什么，态度十分鲜明。

爱是人性最基本的一种情感，有情爱、友爱、博爱，有大爱、小爱，有亲子之爱、夫妻之爱、家庭之爱、国家之爱，有对人类之爱，也有对自然之爱等，是非常多样和复杂的。儒家讲"仁爱"，佛家讲"慈爱"，墨家讲"兼爱"，主要是讲人人有仁义观、慈悲心、兼爱的观念，则天下大爱，无攻伐，无不善，无恶

关于个人　爱国　敬业　诚信　友善

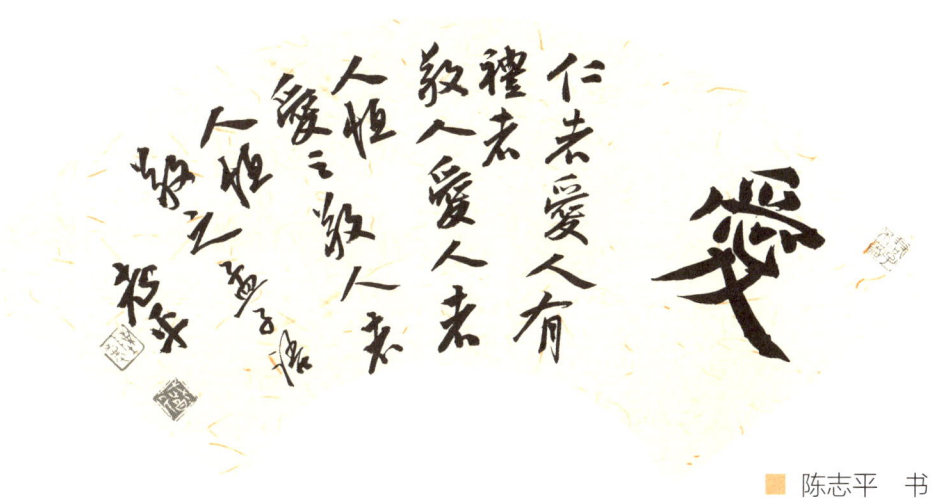

■ 陈志平　书

业，故百姓安居。当代社会，经济利益渗透到社会的各个领域，金钱对"爱"这种纯洁的情感也发生了影响，出现了爱的缺失，心灵的缺失，人际关系的冷淡。因此，爱的教育/爱心的培植尤为重要。当我们回到老祖宗所造的"爱"时，我们可以领悟到爱的本质、爱的内涵和爱的方式。

"爱"是心心相通，心心相印。

繁体的"愛"字，中间有一个"心"字，寓意"爱"是一种心灵的感受，"爱"需要发自内心，"爱"不仅是语言上的，更要用心去体验。很可惜，简化字"爱"少了一个"心"字，爱无心，少了表达"爱"最具核心的内涵。爱是心理感受，是"心有灵犀一点通"、一见钟情和心灵感应。当一个人产生爱以后，他总是悄悄地留在心里。在中国古代，这样的爱情故事很多，比如西汉的司马相如和卓文君，他们郎才女貌，互相倾慕，毅然私奔。《西厢记》里的崔莺莺与张生在寺里一见钟情，冲破重重阻碍，相亲相爱。在当代，三毛的爱情故事，更是让人感动。13岁时，三毛通过"心灵感应"，预见自己将来会嫁给一个西班牙人。数年后，为了13岁时的"心灵感应"和6年后的一次美丽约定，三毛终于冒险地踏上了人迹罕至的西非腹地撒哈拉沙漠，寻找她梦幻般的爱情。她与大胡子荷西的爱情像沙漠里洒落的两滴雨水，成为人间凄美爱情里的珍贵孤本。三毛说，她们有个美丽的约定，手拉手，一起喊一二三，然后一块死去。但荷西失约了，意外死于潜水。20世纪90年代初的一个清晨，三毛在医院的浴室里，用一条咖啡色长筒丝袜结束了自己的红尘之旅。这是一种痴心的爱。爱以心为核心，这个心是倾慕之心、崇敬之心、相悦之心，心不在了，爱也没有了。

"爱"既是给予、付出，也是收取、获得。

"爱"，金文字形像一个人双手捧"心"，张大了嘴，在诉说心中的爱。

　　"爱"字上面是"爫"，中间为"冖"。"爫"是手，寓意用手去维护，"冖"就像给你一座坚实的房子，给予庇护。这寓意真正的爱是一种主动的付出，不图回报的行为。真爱，是没有利欲和肉欲的爱，泰坦尼克号的男主人公用自己的生命去换取女友的生命，这是一种真爱。父母对子女的爱，往往也是这样。商业巨子乔布斯不但是一个商界的成功典范，也是一个挚爱的榜样。2009年，乔布斯在结婚20周年庆典时对妻子劳伦说："20年前，我们相遇，彼此陌生，但我们一见钟情坠入爱河。阿瓦尼的漫天雪花见证了我们的海誓山盟。岁月流逝，儿女长大，有过甜蜜，有过艰辛，却没有苦涩。我们的爱意历久弥新，携手与你相伴走过漫漫人生，我们虽已苍老但更加睿智，任皱纹爬上面容，任沧桑布满心间。"2011年，他带着全世界的惋惜声被上帝召回。生前他为妻子劳伦定做了一艘游艇，以此补偿妻子对他的付出。这种爱的付出包括精力、体力、物力以及时间的付出。在韶关有一个叫吴开佑的男人，照顾瘫痪的妻子十三载，无怨无悔。在惠州有一个叫刘惠云的妈妈，被称之为"坚强妈妈"，她的儿子因患肌营养不良症，不能走路，这位母亲身高只有1.58米，55千克重，却将一个35千克的小孩背到成长为65千克的小伙子，从一位小学生背到成长为中山大学的大学生。这是母爱的力量。爱是无私的奉献，是默默的关怀，是真挚的倾慕，也是缠绵的思念。

"爱"是彼此友好，和睦相处。

　　简化了的"爱"字，有一个"友"字。"友"的古字为两手相握形，意为爱应该是人与人之间的情感交流，既是知心，又是知音；既包含着亲情，又包含着友情。因此，有长久的爱情是友情之说。周恩来总理曾经讲过，和谐的夫妻关系要互敬、互爱、互信、互勉、互助、互让、互谅、互慰，称为"八互"。东汉梁

字谜廊

月初小桥会知音。

谜底：爱

关于个人　爱国　敬业　诚信　友善

鸿与孟光"举案齐眉"的典故,是一个互敬互爱的例子。孟光倾慕梁鸿,不但同甘共苦,而且相敬如宾。梁鸿种地,孟光织布,每当梁鸿回家的时候,孟光就托着放有饭菜的盘子,恭恭敬敬地送到梁鸿的面前。为了表示对丈夫的尊敬,她不能仰视他,并且每次总是把盘子托得跟眉头平齐。梁鸿也总是很有礼貌地双手接过盘子。这就是同在一个屋檐下生活,一定要相敬才能相爱。在日常生活中,爱有"七年之痒",往往由于时间长了,激情也会消失,但友情会历久弥新,友情是对爱情的一种补充。恋人之间,只有相互理解,相互信任,互相尊重,互相守护,爱巢才能稳固,爱情才能升华。

"爱"的谐音字为"挨",一方面是指相依、靠近,挨在一起,永不分离,如"在天愿作比翼鸟,在地愿为连理枝"的誓言;另一方面是指挨打受气,挨整受折磨。爱其实很辛苦,为自己所爱的人要吃苦受累。传说丘比特的神箭,一支金箭,一支铅箭。被金箭射中,其心如金,灿烂光辉;被铅箭射中,其心如铅,冷酷生毒。所以,爱有多深,恨就有多大。凡以爱取义的字皆与嘘寒问暖的厚爱之义有关,如"爱"加"日"为"暖",有爱的日子暖洋洋。

智慧树下

爱是一首美丽的曲,只有用心演奏,才能弹出醉人的旋律。

一个人对社会有多爱,决定了他的成就有多高;一个人对亲人有多爱,决定了家庭有多幸福。

世上最难断的是感情,最难求的是爱情,最难还的是人情,最难得的是友情,最难找的是真情,最难受的是无情。

格言集锦

爱与恨是一对互通有无的孪生姐妹。

爱是大胆的友情,沉静的了解,相互信任,共同享受和彼此原谅。爱是不受时间、空间、条件、环境影响的忠实。爱是人们之间取长补短和承认对方的弱点。(安思·拉德斯)

爱,不是去寻找一个完美的人,而是学会用完美的眼光,欣赏一个不完美的人。

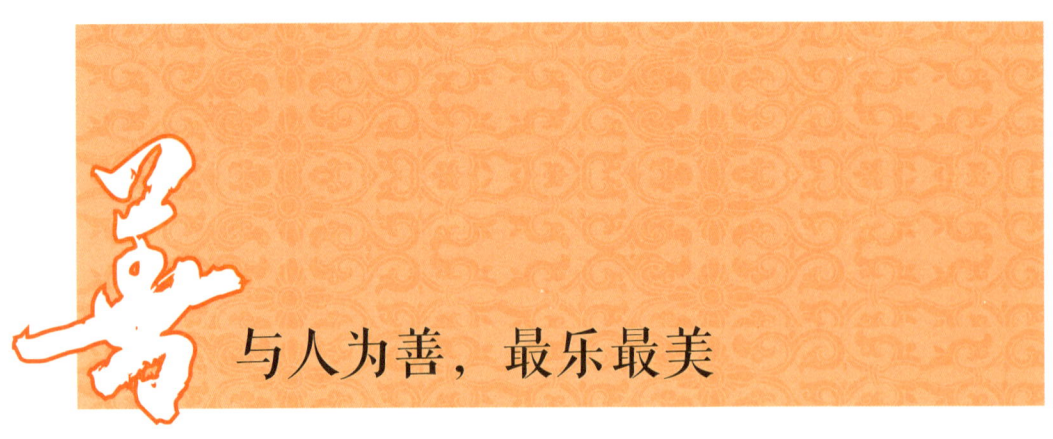

与人为善，最乐最美

一个大雪纷飞的夜晚，鲁尼兹驾驶着轿车走出不远，看到前边有一个蹒跚的身影。于是，他把车子缓缓地停下来："请问，需要我的帮助吗？"这是一个60岁开外的老人，很感动地上了鲁尼兹的车。突然，一辆轿车迎面驶过来，鲁尼兹下意识地刹车，但车像醉汉一般，固执地调转车头，向路边一棵大树撞去。鲁尼兹醒来时，已经躺在医院里。所幸，他只是断了两根肋骨。而那位老人做了开颅手术，还在昏迷中。老人的家人来了，感谢他对老人的帮助。但按照法律，鲁尼兹要为自己的过失负责，承担老人70%的医疗费。老人昏睡二十多天后，奇迹般地醒过来了。老人说的第一句话竟是："他是善意的，要感恩，不要赔偿。不要伤了好人的心。"老人的话感动了很多人，人们纷纷为老人捐款。而老人把这些善款全部捐出来，成立了"爱心救助基金"，用来帮助那些因行善而遭遇尴尬的人。当善意被扭曲时，是老人还原了善意的本来模样，让人们可以毫无戒备地去爱。

善 会意字。金文为🈳，上面为"羊"，下面为"言"，意为用语言连连赞美。小篆为🈳，承续金文字形。《说文·誩部》："善，吉也。"其本义为吉祥、美好，一个人心地仁爱，品质淳厚，叫做善良；与人为善，守望相助，称之为亲善、友爱。中国人相信因果关系，讲"善有善报，恶有恶报"，善是值得推崇的，于是有"上善若水"之说。善还是一种擅长，如"多谋善断""循循善诱"。南朝梁简文帝说："一善染心，万劫不朽；百灯旷照，千里通明。"文学家方孝孺说："交善人者道德成，存善心者家里宁，为善事者子孙兴。""善"字同样蕴含着丰富的哲理。

"善"是"羊"的品格。

"善"由"羊"和"言"组成，意为"羊"的温顺与"善"的内在含义是相通的。羊有如下的品格：其一，羊性善良，羊是食草动物，食叶草，不吃荤，不杀戮，宽容忍让，在动物界，既没有伤害其他动物的行为，也没有同类相残的现象，可以说是善良相处的楷模；其二，羊是至孝至顺之生灵，羊有跪乳之恩，谦卑恭顺，知孝达仁；其三，羊食的是草，挤出来的是奶，其肉、毛、皮、骨、角皆有所用，宽广博爱，全身奉献；其四，羊形美，弯弯的羊角，雪白的羊毛，都是美的象征。这就是说，"善"字从"羊"身上得出其内涵就是善良、孝敬、奉献和美好。孟子说："人皆有不忍之心……无恻隐之心，非人也；无羞恶之心，非人也；无辞让之心，非人也；无是非之心，非人也。恻隐之心，仁之端也；羞恶之心，义之端也；辞让之心，礼之端也；是非之心，智之端也。人之有是四端也，犹其有四体也。"孟子把"四心"看成人的基本素养，并首推"仁"。仁者，善也。当今，称之为"善业"的大致有如下功德：与人为善，爱敬存心，成人之美，救人之急，兴建大利，舍财作福，尊师敬长，爱惜物命等。一个人只有常存善念，才能乐善不倦，以善为宝，从善如流。

"善"是"美"的内在表现，可以说"为善最美"。

善以"美"为头，体现真善美是统一的整体。"善"是一种心灵美，气质美。一个心地善良的人，其目光是慈祥的，举止是优雅的。很久以前，王宫里住着三个美女。某天早晨，她们在百花盛开的花园里散步。溪水潺潺，玫瑰飘香，不禁引起了她们之中谁的手最美丽的争论。伊莉的手指曾采摘过鲜美的樱桃，雪白的手指染有樱桃的红润，她觉得她的手最美。安妮喜欢玫瑰，终日浸润在花的香甜里，因此觉得自己的手最美。姬雅把纤纤嫩手伸向溪水，银色的小珠在她的掌上轻弹，她觉得自己的手最美。这时有个讨饭的女乞丐来了，三个女郎看见，连忙提起长裙，匆匆避开。那乞丐去附近的茅屋，有个满脸焦黄的老妇人伸出粗糙的手，把一块面包施给了乞丐。这位女乞丐突然摇身一变而成天使，再度在王宫的花园门口出现，并宣布："世上最美丽的手是那双愿意随时帮助别人的手。"这个故事说明美的内在含义就是善。这两年涌现的一批典型人物，被誉为最美中国人。如"最美司机"吴斌、"最美妈妈"吴菊萍、"最美女教师"张丽莉，他（她）们均因善行获得了最美的称号。

"善"是高尚和风尚。

"善"的谐音字是"尚",善既是一种高尚的行为,也能互相感染,成为一个社会的风尚。有一个真实的故事,说的就是善良的循环。1990年10月8日下午,广西兴安县年轻农民罗荣辉等八人,开车从桂林返回兴安,不幸发生了车祸,八人掉进河里,一人死亡,七人均受重伤。这时,恰逢从部队回老家的青年军官廖世恩见到,他跳进冰冷的江水,将他们一个个救上来。在廖世恩的帮助下,罗荣辉等立即被送进医院,伤者均脱离了危险。廖世恩见状便悄悄离开了医院,伤者清醒后,不约而同地追问:救我们的恩人是谁?七个被救者在继续寻找恩人的同时,认为要像恩人那样,无私无畏地帮助别人,造福社会,才能回报他。他们七个人都勤劳致富,又无私地帮助他人,做的好事数不胜数。廖世恩救人后从未向别人提起,但他播下的善良种子,却在生长、发芽,在被救者身上循环,又通过他们在全社会循环。从这个故事中,我们可以看到,一个个善良的举动,可以互相影响,互相感染,互相发挥作用,会发酵、膨胀,进而成为社会的风尚。因此,每个人都要"勿以善小而不为,勿以恶小而为之"。在日常生活中,我们要随时随地做出善举,撒播善良的种子,让社会开遍善良之花。这样,社会就会变得更加美好。

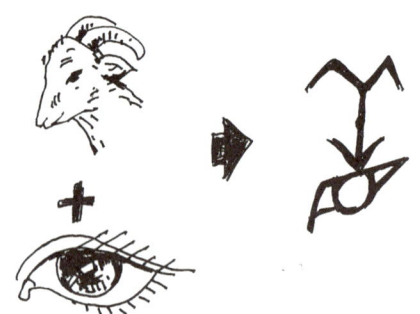

甲骨文"善"字从"羊"(即"祥")从"目",表示看来十分美好。金文"善"的下部变为二"言",表示两人用吉祥的话交谈。

善是为人之上。

"善"与"上"谐音,意为上策、上等,是生活中的头等选择。清朝的雍正皇帝说:"终日言善,不如行一善。终生行善,须防行一恶。"为善不但是上等的选择,而且要落实到行动上,要"日行一善"。

智慧树下

善若水,善为长。

山之高,水之泱。

善是羊的温顺善良,善是美的内在体现。

与人为美,成人之美,常存善念,从善如流。

交善人者道德成,存善心者家里宁,为善事者子孙兴。

格言集锦

勿以善小而不为,勿以恶小而为之。(刘备)

平日待人多厚道,急难自有人相扶。

作德日休,为善最乐。

一善染心,万劫不朽。百灯旷照,千里通明。(萧纲)

诸恶莫作,诸善奉行。

志同道合,情心相交

有两个朋友患难与共,形同亲兄弟。上帝不相信人间还有真正的友谊,于是就设计考验他们。有一天,这两位朋友在大沙漠中迷失了方向,面临死亡。这时,上帝出现了:"我的孩子,前面一棵树上有两个苹果,吃下大的那个,就能抗拒死亡,走出沙漠。"两个朋友向前走了一段路,果然发现了一棵树,也发现了树上的两个苹果。可是,他们谁也不去碰那个会给一个人带来生命之光的果子。夜深了,两个好朋友深情地凝望着对方,他们都相信,这是他们的最后一晚。

当太阳从沙漠的一端再次升起的时候,其中一个朋友醒了过来,他发现,另一位朋友不在了,而树上只剩下一个干干巴巴的小苹果。他失望了,不是因为死亡,而是因为朋友的背叛。他悲愤地吃下这个苹果,继续向前方走去。大约走了半个小时,他看见了倒在地下的朋友,朋友已经停止了呼吸,可是朋友的手上紧紧握着一个更小的苹果。

会意字。甲骨文为 ,金文为 ,是方向相同的两只右手握在一起,会志同道合的朋友之意。小篆为 ,是上下的两只手,会意为相互扶持。隶变楷写作"友"。《说文·文又部》中解释:"友,同志为友。从二又。相交友也。"这就是说,友是志趣相同,由两个"又"字会意,表示相交为友。古代同志曰友,同门曰朋。"友"的本义为朋友。曾子曰:"与朋友交而不信乎?"就是要反省自己与朋友交往是否不诚信。"酒逢知己千杯少""出入相友,守望相助",都是对"友"的赞美。在人际关系中,我们不但要有亲戚,还应该有朋友。

中国有"五伦":君臣、父子、夫妻、兄弟、朋友。一个人要安享幸福的晚年，必须有老屋、老银、老伴和老友，否则，会很寂寞的。交友是人生所必需的，从古到今都是一大课题。俗话说："在家靠父母，出门靠朋友。"孔子在《论语》中讲到交友的两种类型，他说："益者三友，损者三友。友直、友谅、友多闻，益矣。友便辟、友善柔、友便佞，损矣。"孔子认为，正直、诚信和见闻广博这三者才是对自己最有好处的，而与逢迎谄媚、当面恭维、背后诽谤，夸夸其谈的三种人交朋友是有害的。孔子没有谈物质上的，而谈的全部是人品和精神上的追求。孔子认为修养、品德是择友最重要的标准。"友"字本身告诉我们何者为"友"和交友之道。

金文　　　　　　　　小篆

"友"是志同道合的人。

无论是甲骨文、金文的两只方向相同的手，还是今天的简体"友"，从"二"，从"又"，都表示志同道合。古代"朋"和"友"的含义有所区别，"同门曰朋"，即师从同一个老师称为"朋"；"同志曰友"，也就是"志同道合之人"称为友。在现实生活中，有些人可能有许多朋友，但都是以利益为纽带的，正所谓"没有永远的朋友，只有永远的利益"，一旦利益有了冲突，朋友就变成了仇人。也有的是酒肉朋友，平时在一起吃吃喝喝，一旦没有了钱财，也就各奔东西。《战国策·楚策一》中有"以财交者，财尽则交绝；以色交者，华落而爱渝"之语，《史记·郑世家赞》中也有"以权利合者，权利尽而交疏"之言，指出交友不能建立在金钱、权威、地位、美色的基础之上。因此，只有志同道合，才是好朋友、真朋友。释迦牟尼说："友有四品：有友如花，有友如秤，有友如山，有友如地。何谓如花？好时插头，萎时捐之，见富贵附，贫贱则弃，是花友也。何谓如秤？物重头低，物轻则仰，有与则敬，无与则慢，是秤友也。何谓如山？譬如金山，鸟兽集之，毛羽蒙光，贵能荣人，富乐同欢，是山友也。何谓如地？百谷财宝，一切仰之，施给养护，恩厚不薄，是地友也。"后两者就

是知己。马克思和恩格斯是志同道合的朋友的典范。马克思和恩格斯虽然分开了20年，但他们在思想上的交流从未间断。他们每天要通信，谈论政治和科学问题。马克思把阅读恩格斯的来信看作是最愉快的事情，他常常拿着信自言自语，好像正在和恩格斯交谈似的。在他们看来，任何人对他们的思想和著作的批评都不及他们彼此交换意见那样重要。于是，一有机会，恩格斯便摆脱商务，跑回伦敦。讨论问题时，他们在屋子里，各自沿着一条对角走来走去，一连谈上几个钟头。有时两人一前一后，半响不吭一声地踱步，直到取得一致的意见为止。1867年8月，《资本论》第一卷所有的校对工作都已结束时，马克思兴奋极了，写信对恩格斯说："这一卷能够完成，只是得力于你！没有你为我而作的牺牲，这样三大卷的大部头著作，是我不能完成的，我拥抱你，感激之至！"《资本论》于1867年9月14日在德国汉堡出版，这是国际共产主义运动中的重大成果，也是两位巨人友谊的结晶。他们两人不但志同道合，而且相濡以沫。每逢马克思经济碰到困难的时候，恩格斯都及时伸出援手，帮助马克思摆脱了困境。

"友"是危难之时乐于援助。

俗话说，危难之时见朋友，患难之交是朋友。有一个"一个半朋友"的故事，说的是为了朋友舍得牺牲和奉献。大午是一个行侠仗义而广交天下豪杰的武夫，他临终时，独生儿子才十几岁，大午放心不下，把儿子叫来说："别看爸爸在江湖闯荡一辈子，结交的人如过江之鲫，但这些人并不全是我的朋友。其实，我这一生只交到一个半朋友。"儿子十分不解，大午说："儿子啊，爸爸走了以后，你要去见我的一个半朋友，自然会懂得朋友的要义。"儿子首先到了父亲的"一个朋友"家里，对他说："我是大午的儿子，现在朝廷正在追杀我，实在无处可去，只好投奔于你，希望你能救我一命。"此人一听，不假思索，便把自己儿子喊来，让两个孩子对调衣服，并让自己的儿子换上"朝廷要犯"的衣服。这时，大午儿子懂得了，在你生命危险时，能够称之为朋友的，是与你肝胆相照、不惜一切的人。接着，儿子又找到他父亲的"半个朋友"，他重复了相同的话，这"半个朋友"听了说："孩子，这等大事我可救不了你，我这里有充足的

字谜廊　一树村落有月光。

谜底：友

银两,你赶快走,速速逃命,我绝不会向官府透露半个字。"儿子明白了,在你身处危难时,可以称之为半个朋友的,是那个明哲保身却能够给予你一定帮助的人。危难、困境是真假朋友的试金石。当你落难、失意的时候,有些人唯恐避之不及,纷纷离开你,这些都是带着功利之心与你交往的人,绝对不是真朋友。在现实中,能够借钱给你,能在失意的时候帮助你,就是真朋友。扪心自问,这样的朋友有多少个?可能不会很多。

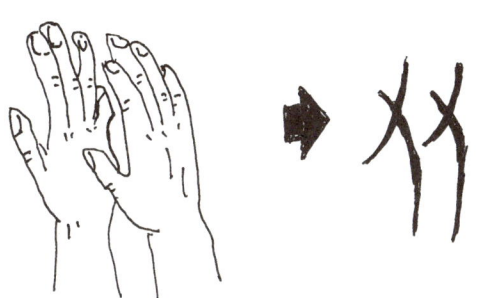

甲骨文"友",是两只手(都是右手,显然是属于两个人的)靠拢在一起,表示"朋友"的意思。《说文》:"同志为友。"

"友"是志趣相投的人。

"友"是两只手朝着相同的方向,寓意相同的情趣、爱好和经历,如棋友、球友、琴友、牌友等。鲁迅和瞿秋白就是志趣相投的老友。鲁迅的朋友不多,可以说是孤独的,但秋白被鲁迅引以为唯一的知己。他们的相见是偶然的,却一见如故。许广平回忆当时的场景说:"有谁看到从外面携回两尾鱼儿,忽然放到水池中见了水的洋洋得意之状吗?那情形就仿佛相似。"两个人相见之后,经常愉快地谈心,发出爽朗的笑声。鲁迅写了一幅字给秋白:"人生得一知己足矣,斯世当以同怀视之!"秋白回赠四句诗:"雪意凄其心惘然,江南旧梦已如烟。天寒沽酒长安市,犹折梅花伴醉眠。"鲁迅和秋白有不同的生活道路,却经历了共同的苦难、搏斗和伤痛,有相同的性格和志向,因此,友情特别深。

"友"谐音为"有",是有缘,交朋友是要讲机缘的。"有缘千里来相会,无缘对面不相识",有些人能成为朋友,往往都是一个偶然的机缘相识、相知,从而结下深厚的友情。在冥冥之中能够成为好朋友,总有一个机缘。因此,要珍惜机缘,珍重友情。一个充满友情的社会,必然是温暖的,相反则是冷漠的。对待朋友,要感恩,知恩图报,做一个有情有义的人。但为朋友"两肋插刀"、讲义气时,不能不讲是非,要做诤友,当朋友犯糊涂之时,多提醒,"拉拉袖子",这才是真正的朋友。

 **智慧树下**

- 笃友谊，管与鲍。
  重道义，择善交。
- 两手相牵，两情相连，
  同门为朋，同志为友。
- 为人忠信烈，交友仁义真。
- 益友是上品，诤友是珍品，
  信友是精品，挚友是极品。
- 君子之交淡如水，小人之交酒肉亲。
- 结君子千年有义，交小人转眼无情。

 格言集锦

- 以金相交，金耗则忘；以利相交，利尽则散；以权相交，权失则弃；以情相交，情逝人伤；唯心相交，静行致远。
- 交友五品：益友是上品，诤友是珍品，素友是妙品，信友是精品，挚友是极品。
- 朋友是生活中的阳光。（易卜生）
- 居必择邻，交必良友。（《名贤集》）
- 古之君子，绝友不出丑语。（嵇康）

关于个人　爱国　敬业　诚信　友善

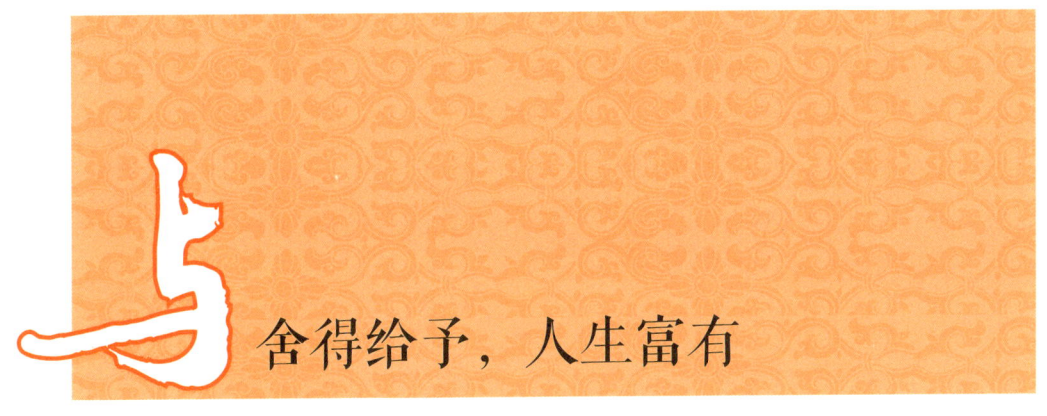

舍得给予，人生富有

从前有个人，在沙漠中迷失了方向，饥渴难忍，濒临死亡。可他不气馁，仍然拖着沉重的脚步，一步步艰难地向前走，终于，找到了一间废弃的茅屋。这间茅屋已久无人住，风吹日晒，摇摇欲坠。在屋前，他发现了一个吸水壶，壶口被木塞塞住，壶上有一张纸条，上面写着："你要先把这壶水灌到吸水器中，然后才能打水。"看了纸条后，他小心翼翼地打开水壶塞，里面果然有一壶水，口渴难忍的他面临着艰难的抉择：是按纸条上说的做，还是把这壶水喝下去先保住自己的生命。一种奇妙的灵感给了他力量，他决心照纸条上的做，果然吸水器中涌出了泉水，他痛痛快快喝了个够！休息一会，他把水壶装满水，塞上壶塞，在纸条上加了几句话："请相信我，纸条上的话是真的，你只有把生命置之度外，才能尝到甘美的泉水。"

与　会意字。从"一"，从"勺"。小篆为🗝，为两手相拉形，表示握手结交，繁体字为與。《说文·勺部》中解释："与，赐予也。一勺为与。"《六书正伪》中也说："寡则均，故从一勺。"这就是说，东西少了，要公平分配。"与"的本义就是赐予、给予。和"与"相关的词大多是高尚的行为，如"与民同乐""与民同忧""与人方便，自己方便""与人为善""与日俱新"等。

"给与"的人生是有价值的人生。

有三个人来到人间，他们走了不同的人生道路。第一个人来到人间，表现出不平常的奉献感和拯救感。他为很多人做了许多贡献，对自己帮助过的人，他从无所求。他为真理而奋斗，屡遭误解也毫无怨言。渐渐地，他成了德高望重的人。他的善行被人广为传颂，他的名字被人默默敬仰。他离开人间，所有的人都依依不舍，人们从四面八方赶来为他送行，直至多年后，人们仍然怀念着他。第二个人来到人间，没有任何不平常的表现，他建立了自己的家庭，过着忙碌而充实的生活。若干年后，没有人记得他的存在。第三个人来到人间，表现出不平常的占有欲和破坏欲。为了达到目的，他不择手段，甚至无恶不作。他不断地向他人索取，向社会索取，向自然索取，拥有无数的财富，一掷千金。后来，他因作恶太多而入狱。正义之剑把他驱逐出人间的时候，他得到的是鄙视和唾骂。若干年后，他还一直被人痛恨着。人类给第一个人打了100分，给第二个人打了50分，给第三个人打了0分。这个故事告诉我们，给与是高尚的人的一种胸怀、一种美德，雷锋为什么至今还为人们所怀念，这是因为他全心全意为人民服务，为社会、为他人无私地奉献。

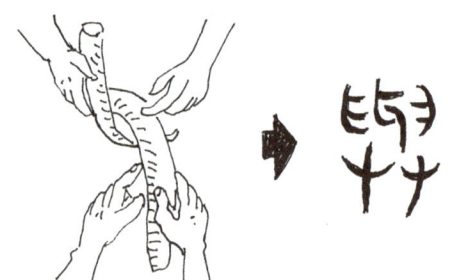

本义是"给予"。较早的字形像上下各一双手持象牙相交付的情况。

"给与"是人富有的表现。

只有拥有财富、学识，才能给人钱财、知识。佛教中有一则故事，说有甲乙两个小鬼，生前在世为人，阳寿享尽后被鬼卒带到阎王面前，阎王看了功过簿后说："你们两人生前并没有做过太大的恶事，仍然让你们投胎做人，出生后为两兄弟，但一个必须过着付出的人生，另一个过着接受的人生。你们哪一位要过接受的人生呢？"甲小鬼一听，心想：接受的人生可以坐享其成，就抢先说："阎王老爷，请让我过着接受的人生吧。"乙小鬼只好说："我愿意选择付出的人生。"于是，阎王提起判笔判了两鬼的前途："甲小鬼，下辈子你当乞丐，一生接受别人的施舍。乙小鬼，下辈子你当富翁，专门行布施，把钱财赈济给穷人。"这个故事说明，给与是富有、成就、本事，我们应当选择"给与"的人生。

"给与"是善美的行为,利他的精神。

俗话说"善财难舍",给人很难。有的人很悭吝,被称为"铁公鸡"。有一个故事说的是"一毛不拔难为人":一只猴子住在山林里,它非常羡慕人类,觉得人实在太快乐了。果实熟了的时候,他们可以一担一担往家里挑。不像猴子,一年到头四处寻觅食物,找一个吃一个,饥一顿饱一顿的。这只猴子想,来世我一定要做人。后来,猴子真的去见阎王,要求变人。阎王说:"那好吧,不过有一个条件,就是必须把你身上的毛全部拔掉。"猴子同意了,可刚被拔了一根毛,它便大叫起来:"哎哟,受不了,受不了,这么痛苦,实在不能忍受!"阎王笑着对猴子说:"看你一毛不拔,又怎么能成人呢?"虽然付出很难,但人应该有利他的善行,让人受益,让人欢喜,让世间充满善行好事。

"给与"并不是达官贵人才能做得到,普通人也有给与的能力。

给与,有财布施,如比尔·盖茨,把财富捐献给了福利事业;有身布施,如献血、器官捐献等;还有法布施,给他人传授真理、知识,启迪人们的心灵。作为一个普通人,甚至一个穷光蛋,给与并非遥不可及,没有更多的金钱、财物,也可以"颜施",给与一个笑脸;可以"言施",给人说一句好话、一声问候,给人一点安慰;可以"心施",敞开心扉,诚恳待人;可以"眼施",以善意的眼光去看别人,一个举手之劳,都会给他人带来友爱的温暖,也是一种功德。接受了爱心和帮助的人,无疑又会把爱心和帮助给与更多的人,这就形成了爱的循环,社会就会充满爱。一个人如果养成了给与的习惯,好运便会如影随形。

"给与"可以是锦上添花,更要雪中送炭。

给与人家的东西,应该是人家所缺乏的东西,因此,要提倡救人于危难,危难中的援手,远胜于平常的帮助。

"与"字谐音通"誉","天道无亲,常与善人",乐于施舍的人,通常会受到人们的赞誉,也应该得到荣誉。

字谜廊

独倚五更中。

谜底:与

 说核心价值观

 智慧树下

- 给予的人生有价值,利他的行为也利己。
- 拥有什么,给予什么,可以财施、身施、法施,还可以一个微笑,一声问候,给予并不是富翁能做的事,平凡的人也能做到。
- "与"音通"誉",乐于施舍的人,会受到世人的赞誉。

 格言集锦

- 要取之,需先与之。
- 天道无亲,常与善人。(老子)
- 君子莫大乎与人为善。(孟子)
- 人弃我取,人取我与。(司马迁)